Kris Vallotton/Bill Johnson

Eine Frage der Ehre
Der übernatürliche Lebensstil der Königskinder

Originaltitel: The Supernatural Ways of Royalty. Discovering Your Rights
and Privileges of Being a Son or a Daughter of God
Copyright © 2006 Bill Johnson and Kris Vallotton
Originally published in English by Destiny Image Publishers, Inc.
P.O. Box 310 Shippensburg, PA 17257-0310

Copyright © der deutschen Ausgabe 2014 Asaph-Verlag
Alle Rechte vorbehalten
Aus dem Amerikanischen von Manfred R. Haller und Michael Stadler
Die Bibelstellen wurden der Revidierten Elberfelder-Übersetzung entnommen,
© 1985 R. Brockhaus Verlag, Wuppertal
Außerdem wurde folgende Übersetzung verwendet: Manfred R. Haller:
Und wir sahen Seine Herrlichkeit. Die neutestamentlichen Schriften
der Apostel Paulus und Johannes © 2007 Wohlkunde-Verlag

ISBN 978-3-940188-84-7
Best.-Nr. 147484

2. Auflage 2018

Umschlaggestaltung: joussenkarliczek, Schorndorf
(unter Verwendung eines Fotos von © istockphoto.com/MoreISO)
Druck: Finidr, CZ
Printed in the EU

Für kostenlose Informationen über unser umfangreiches Lieferprogramm
an christlicher Literatur, Musik und vielem mehr wenden Sie sich bitte an:

Fontis Media GmbH, Postfach 2889, D-58478 Lüdenscheid
fontis@fontis-media.de – www.fontis-shop.de

Widmung

*Ich widme dieses Buch
all den Heiligen weltweit,
die, wie Josef, so gerne
ihren Weg aus dem Gefängnis
hinein in den Palast finden möchten*

*Und Samuel sagte dem Volk das Recht des Königtums
und schrieb es in ein Buch und legte es vor den Herrn nieder.*
(1. Samuel 10,25)

Danksagung

Mama – Danke, dass du mich durch schwierige Zeiten hindurch geliebt und immer an mich geglaubt hast.

Bill Derryberry – Dein Leben ist für mich eine Inspiration. Deine Liebe hat mich wiederhergestellt.

Nancy – Du hast mir geholfen, meine Träume wahr werden zu lassen

Danny, Dann, Charlie, Steve und Paul – Ihr habt mir dabei geholfen, mein Leben zu formen, meine Ideen und meine Bestimmung. Danke.

Vanessa und Allison – Danke für die hunderte von Stunden, die ihr in dieses Werk investiert habt. Dieses Buch wäre nie möglich gewesen ohne euer Talent und eure Unterstützung.

Das Bethel Team – Wow! Ihr seid einfach gigantisch! Es ist ein Vorrecht, mit euch allen Gott zu dienen.

Bill und Beni – Jeder braucht solche Freunde wie ihr es seid, die einem in schwierigen Zeiten Gnade erweisen und in denen man während dunkler Jahre die Güte sehen kann. Für mein ganzes Leben stehe ich in eurer Schuld. Ihr beide habt den Lauf meiner Familie verändert. Bill, danke, dass du dieses erste Buch mit mir gemeinsam geschrieben hast.

Earl – Obwohl du heimgegangen bist, lebt dein Leben in mir weiter. Danke, dass du mich adoptiert hast. Ich werde dafür ewig dankbar sein.

Kathy – Du bist die Frau meiner Träume!

Inhaltsübersicht

Vorwort des Verlegers 7
Vorwort von Bill Johnson 10
Einführung 12

Teil I: Unsere königliche Berufung 15
1 Die Mühsal des Bettlerdaseins 16
2 Burglandstreicher oder Prinzen im Palast? 20
3 Gefangene und Gebundene 36
4 Eine königliche Errötung *(von Bill Johnson)* 49
5 Eidechsen im Palast 60
6 Ausbildung zum Herrschen 73
7 Rate mal, wer zum Abendessen kommt! 88

Teil II: Einführung in die königlichen Eigenschaften 99
8 Superhelden in der Gemeinde 100
9 Immer weiter hinab bis zur Spitze 107
10 Ehre – die gelbe Backsteinstraße 120
11 Königswürde bedeutet sterben, um zusammen zu sein .. 135
12 Die Erlasse des Königs verteidigen 149
13 Die Hunde des Untergangs stehen an der Tür
   unserer Bestimmung 167

**Teil III: Einführung in die königliche Autorität
und Verantwortung** 185
14 Der Geheimdienst Seiner Majestät 186
15 Den Stab weitergeben *(von Bill Johnson)* 202
16 Mit himmlischen Verbündeten strategische
   Allianzen bilden 220
17 Den Planeten bewahren 234

Prinz und Bettler-Test 246
Wie kann man dieses Leben beginnen? 254

Vorwort des Verlegers

Ein Raunen geht durch die dämonische Welt und die ganze Finsternis erzittert. Was löst diese Unruhe in der Dunkelheit aus? Welche unermessliche Kraft ist dafür verantwortlich, dass die Grundfesten der Finsternis derart erschüttert werden?

Der große Verlierer von Golgatha ist, im Gegensatz zu unserem Vater im Himmel, weder allmächtig noch allwissend! Er hat jedoch eine Vermutung und diese ist berechtigt. Er, der alles auf eine Karte gesetzt und verloren hat, ahnt jetzt, dass es ihm endgültig an den Kragen geht. Sein Einfluss war eh darauf beschränkt, die menschliche Schöpfung auf gedanklicher Ebene zu manipulieren, damit sie nicht den wunderbaren Plan ihres himmlischen Vaters erkennt. Unser Vater ist ein Vater, der alle Vaterschaft im Himmel und auf Erden in sich vereint!

Die ganze Finsternis erzittert, weil die Zeit der Vollendung angebrochen ist. Wir sind eingetreten in das Zeitalter, auf das die ganze Schöpfung mit äußerster Anspannung (Römer 8,19; nach Haller) gewartet hat. Das Zeitalter, in dem die Söhne und Töchter Gottes offenbar werden! Immer mehr Gläubige kommen zur Erkenntnis wer sie wirklich sind: Echte Söhne und Töchter ihres wirklichen Vaters (Matthäus 23,9). Im Gegensatz zu vorherigen Epochen fangen sie an, wie Söhne und Töchter Gottes zu leben. Warum war dieses Geheimnis 2000 Jahre lang mehr oder weniger verborgen? Weil es dem Vater gefallen hat, Sich das Beste bis zum Schluss aufzubewahren. Das entspricht Seinem ewigen Vorsatz, so hat Er es vor Grundlegung der Welt vorherbestimmt.

Der Heilige Geist schenkt uns ein Bewusstsein darüber, was es bedeutet den Willen Gottes »wie im Himmel, so auch auf Erden« umzusetzen. Im Hebräerbrief 2,10 lesen wir, dass Gott *viele Söhne zur Herrlichkeit führen will!*

In meinem Reisedienst betrüben mich zwei Festlegungen, die für die vorherrschende Bettlermentalität im Leib Christi verantwortlich sind. Ich erlebe eine ätzende Form von Minderwertigkeit. Diese vermittelt den Gläubigen permanent: »Du kannst nichts, du darfst nichts, du bist nichts und du wirst nichts.« Obwohl genau das Gegenteil der Fall ist. So wirst Du nie in den Genuss deiner Königsherrschaft, die dir als Königssohn und Königstochter gehört, hineinkommen.

Häufig höre ich auch: »Jetzt muss Gott eingreifen, wir warten darauf was der Heilige Geist uns zeigt.« Einige Christen glauben sogar, es läge an der Allmacht Gottes, dass ihr Leben voller Leid und Krankheit ist. Denn wenn Er etwas verändern wolle, würde Er es ja tun. Diese Einstellung zeigt leider nur, dass sie ihren echten Vater nie kennengelernt haben.

Wenn ich solche Aussagen höre, denke ich bei mir: »Freunde, wovon redet ihr eigentlich?« Habt ihr nicht gehört, was Jesus in Matthäus 28,18-20 gesagt und auch wirklich gemeint hat? »Mir ist gegeben alle Macht im Himmel und auf Erden. So geht nun hin und macht zu Jüngern alle Nationen.« Mit dem Verstand ist dieses Wort nicht zu erfassen, weil es durch die vorherrschende Meinung im Leib Christi unlogisch klingt. Wenn Jesus alle Macht hat, dann müsste Er doch eigentlich gehen und nicht wir. An anderer Stelle sagt Jesus: »Vater, die gleiche Herrlichkeit, die Du mir gegeben hast, habe ich ihnen gegeben.« Jesus sagt: »Gebt ihr ihnen zu essen, heilt ihr die Kranken, weckt ihr die Toten auf.« Jesus geht sogar noch weiter und erklärt uns in Johannes 14,12 (nach Haller), dass Er selbst nicht mehr in der Lage sei Zeichen und Wunder zu wirken, weil Er zum Vater gehe. Darum fordert er uns auf, noch größere Wunder zu tun. Jesus und der Vater heilen schon seit 2000 Jahren keinen einzigen Kranken mehr. Kranke werden durch Söhne und Töchter geheilt, die sich bewusst sind, dass in ihrem Leben die Kraft wirksam ist, die Jesus von den Toten auferweckt hat. Nur wenn die Liebesnatur des ewigen Vaters kompromisslos herausgestellt wird, kann der Wille Gottes in Erfüllung gehen. *Dann werden viele Söhne zur Herrlichkeit geführt!*

Das Buch »Eine Frage der Ehre« von Kris Vallotton und Bill Johnson wird einen wichtigen Beitrag dazu leisten, dass sich ein Bewusstsein der Königsherrschaft im Leib Christi (es gibt nur einen!) etabliert. Wir dürfen erkennen, dass die Verantwortung für alle Entwicklungen weltweit und für unsere persönlichen Lebensumstände bei uns liegt. Durch solche gesalbte Lektüre und Verkündigung werden die Königssöhne und Königstöchter aufstehen und in die volle Mannesreife hineingeführt. Römer 5,17 sagt uns, dass wir im Leben herrschen sollen wie Könige durch Jesus Christus! Deutlicher kann man es nicht ausdrücken! Wir werden wie eine wunderschöne Blüte entfaltet und die Herrlichkeit Gottes repräsentieren, so wie es diese Welt noch nicht gesehen hat! Der Vater bereitet jetzt Seinem Sohn eine herrliche Braut zu. Die Schönheit dieser Braut, gepaart mit Autorität und Vollmacht, wird permanent zunehmen, solange bis Jesus Christus wiederkommt!

Dies ist keine neue Welle, nicht eine Bewegung Gottes, die heute kommt und in einigen Jahren wieder geht. Dies ist ein gewaltiger Fluss, der direkt vom Thron der Gnade fließt. Es ist der Fluss des Heiligen Geistes, der den Leib Christi einen wird zu einem herrlichen übernatürlichen Geistorganismus! Lasse dich einfügen in diesen Leib, damit auch du in die Blüte deines Lebens kommst! Springe hinein in diesen Fluss!

Vorwort von Bill Johnson

Die Geschichte hindurch haben große Bewegungen Gottes ganze Nationen der Welt erschüttert. Jede Ausgießung des Geistes brachte einen notwendigen Zuwachs an Einsichten und Erfahrungen, die dazu beitrugen, die Gemeinde zu ihrer ewigen Bestimmung wiederherzustellen. Aber gleichzeitig mit der neuen Leidenschaft und den Massenbekehrungen brachte Gott einen weiteren Faktor ins Spiel: ein weiteres Element, an dem man Anstoß nehmen konnte. Das scheint so Gottes Art zu sein. Auf diese Weise trennt er die Spreu vom Weizen, die Oberflächlichen von den Leidenschaftlichen und die Hungrigen von den Satten. Für die verzweifelt Sehnsüchtigen »ist alles Bittere süß«. Durch die Feuer der Erweckung formt Gott Sein Volk in Sein Bild.

Die Ausgießung des Geistes führt immer zu einer vertieften Wahrnehmung unserer Sündhaftigkeit. Einige der großartigsten geistlichen Lieder über das Bekennen von Fehlverhalten und Reue wurden in solchen Zeiten geschrieben. Aber eine anfängliche Offenbarung von unserer Sünde und Unwürdigkeit ist nur die eine Seite der notwendigen Gleichung. Die meisten Erweckungen kommen über diesen Punkt nicht hinaus und können so nicht zu einer Konsolidierung einer göttlichen Bewegung beitragen, die sich nämlich erst dann einstellt, wenn das Ganze zu einem Lifestyle, einem Lebensstil, wird. Es ist schwierig, etwas Substanzielles auf etwas Negativem zu gründen. Die andere Hälfte der Gleichung besteht darin, wie heilig Er Sich zu unseren Gunsten erweist. Sobald man dies erkennt, ändert sich die Wahrnehmung unserer Identität und unser Glaube erfasst den eigentlichen Plan, die große Absicht hinter unserer Errettung. Irgendwann müssen wir den Punkt hinter uns lassen, dass wir »begnadigte Sünder« sind. In dem Maße, wie wir es lernen, unsere Stellung in Christus konkret auszuleben, werden wir die mächtigste Frucht und Ernte aller Zeiten hervorbringen. Es sprengt jegliche Vorstellungskraft, wenn man versucht, sich auch nur ansatzweise auszumalen, was eine einzige Generation erreichen kann nur aufgrund dieser einen Offenbarung.

Eine Frage der Ehre antwortet auf einen solchen Schrei der Herzen – einen Schrei, der von der Gemeinde ausgestoßen wird, ja von Gott selbst, und sogar von den Kräften der Natur (vgl. Römer 8,19 ff). Kris Valloton nimmt uns mit auf eine atemberaubend erregende Reise durch sein Zeugnis und durch die frischen Offenbarungen aus der Heiligen Schrift, die das Ganze möglich machten. Nur wenige haben bislang diesen Pfad beschritten. Einige lehnen ab, ihn zu gehen, und zwar aufgrund der fehlgeleiteten Angst, dadurch stolz werden zu können. Stattdessen wählen sie für sich, unbeabsichtigt, ein Dasein in fortwährender Unreife. Vieles von dem, wonach wir uns im Leben sehnen, findet sich in der Spannung einander widerstrebender Wirklichkeiten wieder. Deshalb erscheint für die Schwachen im Glauben Zuversicht das Gleiche wie Arroganz zu sein. Doch der Glaube muss sich über die allgemein anerkannte Durchschnittsnorm erheben und zu einem Lifestyle werden, der getreu den siegreichen Sohn Gottes darstellt. Wir müssen wirklich Gottes Fähigkeit, uns zu bewahren, mehr vertrauen als der Fähigkeit des Teufels, uns zu verführen.

Kris und ich leben bereits seit 28 Jahren in einer Bundesbeziehung. Ich habe zugesehen, wie diese Offenbarung einen Mann völlig umgestaltete, als diese heilende Gnade Gottes auf ein zerbrochenes Leben ausgegossen wurde. Heute dient Kris dem Leib Christi als ein außergewöhnlich begabter Mann, als ein lebendiges Zeugnis von »Gottes Kraft, die in Schwachheit zur Vollendung kommt«.

Dieses Buch ist eine Pflichtlektüre für alle, die den Status quo hinter sich lassen wollen, die kein Interesse mehr haben an einem bequemen und trägen Lebensstil, wie ihn sich viele wünschen. Dieses Buch rüstet uns zu für die Ewigkeit, und zwar jetzt.

Bill Johnson
Autor von »Und der Himmel bricht herein.
Wie man ein Leben voller Wunder führt«

Einführung

Von Bettlern zu Prinzen
Die Geschichte eines Königs

Das Bettlerdasein gebührt den Kindern eines geringeren Gottes. Es ist der Zustand von Sklaven, die ihre Freiheit jenseits des Flusses der Taufe erst noch entdecken müssen und die sich gefangen fühlen vom dunklen Fürsten der Qual und der Pein. Denn er ist es, der ihnen durch ein diabolisches Illusionsspiel ein Leben voller Armut, Schmerz und Schwermut zuweist, in der Hoffnung, das Bewusstsein von ihrer wahren Identität für immer von ihnen fernzuhalten. Dieser böse Fürst speist seine Gefangenen mit den Rationen der Religion ab, um den Hunger ihrer Seelen nach Gerechtigkeit zu stillen. Diese Sklaven, denen ihre Sünde die Augen verbunden hat, sind der Meinung, dass sie sich für ihre eigene Freiheit abmühen und schuften, um aus einem Gefängnis herauszukommen, das sie sich selbst aus dem sumpfigen Ton ihrer Selbstgerechtigkeit gemauert haben. Doch ohne es zu merken, mauern sie Ziegelstein um Ziegelstein und errichten sich ihre eigene Todeskammer. Und was noch schlimmer ist: Sie gebären dieselbe Dunkelheit in anderen und schaffen ein Erbe der Gebundenheit voller hoffnungsloser Gedanken.

Aber weit weg auf einem Hügel stieg ein Lamm, das eigentlich ein Löwe war, herab durch die Luke von Golgatha. Er brach durch die Pforten der Hölle und traf auf den dunklen Fürsten in der Mutter aller Schlachten. Mit einigen Kreuzigungsnägeln und einer Dornenkrone bezwang dieser Held den Teufel und entwaffnete ihn für immer von den Waffen der Sünde, des Todes, der Hölle und des Grabes. Denn die Sünde konnte Ihn nicht versuchen, der Tod konnte Ihn nicht besiegen, die Hölle konnte Ihn nicht halten und das Grab konnte nicht mehr nach Ihm greifen. Im Beisein vieler Zeugen und gewaltiger Krieger stieg Er wieder zur Oberfläche der Erde empor. Der Planet bebte, um seine Gefangenen freizugeben, während der Himmel donnerte, um seinen Schatz zu empfangen. Das waren nicht einfach errettete Seelen, die erlöst, sondern dies war die Krönung der Söhne, die offenbar werden sollten! Der Heilige in gleißend-strahlendem Licht erschuf uns verderbte, verkommene Sünder neu zu Seinen gerechten, herrschenden Heiligen.

Wir sind nicht bloß Soldaten des Kreuzes; wir sind Thronfolger. Seine göttliche Natur durchdringt unsere Seele, erneuert unser Denken, transplantiert unser Herz und verklärt unseren Geist. Wir wurden zu Gefäßen Seiner Herrlichkeit und zu Trägern Seines Lichts.

Andere sagen, all das werde besser wiedergegeben in der Geschichte von der wunderschönen Tochter, die durch Eheschließung auf den Thron gelangt, da sie mit dem Friedefürsten verlobt ist. Das Brautgemach wird gerade hergerichtet, das große Fest vorbereitet und die Braut macht sich selbst bereit. Ob wir nun Gottes Kinder genannt werden, die verlobte Braut des Lammes, das königliche Priestertum, Sein Augapfel oder die Neue Schöpfung, eines ist sicher: Wir haben das Herz unseres Geliebten gewonnen, der einen majestätischen Siegeszug anführt, denn Er hat Seinen Schimmel bestiegen und ist drauf und dran, auf diesem Planeten einzuziehen!

Inzwischen erhebt sich in dieser gegenwärtigen Finsternis auf Erden Gottes Volk und beginnt zu leuchten. Wir, Seine königliche Armee, verstrahlen die Herrlichkeit des Königs überall auf der Erde, während wir endlich den Sieg und die Herrschaft über diesen Planeten gegenüber dem Besiegten durchsetzen. Ausgestattet mit dem Licht des Vaters fördern Seine Söhne in den Herzen der Menschen lang vergrabene Schätze zutage, die einst durch Felsbrocken des Anstoßnehmens, durch Dornen des Einander-Fertigmachens und durch Relikte von Religion überwuchert waren. Gewappnet mit der Kraft des Heiligen Geistes und beauftragt, den Sohn des Königs darzustellen, heilen wir die Kranken, wecken wir die Toten auf und vertreiben wir Dämonen. Das führt dazu, dass Bettler zu Prinzen und die Reiche dieser Welt zum Reich unseres Gottes werden!

Teil 1
Unsere königliche Berufung

Die Mühsal des Bettlerdaseins

Die Erde kann es nicht ertragen,
wenn ein Bettler König wird.

Alles begann an einem hellen Sommertag im ersten Jahr des neuen Jahrtausends, als Nancy, meine persönliche Assistentin, ziemlich aufgewühlt mein Büro betrat. Nach einem kurzen Geplauder entschloss ich mich, sie zu fragen, was sie denn beschäftige. Nancy war dafür bekannt, dass sie die Wahrheit sagte. Ihr Blick durchdrang meine Seele, als sie sagte: »Manchmal sagen Sie Dinge, die die Gefühle der Menschen verletzen. Sie sind wichtig für die Menschen um Sie herum, aber Sie scheinen absolut nicht zu merken, wie sehr die Leute Wert auf das legen, was Sie sagen. Sie zerstören Menschen mit Ihren Worten.« Sie fuhr fort und erinnerte mich an eine Bemerkung, die ich vorher einmal gemacht hatte. Ich glaubte, dass ich mit dem, was ich sagte, nur einen Scherz machte, aber offensichtlich hatte ich sie dadurch zu meinem jüngsten Opfer gemacht. Ich entschuldigte mich bei ihr, aber ehrlicherweise machte ich mir kaum Gedanken darüber. Ich dachte, Nancy sei sehr empfindlich, und ich sei es schon mein ganzes Leben lang gewohnt, »missverstanden« zu werden. Ich setzte meinen Tagesablauf fort und vergaß unser Gespräch weitgehend.

Als ich an diesem Abend zu Bett ging und einschlief, hatte ich einen Traum. In diesem Traum wiederholte eine Stimme ständig dieses Schriftwort: »Unter dreien erzittert die Erde, und unter vieren kann sie es nicht aushalten: unter einem Knecht (Bettler), wenn er König wird« (Spr. 30,21-22a). Gegen drei Uhr morgens wachte ich auf, fühlte mich angeschlagen und empfand eine tiefe Traurigkeit. Ich lehnte mich gegen das Kopfteil des Bettes und versuchte, meine Gedanken zu sammeln.

Dann hörte ich den Herrn, der auch traurig zu sein schien, wie Er mich fragte: »Weißt du, weshalb die Erde es unter einem Bettler nicht aushält, wenn er König wird?«

»Nein«, sagte ich, »aber ich habe den Eindruck, dass Du es mir gleich sagen wirst.« Der Herr fuhr fort: »Ein Bettler ist dazu geboren, bedeutungslos zu sein. Während er aufwächst, belehrt ihn das Leben darüber, dass er keinen Wert besitzt und dass es auf seine Meinung nicht ankommt. Darum ist er, wenn er später ein König werden sollte, dann zwar für die Welt um ihn herum von Bedeutung, doch er selbst fühlt sich noch immer bedeutungslos, trotz der Königsherrschaft, die sich nun in ihm befindet. Folglich achtet er nicht auf seine Worte oder auf die Art, wie er sich benimmt und so zerstört er letztlich genau die Leute, die er führen sollte. Du, mein Sohn, bist ein solcher Bettler, der König geworden ist.«

In den frühen Morgenstunden fing der Herr an, mich über meine Identität als Prinz zu belehren. Er führte mich zu verschiedenen Schriftstellen und zeigte mir, wie wichtig es für Seine Leiter ist, sich als Prinzen und Prinzessinnen zu verhalten, da wir Söhne und Töchter des Königs sind. Das erste Beispiel, das er mir zeigte, war Mose. Er fragte mich: »Weißt du, weshalb es nötig war, dass Mose in dem Palast des Pharao erzogen werden musste?«

»Nein«, sagte ich.

»Mose wurde geboren, um die Israeliten aus der Sklaverei zu führen. Also musste Mose in dem Palast des Pharao aufgezogen werden, damit er lernen konnte, was es heißt, ein Prinz zu sein und nicht mit der Mentalität eines Sklaven zu leben. *Ein Leiter, der sich innerlich in Knechtschaft befindet, kann diejenigen nicht befreien, die äußerlich in Knechtschaft sind.* Die ersten 40 Jahre von Moses Leben waren ebenso wichtig wie die 40 Jahre, die er in der Wüste zubrachte.«

Als der Herr dies sagte, öffnete dies für mich eine Tür, durch die es mir möglich wurde, mich in das, was Mose erfahren hatte, hineinzuversetzen. Ich begann mir vorzustellen, was es für ihn bedeutet haben musste, als Sohn des Königs aufgezogen zu werden. Er musste stets gewusst haben, dass sein Leben bedeutungsvoll war. Gewiss war er es gewohnt gewesen, dass die Leute dem, was er sagte und tat, Aufmerksamkeit entgegenbrachten. Er musste es auch gewohnt gewesen sein, akzeptiert und geliebt zu werden. Ich bin sicher, dass jeder über seine Witze lachte, auch wenn sie überhaupt nicht lustig waren!

Weil Mose wusste, dass er bedeutungsvoll war, hatte er Selbstvertrauen. Ich erkannte, dass er sich ohne dieses Selbstvertrauen wahrscheinlich nie für fähig gehalten hätte, irgendetwas zu unternehmen, um seinen hebräischen Brüdern zu helfen. Wäre er tatsächlich als Sklave aufgewachsen, so wäre es ihm bestimmt nie in den Sinn gekommen, etwas gegen die Ungerechtigkeit zu unternehmen, die er wahrnahm. Als ein Prinz *und* als ein Hebräer erzeugte der Kontrast zwischen seiner und ihrer Situation einen derartigen Konflikt in seiner Seele, dass er etwas unternehmen musste. Es war ungerecht, dass er gut behandelt wurde und sie nicht. Auch sie waren bedeutungsvoll.

Unglücklicherweise konnten sie, als er den ersten Schritt zu unternehmen versuchte, um ihnen zu helfen, aufgrund ihrer Sklavenmentalität nicht verstehen, wo er herkam und was er wirklich im Sinn hatte. Er vertrat die hohe Auffassung von ihnen, sie würden es verdienen, so behandelt zu werden wie er selbst; sie jedoch waren der Meinung, er wolle sich bloß wichtig machen. Aber das war wirklich nicht der Fall: »Wer hat dich zu einem Obersten gemacht?«, fuhren sie ihn an. Ihre unterschiedlichen Auffassungen standen in völligem Konflikt zueinander.

Je mehr ich über die Art von Person nachdachte, die Mose gewesen sein musste, desto mehr erkannte ich, was für Leute wir sein können, wenn wir nur richtig gelehrt werden, dass wir bedeutungsvoll sind. Wir werden dann nicht mehr unsicher darüber sein, wer wir eigentlich sind. Ich erkannte auch, dass ich nicht wie Mose war. Wie ich im nächsten Kapitel beschreiben werde, wurde ich nicht mit der Sicht erzogen, dass ich von Bedeutung sei. Das veranlasste mich, eine ganze Reihe von Verhaltensformen zu entwickeln, wie es jemand wie Mose wahrscheinlich nie getan hätte. Selbst nachdem ich Christ wurde, waren viele dieser Verhaltensweisen noch da. Ich erkannte, dass es bei der Konfrontation durch Nancy um mehr ging als nur darum, dass sie empfindlich war und ich mich missverstanden fühlte; so jedenfalls wollte ich, dass meine

Reaktion verstanden werden sollte. Es ging darum, dass ich die Dinge tat, wie ich sie immer getan hatte, aber diese waren nicht mehr im Einklang mit dem, wie Gott mich sah.

Das Wichtigste aber war: Ich erkannte, dass – so hatte es mir der Herr gesagt –, wenn ich fortfahren sollte, diese Dinge zu tun, ich die Leute zerstören würde, die ich zu führen versuchte. Ich wusste, dass diese Konfrontation wahrscheinlich nur eine von vielen war, die mir auf dem Weg aus dem Bettlerdasein heraus und hin zu meiner Identität als Prinz noch bevorstehen würden. Auch wusste ich, dass, wenn ich nicht anfing, mich in diese Richtung zu bewegen, es mich nicht nur ungeheuer viel kosten würde, sondern auch diejenigen um mich herum.

Dieses Buch spricht von den Erfahrungen und Offenbarungen, die der Herr benutzte, um mich zu lehren, wie ich das Bettlerdasein hinter mir zurücklassen und wie ich in der Autorität und Kraft meiner königlichen und priesterlichen Berufung denken, handeln und wandeln kann. Weil diese Erziehung begann, als ich mich in einer Position der Leiterschaft in meiner Heimatgemeinde befand, machte mir der Herr folgendes deutlich: Das, was ich da lernen würde, würde nicht nur dazu dienen, mich umzuwandeln, sondern auch dazu, mich auszurüsten, um rund um mich herum eine Kultur von königlichem Bewusstsein zu fördern. Dies führte dazu, dass ich das Vorrecht erhielt, einer Dienstschule vorzustehen, deren primäres Ziel darin besteht, Gläubige zu lehren, wie man als Prinz und Prinzessin lebt. Bevor wir mit der Schule begannen, sagte der Herr zu mir: »Ich möchte, dass du den Studenten beibringst, wie man sich als Regent im Königreich benimmt. Sie sind zu etwas Königlichem berufen, um Einfluss zu nehmen, um zu herrschen und zu regieren. Ich möchte euch zu Pionieren machen, zu einem Volk, das Einfluss hat.«

Das Ziel dieses Buches ist es, eine Offenbarung mitzuteilen, die der Herr mir geschenkt hat und die ich nun an meine Studenten und an die Gemeinden, denen ich vorstehe, weitergebe. Ich bete, dass, während ihr mich auf meiner Reise begleitet, ihr eure eigene Identität als Prinz oder als Prinzessin entdeckt und damit beginnt, alle Vorzüge eines Lebens im Palast des Königs zu genießen.

Burglandstreicher oder Prinzen im Palast?

*Du wirst stets die Umgebung um dich herum hervorbringen,
die du in deinem Innern kultiviert hast.*

Ein schmerzlicher Verlust

In den Monaten, die auf meinen Zusammenstoß mit Nancy folgten, stellte ich fest, dass die Wurzeln der Bettlermentalität bis zu meiner Empfängnis zurückverfolgt werden konnten. Die Umstände meiner Geburt und meine Erziehung brachten mich dazu, Lügen über mich selbst zu glauben, die mich von der Wirklichkeit meiner Identität in Christus fernhielten.

Meine Mutter war die Anführerin der Highschool Cheerleaders und mein Vater war der Star-Footballspieler, als sie sich ineinander verliebten. Es war eine Liebesaffäre aus dem Bilderbuch, bis meine Mutter vorehelich mit mir schwanger wurde. Es war in den 1950er Jahren, als die Gesellschaft dies noch viel mehr mit Schande bedachte als dies heute der Fall ist. Als mein Großvater (der Vater meiner Mutter) herausfand, dass sie schwanger war, verstieß er beide, sowohl meine Mutter als auch meinen Vater, obwohl sie noch vor meiner Geburt geheiratet hatten.

Ein Jahr später überraschte mein Vater meinen Großvater, indem er zur Hintertür seines Hauses kam. Bevor mein Großvater überhaupt eine Chance hatte, ihn fortzuschicken, fiel mein Vater auf seine Knie und bat um Vergebung. Zwar vergab ihm mein Großvater an jenem Morgen, doch keiner von beiden ahnte das Desaster, das bald folgen würde.

Zwei Jahre später, knapp ein Jahr, nachdem meine Schwester geboren wurde, war mein Vater beim Fischen, als plötzlich ein gewaltiger Sturm losbrach und das Boot kentern ließ. Mein Vater rettete meinen Onkel, brachte ihn an Land und schwamm dann zurück, um das Boot zu holen. Er kehrte nie mehr zurück. Mein Vater ertrank in jener stürmischen Nacht des Jahres 1958. Noch in der gleichen Nacht wurde ein Such- und Rettungsteam organisiert, um meinen Vater zu finden. Ungefähr um Mitternacht zog ihn mein Großvater vom Fuße des Anderson-Dammes herauf. Mein Leben und das Leben meiner Familie wurde für immer verändert.

Der Tod meines Vaters bewirkte in meiner Seele ein tiefes Gefühl des Verlustes und der Angst vor dem Verlassenwerden. Natürlich verstehen Dreijährige die Bedeutung des Todes nicht. Alles, was ich wusste, war, dass er fort war, und ich hatte Angst, meine Mutter würde als Nächste dran sein.

Mehrere Jahre danach stand ich mehrmals nachts auf und ging ins Schlafzimmer meiner Mutter, um nachzusehen, ob sie noch da war. Sie sagte mir Jahre später, sie sei oft nachts aufgewacht und habe beobachtet, wie ich neben ihrem Bett stand und sie anstarrte.

Von der Tragödie zum Müll

Meine Mutter heiratete noch zweimal. Unser erster Stiefvater trat in unser Leben, als ich fünf Jahre alt war. Er machte meiner Schwester und mir klar, dass er meine Mutter geheiratet hatte, und dass wir bloß das Gepäck wären, das im Preis inbegriffen war. Was das Ganze noch schlimmer machte, war die Tatsache, dass er ein starker Alkoholiker war. Brutalität wurde für uns zu einem Lebensstil. Die Hausregel zum Überleben lautete: »Schweig und geh aus dem Weg!« Mein Stiefvater sagte oft: »Kinder soll man sehen, aber nicht hören.« Seine Einstellung war eindeutig: »Ihr seid nicht von Bedeutung, niemand schert sich um euch und niemand fragt danach, was ihr denkt.«

Selbst wenn wir uns aus den Problemen heraushielten, so wussten wir dennoch nie, in welcher Stimmung er sich gerade befand. Als er einmal betrunken war, hob er mich mit einer Hand hoch, zog mir meine Hose runter und fing an, mich mit seiner Gürtelschnalle zu schlagen. Das Blut rann mir an beiden Beinen hinunter. Meine Mutter schaffte es schließlich, mich schreiend und weinend von ihm loszureißen.

Zusätzlich zu dem, dass mein Stiefvater uns misshandelte, schien er auch systematisch daran zu arbeiten, uns jede Erinnerung an unseren echten Vater auszutreiben. Er war sehr eifersüchtig auf die Liebe unserer Mutter und quälte uns, wenn sie uns irgendwelche Zuneigung zeigte. Er vernichtete alles, was unserem Vater gehört hatte, und verbot uns, irgendwelche Verwandte unseres Vaters zu besuchen. Wenn ich zurückschaue, kann ich feststellen, dass der Teufel ihn dazu benutzte, um unsere Identität zu zerstören. Meine Mutter ließ sich schließlich von ihm scheiden, als ich 13 Jahre alt war.

Als ich 15 war, heiratete meine Mutter aufs Neue. Unglücklicherweise blieben die Hausregeln dieselben. Die Gewalt ging weiter und das Überleben von uns Kindern hing davon ab, dass wir unsichtbar blieben und uns unauffällig verhielten.

Leider weiß ich, dass das, was ich als Heranwachsender erlebte, nur allzu verbreitet ist. Die Umstände mögen sich unterscheiden, doch diejenigen von uns, die in ihrer Jugend Verlassenwerden, Vernachlässigung und Missbrauch erlebten – selbst wenn es sich bloß darum gehandelt hatte, dass man »zur falschen Zeit« geboren worden war, wie dies auch bei mir der Fall gewesen war –, verinnerlichen die fatale Botschaft, dass sie eine Schande, unerwünscht und wertlos seien. Das Ergebnis dieser Lügen ist, dass wir Verhaltensmuster entwickeln, um uns in einer feindseligen Welt selbst zu beschützen. Weil wir Angriffe auf den fundamentalsten Ebenen unserer Identität erfahren haben, glauben wir, wir müssten alles Erdenkliche tun, um den Schmerz abzutöten, um einfach nur zu überleben.

Eine meiner Überlebenstaktiken war die, einen sarkastischen Sinn für Humor zu entwickeln. Mein Humor konzentrierte sich darauf, Leute herunterzumachen und ihnen das Gefühl zu geben, sie seien dumm und unbedeutend. Natürlich merkte ich gewöhnlich nicht, wie ich sie verletzte, doch unbewusst glaubte ich, dass, wenn ich das Selbstwertgefühl anderer zerstörte, mir das helfen würde, mich selbst besser zu fühlen. Ich machte Witze über die Fehler anderer Leute in der Meinung, es wäre lustig, obwohl jeder meiner Lacher jemandem ein Stück seines Herzens kostete.

Auch als ich im Alter von 18 Jahren Christus kennenlernte, dauerte es viele Jahre, bevor ich das Thema meines Selbstwertgefühls in Angriff nahm. Die Folge war, dass ich mich weiter so verhielt und ich mir noch immer nicht bewusst war, wie sehr ich Menschen mit meinem Humor zerstörte. Ich hätte es verstehen sollen, denn ich war das Hauptopfer meines eigenen Humors. Oft machte ich meine eigenen Fehler zum Hauptantrieb meiner Witze. Ich war es gewohnt, mich lange Zeit über schlecht zu fühlen. Die Kultur des Schmerzes hielt meine Seele in meinem Innern gefangen, doch der Herr war entschlossen, mir dabei zu helfen, aus meinem Gefängnis auszubrechen.

Lernen, sich selbst zu lieben
Als Nancy mich damit konfrontierte, welchen Schaden mein Humor anrichten würde, merkte ich, dass dies nicht bloß ein Weckruf für die Tatsache war, dass ich Menschen verletzte. Die größere Offenbarung war für mich, dass Menschen wertschätzten, was ich zu sagen hatte. Ich hatte stets geglaubt, was meine Stiefväter mir eingetrichtert hatten: dass es die Leute nicht wirklich interessierte, was ich dachte oder sagte. Die Erkenntnis, dass ich einen Wert besaß, setzte einen Prozess in Gang. Auf diese Weise wurden die Lügen, die ich über mich geglaubt hatte, entwurzelt, und ich erkannte, dass die Begegnung mit Nancy und die Beziehung, die ich mit dem Herrn hatte, eben gerade der erste von vielen Schritten war, die Gott benutzen würde, um mich aus meinem Gefängnis heraus- und in Seinen Palast hineinzuführen.

Ich hatte noch eine weitere Begegnung ungefähr ein Jahr später, die sich als nächster Schritt in meiner Reise aus dem Bettlerdasein herausstellte. Es begann an einem kalten Wintersonntagabend im Dezember. Ich traf spät bei der Gemeinde ein, und als ich die Eingangstür des Gebäudes öffnete, blies der Wind die Tür beinahe aus ihren Angeln. Die Gebetsversammlung war schon mitten im Gange, als ich den Raum betrat. Etwa hundert Leute waren leidenschaftlich beim Beten; also versuchte ich, mich still hineinzubewegen, damit die Versammlung nicht gestört würde. Als ich durch die Tür kam, grüßte mich Bill, unser Hauptpastor. Er hatte das seltsamste Grinsen auf seinem Gesicht. Er übergab mir etwas, das zur Hälfte gefaltet war. Ich war durch seinen Gesichtsausdruck verwirrt, während ich auf das Blatt Papier starrte. Schließlich merkte ich, dass es sich um einen Scheck handelte, doch mein ungläubiges Auge sträubte sich, die Summe mit dem Verstand zu fassen. Als es mir dämmerte, fing ich an auszurufen: »Eben hat mir jemand dreitausend Dollar gegeben! Hey, ihr alle, jemand hat mir eben DREITAUSEND DOLLAR gegeben!«

Bill, der amüsiert lachte, sagte: »Vielleicht schaust du den Scheck besser noch einmal an!« Ich warf nochmals einen Blick auf den Scheck und stellte fest, dass es in Wirklichkeit dreißigtausend Dollar waren! Ich wurde beinahe ohnmächtig.

Ich fing an, auf- und abzuspringen und zu schreien: »Dreißigtausend Dollar! Jemand hat mir soeben DREISSIGTAUSEND DOLLAR gegeben!« Ich war so verblüfft, dass ich mehrere Minuten lang kaum ein Wort herausbrachte. Ich betrachtete die Unterschrift und stellte fest, dass ich die Person nicht einmal kannte, die mir das Geld gegeben hatte. Dieses Geheimnis machte den Anschlag noch überraschender und schürte meine Aufregung noch.

Es vergingen viele Tage, bis ich schließlich die Identität des Wohltäters herausfand. Er war neu in unserer Gemeinschaft und hatte einen Kurs besucht, den ich in diesem Jahr unterrichtet hatte. Eines Nachts, während er betete, hatte er den Eindruck, der Herr trage ihm auf, mir einen Teil seines Erbes zu geben.

Ich schrieb ihm eine Karte, in der ich meine Dankbarkeit zum Ausdruck brachte, doch das Allermerkwürdigste geschah als Nächstes. Ich mied ihn mehrere Monate lang, nachdem er mir die unglaubliche Gabe hatte zukommen lassen.

Zunächst war das, was ich tat, nicht so offensichtlich, doch je mehr Zeit verging, desto augenscheinlicher wurde es. Wenn ich ihn in einem bestimmten Raum in der Gemeinde sah, wandte ich mich um und ging in eine andere Richtung.

Bei einer Gelegenheit rannte ich zur Männertoilette und fragte mich, ob ich es noch rechtzeitig schaffen würde, und als ich die Toilette betrat, stellte ich fest, dass er dort war. Er drehte mir den Rücken zu und hatte mich nicht gesehen, also rannte ich wieder hinaus. Ich musste den ganzen Weg zurückrennen bis auf die andere Seite des Gebäudes, um eine andere Toilette zu finden. Und als ich so um das Gebäude herumrannte, traf mich auf einmal der Gedanke: »Irgendetwas stimmt mit dir nicht!« Ich wusste wirklich nicht, weshalb ich mich so seltsam verhielt, und das beunruhigte mich.

Als ich an jenem Abend zu Bett ging, konnte ich nicht schlafen. Es war kalt und dunkel, und der Wind heulte. Es schien, als würde ich ewig daliegen. Immer wieder schaute ich auf die Uhr und wartete, bis es Morgen würde, wälzte und drehte mich und grübelte, weshalb ich mich so sonderbar benahm. Ich konnte mein schlechtes Verhalten nicht aus dem Kopf kriegen.

Meine Gedanken kehrten zu anderen Zeiten zurück, vor Jahren, da ich dieselben Gefühle gegenüber anderen Leuten hegte, die mir eine Menge Wertschätzung geschenkt hatten. Ich dachte darüber nach, wie viele dieser Beziehungen ich sabotiert haben musste, indem ich nicht zuließ, dass die Menschen mich liebten. Ich wurde mir bewusst, dass ich zwar Menschen liebte, um ihnen etwas zu geben, aber dass ich es gar nicht liebte, von ihnen etwas zu empfangen. Und noch immer ergab mein Verhalten keinerlei Sinn.

Schließlich suchte ich in meiner Verzweiflung den Herrn im Gebet auf: »Herr, weißt du, was mit mir nicht stimmt?«

»*Ja*«, antwortete Er sogleich.

»Was ist es denn?«, fragte ich vorsichtig.

»*Möchtest du es wirklich wissen?*«, fragte Er zurück.

Das war eine aufschlussreiche Frage. Tatsächlich war ich ziemlich nervös darüber, herauszufinden, was mit mir nicht stimmte, weil ich es lange Zeit verdrängt hatte. John Maxwell hat einmal gesagt: »Die Menschen ändern sich erst, wenn sie genügend Schmerz empfinden, sodass sie sich ändern müssen, oder sie lernen genug, sodass sie sich ändern möchten, oder aber sie empfangen genug, damit sie imstande sind, sich zu ändern.« Ich erkannte, dass ich genügend Schmerz in mir verspürte, sodass ich mich verändern musste!

»Ja, das möchte ich, Herr!«, antwortete ich.

Jesus sagte darauf: »*Das Problem bei dir liegt darin, dass du dich nicht genügend liebst, um dich der dreißigtausend Dollar würdig zu fühlen. Du hast Angst, dass, wenn dieser großzügige Mann dich kennen lernt, er es bereuen wird, dir dieses Geld gegeben zu haben. Das ist der Grund, weshalb du nicht möchtest, dass er dir nahe kommt.*«

Meine Beklemmung vertiefte sich. Ich konnte nicht mehr leugnen, dass ich Hilfe brauchte. Ich fragte: »Was soll ich tun?«

»*Lerne, dich so zu lieben, wie ich dich liebe. Wenn du dies tust, wirst du erwarten, dass dich die Leute mehr lieben werden, wenn sie dich besser kennen lernen!*«, antwortete Er.

Ich war verblüfft. Ich konnte nicht glauben, was die Wurzel meines Problems war. Bis zu diesem Zeitpunkt war mir die Liebe, die mir gegenüber fehlte, noch nie auf diese Weise aufgezeigt worden. Ich wusste, dass andere mich liebten (insbesondere meine Frau und meine Kinder), und ich wusste auch, dass der Herr mich liebte. Ich wusste jedoch nicht, dass ich mich selbst nicht liebte.

Durch diese Erfahrung lernte ich, dass, sooft jemand uns mehr schätzt als wir uns selbst schätzen, wir die Neigung haben, unsere Beziehung zu dieser Person zu sabotieren. Ganz insgeheim wollen wir nicht, dass sie uns so nahe kommt, nur um dann festzustellen, wir seien doch gar nicht so gut, wie sie geglaubt hatte.

Aus meiner Beobachtung als Pastor bin ich zu der Erkenntnis gelangt, dass eines der besten Beispiele dafür erwachsene Singles sind, die sich nach einem Partner umsehen und die anscheinend nicht die »richtige Person« finden können, die für sie »gut genug« ist. Viele dieser Leute haben Probleme damit, über eine bloße Freundschaft mit dem anderen Geschlecht hinauszukommen, und wenn die Freundschaft anfängt, die äußeren Schranken ihres Herzens zu durchbrechen und in den Innenhof ihrer Seele vorzustoßen, beginnen sie damit, Dinge zu tun, die ihre Beziehung zerstören. Sie fürchten sich davor, dass ihr Liebhaber tiefer in sie Einblick gewinnt und dadurch die Unvollkommenheiten entdecken könnte, von denen sie glauben, dass sie entdeckt würden. Es ist an der Zeit, dass wir lernen, uns so zu lieben, wie Gott uns liebt, und uns selbst mit den Augen unseres Vaters zu sehen.

Nie genug

Es gibt noch eine andere Lüge, die Bettler davon abhält, die Wahrheit über ihre Identität in Christus zu erfahren. Ich habe vorhin schon erwähnt, dass, wenn du gelehrt worden bist, dich bedeutungslos zu fühlen, du Überlebensstrategien entwickelst bei dem Versuch, den Schmerz dieser Realität zu vermeiden. Ein Bettler benutzt Überlebensstrategien, weil er glaubt, das Leben sei eine einzige Veranschaulichung des Prinzips »Fressen und gefressen werden«. Diese Armutsmentalität ist das vorrangige Kennzeichen eines Bettlers. Ob nun ein Bettler in seinen finanziellen Angelegenheiten, in der Liebe oder in Sachen Bestätigung Armut erlebt hat – alle Bettler teilen dieselbe Überzeugung, dass es für sie nie reichen wird. Sie leben in Angst und kämpfen mit dem Gefühl, dass der Brunnen gerade dabei ist, auszutrocknen.

Gott hat nie beabsichtigt, dass wir in irgendeinem Bereich unseres Lebens in Armut leben sollten. Die Bibel ist voll von Verheißungen über die Fürsorge Gottes für Sein Volk. Salomo sagte: »Ich war jung und bin auch alt geworden, doch nie sah ich einen Gerechten verlassen, noch seine Nachkommen um Brot betteln« (Ps. 37,25). Jesus machte es sogar noch deutlicher, als Er sagte:

»*Seid nicht besorgt für euer Leben, was ihr essen und was ihr trinken sollt, noch für euren Leib, was ihr anziehen sollt! Ist nicht das Leben mehr als die Speise und der Leib mehr als die Kleidung? Seht hin auf die Vögel des Himmels, dass sie weder säen noch ernten noch in Scheunen sammeln, und euer himmlischer Vater ernährt sie doch. Seid ihr nicht viel wertvoller als sie? Wer aber unter euch kann mit Sorgen seiner Lebenslänge eine Elle zusetzen? Und warum seid ihr um Kleidung besorgt? Betrachtet die Lilien des Feldes, wie sie wachsen; sie mühen sich nicht, auch spinnen sie nicht. Ich sage euch aber, dass selbst nicht Salomo in all seiner Herrlichkeit bekleidet war wie eine von diesen. Wenn aber Gott das Gras des Feldes, das heute steht und morgen in den Ofen geworfen wird, so kleidet, wird er das nicht viel mehr euch tun, ihr Kleingläubigen? So seid nun nicht besorgt, indem ihr sagt: Was sollen wir essen? Oder: Was sollen wir trinken? Oder: Was sollen wir anziehen? Denn nach diesem allen trachten die Nationen; denn euer himmlischer Vater weiß, dass ihr dies alles benötigt. Trachtet aber zuerst nach dem Reich Gottes und nach seiner Gerechtigkeit! Und dies alles wird euch hinzugefügt werden. So seid nun nicht besorgt um den morgigen Tag! Denn der morgige Tag wird für sich selbst sorgen. Jeder Tag hat an seinem Übel genug.«* (Mt. 6,25-34)

Die Abenteuer von Eddie

Als meine Frau Kathy und ich unseren Sohn Eddie adoptierten, sah ich aus erster Hand, wie eine Armutsmentalität Leute dazu treiben kann, in einer Realität zu leben, die sie auf tragische Weise blind macht für den Wohlstand, den Gott ihnen schenken möchte. Eddie wuchs in physischer Armut auf, doch seine Einstellungen und sein Verhalten waren typisch für die Überlebensmentalität, die man bei Leuten sehen kann, die in finanziell stabilen Häusern aufwuchsen, aber auf anderen Gebieten in ihrem Leben Mangel erlebten.

Im Jahre 1990 fingen wir an, mit dem »Trinity County Probation« Department in Lewiston, Kalifornien, zusammenzuarbeiten. Das Department forderte alle Kinder, die in Lewiston probehalber untergebracht waren, auf, zu unserer Jugendgruppe zu kommen. Zweimal pro Woche spielten wir Basket- und Volleyball, und dann, in der Halbzeit, hielt ich eine Predigt. Eddie war ein 14jähriger junger Mann, der jede Woche kam. Eddies Mutter und Vater waren beide Drogenabhängige, und so blieb Eddie sich selbst überlassen und wuchs unbetreut auf. Er war ein großer Junge mit olivfarbiger Haut und braunen Haaren. Obwohl er nicht auf Probe irgendwo untergebracht war, liebte er es, bei uns Basketball zu spielen. Er machte mit bei den Projekten der rauen Jungs, aber gewöhnlich war er sehr ruhig. Nach und nach lernten wir ihn kennen.

Etwa ein Jahr, nachdem wir ihn kennengelernt hatten, entschlossen wir uns zu dem Versuch, ihn zu adoptieren. Wir betrieben einige Nachforschungen und stellten fest, dass es zwei Wege gab, das Sorgerecht für ihn zu gewinnen: Wir konnten seine geschiedenen Eltern davon überzeugen, dass sie per Unterschrift das Sorgerecht an uns abtraten, oder wir konnten vor Gericht ziehen und gegen sie klagen. Wir entschlossen uns, zu versuchen, die Eltern zu überzeugen.

Ich nahm Eddie mit zum Apartment seiner Mutter, wie ich es schon so oft zuvor getan hatte (gewöhnlich verbrachte er das Wochenende bei uns), doch diesmal ging ich mit ihm zur Tür. Mein Herz raste und ich stellte fest, dass innen kein Licht brannte. Ich dachte, es sei niemand zu Hause, doch als Eddie die Tür aufdrückte, konnte ich eine Gestalt wahrnehmen, die eng zusammengekauert in der Ecke des abgedunkelten Zimmers auf dem Boden saß. Es war seine Mutter. Es gab keine Möbel, und es war unbeschreiblich schmutzig. Im Zimmer war es eiskalt. Später erfuhr ich, dass sie schon seit Monaten keinen Strom mehr hatten.

Seine Mutter machte offensichtlich einen »Absturz« nach einem Drogen-High durch. Sie zitterte am ganzen Körper, und ihre Augen waren von tiefschwarzen Ringen umrundet. Ihr Haar war verfilzt und hing in Strähnen herunter. Sie schaute zu mir auf und fragte: »Was machen Sie hier?«

»Ich möchte das Sorgerecht für Ihren Sohn«, sagte ich etwas nervös.

Sie starrte Eddie an, der mit den Tränen kämpfte. »Okay, das können Sie haben!«, sagte sie, indem sie ihren Kopf vor Scham senkte, während sie die Sorgerechtpapiere unterzeichnete.

Wir gingen von dort weg und fuhren nach Lewiston, um mit Eddies Vater zu reden. Es war still im Auto und meine Gedanken wurden von den Bildern überschwemmt, die ich gerade gesehen hatte. Mein Herz war schwer und gebrochen. Ich fragte mich, wie viele weitere »Eddies« es da draußen in der Welt wohl noch geben mochte. Ich konnte nur das Beste hoffen, wenn ich mir vorzustellen versuchte, wie wohl sein Vater sein würde.

Etwa 30 Minuten später erreichten wir das Haus seines Vaters. Es sah aus wie ein typisches »Drogenhaus«. Der vordere Hof war vollgestopft mit alten Autos und Gerümpel. Als wir vor der Eingangstür standen, raste mein Herz wieder, und ich bemerkte, dass die Tür bereits geöffnet worden war. Eddie trat vor mir ein, und ich folgte ihm. Als wir das Haus betraten, stellte ich fest, dass verschiedene Männer und Frauen anwesend waren, die alle auf dem Boden saßen. Ein paar andere lagen auf Sofas. Das Zimmer war voller Rauch. Ein kleiner, untersetzter Mann voller Tätowierungen starrte uns an.

Er sagte mit zorniger Stimme: »Was wollen Sie?« Ich konnte kaum Worte finden, da mein extrem pochendes Herz sich anfühlte, als wollte es aus meiner Brust hinausspringen.

»Ich möchte gerne das Sorgerecht für Ihren Sohn«, stieß ich hervor.

Er blickte zu Eddie hinüber, der seinen Kopf gesenkt hielt, und fragte: »Möchtest du bei ihm wohnen?«

»Ja«, antwortete Eddie.

»Gut, geben Sie mir die Papiere, und ich unterschreibe!« Er kritzelte seine Unterschrift in großen Buchstaben hin und warf mir die Papiere zu.

Wir gingen sofort wieder. Ich war froh, ohne einen Faustschlag davongekommen zu sein, und Eddie war begeistert, sein neues Leben beginnen zu können.

Das nächste Jahr war mit viel Lachen und auch mit vielen Tränen gefüllt, während Eddie sich an seinen neuen Lebensstil gewöhnte. Nach und nach lernten wir, die charakteristischen Merkmale einer Armutsmentalität in Eddie zu erkennen. Offensichtlich war sie durch seine grausame Kindheit in seinem Herzen entstanden.

Meistens waren wir als Familie gemeinsam beim Abendessen zusammen. Während wir unsere Mahlzeiten einnahmen, richtete Eddie seine Augen auf die Speisen, die übrig blieben. Es war stets genügend vorhanden, doch Eddie schien sich darüber Sorgen zu machen, sie könnten uns ausgehen. Wenn seine Schale noch etwa halb voll war, füllte er bereits seinen Teller nochmals und versteckte Speiseteile rund um seinen Teller und in seiner Serviette. Die übrigen von uns taten so, als merkten wir es nicht, aber es machte uns traurig.

Eddies erstes Weihnachtsfest bei uns war begeisternd. Wir erfuhren, dass er noch nie wirklich Weihnachten erlebt hatte, weil seine Mutter alle Geschenke, die er bekam, verkaufte und dafür Drogen einhandelte. Wir entschlossen uns, bis zum Äußersten zu gehen und die Kinder mit Geschenken zu überhäufen. Wir gaben Hunderte von Dollars aus und verteilten die Geschenke gleichmäßig auf sie alle. Es gab so viele Geschenke, dass man den Baum kaum noch sehen konnte.

Schließlich kam der Weihnachtstag, und wir setzten uns zusammen, um die Geschenke auszupacken. Die ganze Familie explodierte förmlich, während sie Eddie zuschaute, wie er seine Geschenke auspackte. Er war wie ein kleines Kind. Das einzige Problem war, dass er niemandem erlaubte, seine Geschenke anzufassen, nachdem er sie ausgepackt hatte. Später am Abend, nach dem Abendessen, flüsterte Eddie etwas in Kathys Ohr. Kathy hatte Strümpfe für jedes der Kinder gekauft und sie mit kleinen Geschenken gefüllt. Jason und Eddie hatten beide Comicbücher in ihren Strümpfen. Das einzige Problem war, dass sie zufällig in Jasons Strumpf vier Comicbücher gesteckt hatte, und in Eddies nur zwei. Eddie wollte wissen, weshalb Jason mehr bekommen habe als er.

Eddie hatte stets Angst, er würde nicht genug bekommen. Ein Armutsgeist bringt Arme stets dazu, eine Überlebensmentalität zu entwickeln. Die Angst vor dem Mangel gründet sich auf Lügen, und solange diese Lügen nicht zerstört worden sind, können die Leute Gottes Fürsorge für ihr Leben nicht erkennen. Als Eddie Teil unserer Familie wurde, hatte er alles, was er brauchte und sich wünschte. Sein altes Leben war vergangen. Aber solange er nicht aufhörte, diesen Lügen zu glauben, konnte er sich nicht entspannen und das Leben bei uns genießen. Gott sei Dank ist Eddie heute frei von seiner alten Einstellung. Er ist zu einem erstaunlichen jungen Mann herangewachsen und hat bereits das College absolviert. Ja, wir sind sehr stolz auf ihn.

Arme haben eine Armutsmentalität. Sie haben stets das Gefühl, ihre Ressourcen seien begrenzt. Wenn jemand anderes irgendetwas bekommt, glauben sie, dass dadurch etwas von dem Vorrat weggenommen würde, der ihnen gehört. Sie nehmen an, dass der Segen anderer sie immer etwas kosten würde.

Die Geschichte vom verlorenen Sohn in Lukas 15 macht diesen Punkt deutlich. Nachdem er sein Erbe verschwendet hatte, kam der Jüngere nach Hause und suchte Unterschlupf. Sein Vater war so begeistertet, ihn wiederzusehen, dass er für ihn eine Party steigen ließ. Er hatte das gemästete Kalb für eine solche Gelegenheit aufgespart und schließlich war nun die Zeit gekommen, ein Fest zu feiern. Jedermann kam zu dieser Festlichkeit, mit Ausnahme des älteren Bruders; er blieb draußen auf dem Feld. Als der Vater den älteren Bruder auf der Party nicht fand, ging er hinaus, um nach ihm zu sehen. Er fand ihn draußen, allein.

»Warum kommst du nicht auch zum Fest?« fragte der Vater.

Der ältere Bruder schrie ihn an: »Du hast ihm das gemästete Kalb geschlachtet, mir jedoch hast du nicht einmal eine Ziege gegönnt.«

Sein Vater war wie vor den Kopf gestoßen. Er blickte seinen Sohn an, schaute mit seinen liebenden Augen in seine Seele hinein und sagte: »Ich habe ihm ein gemästetes Kalb gegeben, aber dir gehört doch der ganze Hof!« (zusammengefasst aus Lk. 15,11-31).

Warum – um alles in der Welt – blieb der ältere Bruder draußen und wartete, dass sein Vater ihm eine Ziege schenke, da ihm doch der ganze Hof gehörte? Er konnte nicht erkennen, dass er ein Sohn war und nicht ein Diener.

Die Offenbarung unserer wahren Identität wird den Geist der Armut in unserem Leben zerstören. Bis dies jedoch so weit ist, denken wir stets, dass es Grenzen für das gibt, was wir bekommen können. Als Ergebnis davon sind wir auf jeden eifersüchtig, der etwas bekommt, was wir nicht haben. Das schleicht sich in alle Aspekte unseres Lebens hinein, einschließlich der Arbeit, der Freundschaften und der Positionen in der Gemeinde.

Ein Königreich der Finanzen

Leider denken die meisten von uns in der Gemeinde noch so wie der ältere Bruder. Wir haben die Tatsache aus den Augen verloren, dass wir nicht bloß auf dem Hof leben. Wir sind Söhne und Töchter des Eigentümers, und unser Vater hat reichen Überfluss! Ich glaube, diese Offenbarung wird die Art und Weise, wie wir denken und unsere Zukunft planen, vollkommen verändern. Die meisten von uns schauen noch immer auf die Versorgung (was unser Kontoauszug sagt), um unsere Vision zu beschließen, und deshalb leben wir im Bereich *unserer* Mittel anstatt im Bereich *Seiner* Segnungen.

Wenn wir zum Beispiel ein neues Gebäude errichten, bringen wir das Argument vor, dass wir einige andere Projekte einstellen müssen, um die Kosten zu decken. Doch sind wir berufen worden, über die Vernunft hinaus zu leben, und auch weit über die Grenzen unserer eigenen Fähigkeiten hinaus. Wenn wir nicht mehr zustande bringen als gewöhnliche Menschen, dann lasst uns doch damit aufhören, den andern zu sagen, wir seien Teil der Gemeinde des *lebendigen Gottes*! Wir müssen mehr vollbringen als der Elch-Klub, wenn wir Gott unseren Vater nennen wollen. Das erfordert, dass wir durch Glauben an Gottes Versorgung leben. Wenn wir täglich Gott für unseren Unterhalt vertrauen, dann werden wir die Ressourcen des Himmels anzapfen. (Ich weiß, dass es eine echte Notwendigkeit für wahre Verwalterschaft gibt im Leib Christi, doch vieles von dem, was man so Verwalterschaft in der Gemeinde nennt, ist schlicht und ergreifend Angst, die sich als Weisheit ausgibt.)

Paulus sagte es am besten: »Mein Gott wird euch mit allem, was ihr braucht, reichlich versorgen gemäß Seinem (eigenen) Reichtum – und dies in Herrlichkeit in Christus Jesus!« (Phil. 4,19; *Haller*). Habt ihr das mitgekriegt? Er sagte: »Gott wird euch mit allem, was ihr braucht, reichlich versorgen gemäß *Seinem* (eigenen) Reichtum – und dies in Herrlichkeit!« Er versorgt uns nicht nach dem Maß unserer Bedürfnisse, sondern nach dem Maß *Seines* Reichtums!

Oft schon habe ich Leute gefragt, wovon sie leben. Einige sagen: »Ich lebe aus Glauben.« Ich habe über die Jahre hinweg gelernt, dass dieser Satz eigentlich meint: »Ich habe keine Arbeit. Ich bin von Menschen abhängig, die meinen Dienst unterstützen.« Hier spricht die unausgesprochene Überzeugung, dass Leute, die ein regelmäßiges Gehalt empfangen, es nicht nötig haben, Gott für ihr Einkommen zu vertrauen. Doch dieses Denken ist problematisch. Wenn wir aufhören, aus Glauben zu leben, sobald wir ein reguläres Einkommen erhalten, reduzieren wir unseren Unterhalt auf unsere Fähigkeit, es selbst zu schaffen, statt der Fähigkeit des Herrn, für uns zu sorgen, zu vertrauen.

Die Bettlermentalität kann man auf jeder Ebene der Gesellschaft und in allen Gesellschaftsschichten antreffen. Das Bankkonto einer Person ist kein Hinweis darauf, ob diese Leute die Fürsorge Gottes bewusst erfahren oder nicht. Jemand mag eine Menge Dinge besitzen und sich dennoch unsicher fühlen und befürchten, es könnte ihm etwas zustoßen, und dann würde er alles verlieren. Wenn Bettler Geld oder Dinge erwerben, neigen sie dazu, davon ihre Identität abzuleiten. Die Wahrheit ist, dass ein Mensch nicht an dem gemessen wird, *was er hat*, sondern an dem, *was ihn hat*. Einige Leute besitzen Häuser, doch manchmal sieht es aus, als besäßen die Häuser die Leute.

Wenn wir bloß dazu leben, um uns Dinge anzueignen oder um so viel zu arbeiten, dass wir keine Zeit mehr finden für die wichtigen Beziehungen, die wir in unserem Leben haben, dann frage ich mich wirklich, ob wir die Dinge besitzen oder ob die Dinge uns besitzen. Ich sehe das Ganze folgendermaßen: Es gibt einen Unterschied zwischen Reichtum und Vermögen. *Vermögende* Leute weigern sich, sich auf ihre Bankkonten und -depots reduzieren zu lassen, und ihr Vermögen hat sie nie im Griff. Sie machen sich keine Sorgen um Geld, weil sie wissen, dass immer genügend vorhanden sein wird. Das Selbstwertgefühl *reicher* Leute jedoch hängt direkt mit ihrer »Gewinn- und Verlustrechnung« zusammen. Sie verwenden eine Menge Energie darauf, entweder dem Geld nachzujagen oder zu versuchen, es festzuhalten. Ich meine damit nicht, wir sollten keine eifrigen Arbeitsgewohnheiten haben. Was ich meine, ist, dass Prinzen nicht für Geld, sondern für Gott arbeiten.

Wenn ein Bettler eine Menge Geld in die Hände bekommt, dann lautet die Frage, die beantwortet werden muss, so: »Hat Gott einen Gewinn erzielt oder einen Mann verloren?« Bettler verlieren oft den Blick für ihre Prioritäten, wenn sie Geld bekommen, doch Prinzen leiten ihre Identität nicht davon ab, was sie haben, weil sie wissen, dass ihre Identität nicht von ihrem Verhalten oder von ihrem Besitz abhängig ist. Prinzen besitzen zwar Dinge, aber sie lassen nie zu, dass die Dinge sie besitzen. Das Ergebnis ist, dass sie imstande sind, das sorgenfreie Leben zu erfahren, das Jesus verheißen hat, und dass sie zuerst nach dem Reich Gottes trachten in dem Bewusstsein, dass alles, was sie nötig haben, ihnen gegeben werden wird.

Das verheißene Land der Prinzen ist angefüllt mit den Segnungen des Vaters. Er möchte uns mit Seiner Liebe überschütten, Seine

Segnungen in uns hineinfüllen und uns mehr geben, als wir überhaupt fassen können. Die Psalmen formulieren es am besten: »Glücklich der Mann, der den Herrn fürchtet, der große Freude an seinen Geboten hat! Seine Nachkommenschaft wird mächtig sein im Land. Das Geschlecht der Aufrichtigen wird gesegnet werden. Vermögen und Reichtum wird in seinem Haus sein, und seine Gerechtigkeit besteht ewig!« (Ps. 112,1-3).

Gefangene und Gebundene

Viele Leute verbringen ihr ganzes Leben damit,
auf das zu reagieren, was sie nicht sein möchten, statt auf
den Ruf Gottes, der auf ihrem Leben liegt, einzugehen.

Kriegsgefangene

Unsere Vergangenheit kann zu einem Gefängnis werden, das die Knechtschaft derer aufrechterhält, die uns großgezogen haben. Irgendwie reproduzieren wir unbewusst dieselbe zerstörerische Kultur in uns selbst und in den Menschen um uns herum. Es gibt ein paar allgemeine Arten, wie dies in uns geschieht. Eine der Arten, wie wir uns an die Vergangenheit binden, ist die, dass wir auf diejenigen reagieren, die uns missbraucht haben, und so verbringen wir einen Großteil unseres Lebens damit, nicht so zu werden wie sie.

Ich habe in den vergangenen Jahren eine Menge Leute betreut, und habe unter vielen von ihnen ein allgemein verbreitetes Muster festgestellt: Menschen werden in der Regel ganz genauso wie die Person, die sie am meisten verachten. So wurden Alkoholiker zum Beispiel gewöhnlich von alkoholabhängigen Eltern erzogen. Persönlich bin ich noch nie einem Kinderschänder begegnet, der nicht selbst als Kind Opfer einer sexuellen Nötigung geworden war. An irgendeiner Stelle im Beratungsgespräch taucht fast stets eine Aussage auf, wie: »Ich habe mir geschworen, nie so zu werden, wie die Person, die mich missbraucht hat, aber ich bin genauso geworden wie sie«. Ich kenne diesen Kampf nur zu gut von mir selbst. Trotz des Bemühens, nicht zu werden wie meine Stiefväter in meinen frühen Jugendjahren, fing ich an, ebenso zornig zu werden, wie sie es gewesen waren.

In meinen frühen Zwanzigern führte ich eine Autowerkstatt. Mein Temperament geriet ständig außer Kontrolle. An einen jener

Vorfälle erinnere ich mich sehr deutlich. Ein Kunde trat ein, um sein Auto abzuholen, doch wir waren spät dran, und es war noch nicht fertig. Er wollte unbedingt irgendwohin fahren und war deshalb ein bisschen aufgebracht. Er kam immer wieder in die Werkstatt und fragte, ob wir endlich so weit wären. Als er zum dritten Mal hereinkam, wurde ich so wütend, dass ich einen etwa fünfzig Zentimeter langen Schraubenschlüssel packte und diesen quer durch die Werkstatt in seine Richtung schleuderte. Es war gut, dass er sich duckte, denn der Schlüssel flog nur haarscharf an seinem Kopf vorbei.

Ein anderes Mal arbeitete ich mehrere Tage lang an einem Lastwagen. Es war einer mit Allradantrieb und ich musste im Inneren des Motorbereichs sitzen, um die Arbeit zu erledigen. Als ich schließlich die Motorhaube wieder angebracht hatte und die Zündung betätigte, war das Problem, von dem ich glaubte, dass ich es behoben hätte, noch immer vorhanden. Ich war außer mir vor Wut! Ich ergriff einen Vorschlaghammer und ging auf den Lastwagen zu in der Absicht, auf ihn einzudreschen. Mein Chef sah, wie ich auf das Fahrzeug zuschritt und mit dem Hammer in der Hand laut herumschrie; sofort eilte er herbei und warf mich zu Boden. Dort hielt er mich fest, bis ich mich einigermaßen beruhigt hatte.

Wir werden das, was wir uns vorstellen

Ich wurde genau die Person, die ich verachtete. Eines Tages las ich das Alte Testament und bekam durch die Geschichte von Jakob und dessen Schwiegervater allmählich Einsicht in meinen eigenen Kampf. Jakob war von Natur aus ein Gauner. Sein Name lautete eigentlich »Betrüger«. Er führte sogar seinen Vater hinters Licht hinsichtlich des Erstgeburtsrechts seines Bruders. Ein paar Kapitel später heiratete Jakob in eine Familie hinein, die ihn mit seiner eigenen »Medizin« behandelte. Er arbeitete sieben Jahre lang für seinen Schwiegervater Laban, damit er Labans Tochter Rahel heiraten konnte. Doch als er am Morgen nach der Hochzeitsnacht erwachte, lag Lea in seinem Bett. Laban hatte ihm nicht gesagt, dass seine Familientradition vorschrieb, dass die älteste Tochter als erste heiratet. Er mogelte mit diesem Trick sieben weitere Jahre harter Arbeit aus Jakob heraus, weil Jakob noch immer Rahel begehrte. Gott sei Dank erhielt er sie auf Kredit! Er bekam sie eine Woche später und bezahlte dann für sie in kleinen monatlichen Raten für die nächsten sieben Jahre.

Nach vierzehn Jahren des Misstrauens und der Unehrlichkeit war Jakob bereit fortzuziehen. Er sagte seinem Schwiegervater, er möge ihm das geben, was ihm gehöre, so dass er seinen eigenen Weg weitergehen könne. Laban jedoch war nicht dumm. Er wusste sehr wohl, dass Jakob ihm ein Vermögen einbrachte. Laban forderte Jakob auf, ihm seinen Arbeitslohn zu nennen und bei ihm zu bleiben. Doch Jakob wusste, dass, ganz gleich, wie groß sein Lohn auch sein mochte, sein Schwiegervater immer einen Weg finden würde, um ihn auszutricksen. Daher sagte er: »Du hast meinen Lohn schon zehn Mal geändert!« Dann bot Jakob Laban an, er wollte für alle gefleckten und gesprenkelten Schafe und Ziegen für ihn arbeiten. Diese Tiere sollten sein Lohn sein. So schlossen sie diesen Handel ab.

Ich bin sicher, dass Laban glaubte, er habe Jakob aufs Neue hereingelegt, da es sehr wahrscheinlich sehr wenige gefleckte und gesprenkelte Tiere in der Herde gab. Doch die Geschichte nahm eine höchst ungewöhnliche Wendung. Jakob schnitzte Stöcke, indem er das Weiße unter der Rinde bloßlegte. Dann stellte er die Stöcke immer dann vor die Wassertröge, wenn die Besten der Schafe kamen, um zu trinken und sich zu begatten. Dies führte dazu, dass die kräftigsten Schafe und Ziegen gefleckten und gesprenkelten Nachwuchs hervorbrachten. Es dauerte nicht lange, und Jakob wurde sehr reich, weil seine Herden sich kraftvoll vermehrten, während Labans Herden schwächlich blieben.

Als ich über diesen ungewöhnlichen Abschnitt nachdachte, ging mir auf, dass dies keine Lektion in der Viehzucht war. Gott zeigte auf, wie wir, *Seine* Schafe, uns vermehren. Das Wasserloch ist der Ort des *Nachsinnens*, was sowohl bedeutet, etwas intensiv zu betrachten, als auch darüber zu meditieren. Die Meditation beschäftigt unsere Vorstellungskraft. Wenn wir unsere Vorstellung mit Gedanken dessen füttern, was wir nicht werden möchten, und aus dem Brunnen des Bedauerns trinken, bringen wir genau dasselbe in uns selbst hervor. Es spielt keine Rolle, was wir hervorbringen *möchten*. Es ist bloß wichtig, *was wir uns vorstellen*, während wir am Wasserloch unserer Vorstellungskraft nachdenken und trinken.

Dieses Prinzip wird auch mit der Erschaffung des Menschen illustriert. Die Bibel sagt, wir seien nach dem Bilde Gottes geschaffen worden. Mit anderen Worten: Wir sind das geworden, was Gott *sich vorgestellt hat*. Das Buch der Sprüche sagt: »Denn wie einer in seiner Seele denkt, so ist er« (Spr. 23,7). Unsere Vorstellungskraft ist ein sehr machtvoller Teil unseres Wesens. Alles, was je erbaut, gemacht, gemalt oder entwickelt wurde, begann in der Vorstellungskraft von jemandem. Wir haben die Neigung, das hervorzubringen, womit wir unsere Gedanken nähren.

Ich stelle bei vielen von uns fest, dass wir einen beträchtlichen Teil unseres Lebens dafür verwenden, auf das zu reagieren, was wir nicht sein wollen, statt auf den Ruf Gottes, der auf unserem Leben liegt, einzugehen. Wir vergeuden eine Menge Energie bei dem Versuch, etwas *nicht* zu sein. Um etwas nicht zu sein, muss ich es stets vor mir haben, damit ich es vermeiden kann. Das Verrückte daran ist, dass ich das hervorbringe, was ich mir vorstelle. Wenn ich auf das schaue, was ich nicht sein möchte, veranlasst mich das bloße Anschauen dazu, es hervorzubringen. Das erklärt, warum so viele Leute ihre Kinder auf dieselbe Weise misshandeln, wie ihre Eltern sie einst missbraucht haben. Sie hatten sich geschworen, nie so zu werden wie ihre Eltern, doch sie wurden exakt wie sie.

Auf die Vergangenheit reagieren oder auf die Vision eingehen

Wir brechen aus diesem Gefängnis aus, indem wir auf den Ruf Gottes eingehen, der auf unserem Leben liegt, und über Seine Vision für uns meditieren. Das Wort *Meditation* hat etwas mit dem Wort *Medizin* zu tun. In einem positiven Sinne bedeutet Meditation, »so zu denken, dass es uns gesund werden lässt.« Wir werden zu der Person, die zu werden Gott uns berufen hat, wenn wir über die Dinge Gottes meditieren und Seine Träume träumen. Der Psalmist schrieb: »Habe deine Lust am Herrn, so wird er dir geben, was dein Herz begehrt!« (Ps. 37,4). Bill Johnson hat eine kreative

Definition für dieses Begehren (englisch: *desire*). Er bricht es in zwei Teile auf: »de«, was »von« bedeutet, und »sire« was »erzeugen, Vater werden« heißt. Wenn wir Lust haben an Gott, statt in unserer Vergangenheit herumzuhängen, wird Er der Vater, der »sire« (Erzeuger) unserer Träume.

Maria veranschaulicht dieses Prinzip in ihrem Leben. Die Bibel sagt: »Maria aber behielt alle diese Worte und bewegte sie in ihrem Herzen« (Lk. 2,19). Sie bewegte das Wort Gottes in ihrem Herzen und schenkte dem Erretter der Welt das Leben! Was sie innerlich vor Augen hatte, wurde Fleisch und wohnte unter uns durch eine unbefleckte Empfängnis. Wenn wir mit Gott träumen, werden wir zu Meisterstücken *Seiner* Vorstellungskraft.

Gebunden durch Nichtvergeben

Etwas Weiteres, was uns an die Vergangenheit kettet, ist Nichtvergeben. Nichtvergeben veranlasst uns, unser Leben zu vergeuden, indem wir versuchen, uns zu rächen, anstatt unsere Bestimmung zu erfüllen, indem wir in unserer Berufung wandeln. Es ist wichtig, dass wir all denen vergeben, die gegen uns gesündigt haben, sodass wir frei sind, unser Leben fortzuführen. Es ist auch entscheidend, dass wir lernen, uns selbst für unsere eigenen Sünden zu vergeben.

Viele Leute verbringen ihr Leben damit, andere zu hassen und Rache zu planen. Bitterkeit kennt keine Freunde. Es gibt keinen den Menschen bekannten Behälter, um Bitterkeit sicher darin aufzubewahren. Stets sickert sie hinaus zu denen, die wir am meisten lieben.

Es ist das Vorrecht und die Verantwortung der Königskinder, zu vergeben. Salomo, der von Geburt an als Prinz erzogen wurde, sagte: »Einsicht macht einen Menschen langsam zum Zorn, und es ist ihm eine Ehre, Vergehungen zu übersehen« (Spr. 19,11). Nachdem Jesus von den Toten auferstanden war, hauchte er Seine Jünger an und gab Seinen Geist in sie hinein. Dann vertraute Er ihnen ihren ersten Auftrag als geisterfüllte Gläubige an: »Wenn ihr irgendwelchen (Menschen) die Sünden erlasst, so (gilt das:) sie sind ihnen erlassen. Bei welchen ihr sie festschreibt, bei denen sind sie festgeschrieben (und sie müssen sich dafür verantworten)« (Joh. 20,23, *Haller*).

Ich nahm den Herrn im Jahre 1973 an, während der »Jesus-Bewegung«. Ich war damals 18 Jahre alt und lebte mit einer Tonne Schmerzen in meinem Herzen. Gewöhnlich lag ich nachts im Bett und dachte mir kreative Wege aus, wie ich die Leute vernichten konnte, die mich missbraucht hatten. Ich wollte sie nicht einfach tot sehen; ich wollte, dass sie so leiden mussten, wie sie mich hatten leiden lassen. Bald nachdem ich gerettet worden war, begann der Herr damit, mich mit meinem Nichtvergeben zu konfrontieren. Er sagte mir, ich müsste den Leuten vergeben, die mich missbraucht hatten, oder ich würde sonst den Peinigern in meinem Leben Tür und Tor öffnen. Es war am Anfang nicht leicht, aber ich merkte, dass Er mir die Kraft gegeben hatte zu vergeben, als Er mir vergab.

Nichtvergeben öffnet den Folterknechten Tür und Tor

Die Warnung des Herrn bezüglich der »Peiniger« oder der Folterknechte wurde klar, als ich eine interessante Geschichte las, die Jesus über *unseren* König und *unser* Königreich erzählte. Er beantwortete die Frage von Petrus, der wissen wollte, wie oft er zu vergeben habe. (Es scheint mir noch immer humorvoll, dass Petrus derjenige ist, der Jesus fragt, wie oft er vergeben müsse, da er doch der herausforderndste Kerl des ganzen Teams war.)

»Da trat Petrus zu ihm und sprach: Herr, wie oft soll ich meinem Bruder vergeben, der gegen mich sündigt! Bis siebenmal?

Jesus antwortete ihm: Ich sage dir, nicht bis siebenmal, sondern bis siebzigmal siebenmal!

Darum gleicht das Reich der Himmel einem König, der mit seinen Knechten abrechnen wollte. Und als er anfing abzurechnen, wurde einer vor ihn gebracht, der war 10 000 Talente schuldig. Weil er aber nicht bezahlen konnte, befahl sein Herr, ihn und seine Frau und seine Kinder und alles, was er hatte, zu verkaufen und so zu bezahlen.

Da warf sich der Knecht nieder, huldigte ihm und sprach: Herr, habe Geduld mir, so will ich dir alles bezahlen! Da erbarmte sich der Herr über diesen Knecht, gab ihn frei und erließ ihm die Schuld.

Als aber dieser Knecht hinausging, fand er seinen Mitknecht, der war ihm 100 Denare schuldig; den ergriff er, würgte ihn und sprach: Bezahle mir, was du schuldig bist!

Da warf sich ihm sein Mitknecht zu Füßen, bat ihn und sprach: Habe Geduld mit mir, so will ich dir alles bezahlen! Er aber wollte nicht, sondern ging hin und warf ihn ins Gefängnis, bis er bezahlt hätte, was er schuldig war. Als aber seine Mitknechte sahen, was geschehen war, wurden sie sehr betrübt, kamen und berichteten ihrem Herrn den ganzen Vorfall. Da ließ sein Herr ihn kommen und sprach zu ihm: Du böser Knecht! Jene ganze Schuld habe ich dir erlassen, weil du mich batest; solltest denn nicht auch du dich über deinen Mitknecht erbarmen, wie ich mich über dich erbarmt habe? Und voll Zorn übergab ihn sein Herr den Folterknechten, bis er alles bezahlt hätte, was er ihm schuldig war. So wird auch mein himmlischer Vater euch behandeln, wenn ihr nicht jeder seinem Bruder von Herzen seine Verfehlungen vergebt.« (Mt. 18,21-35)

Diese Geschichte verblüfft mich. Nichtvergeben bringt uns in ein Gefängnis. Wenn es uns nicht gelingt zu verstehen, wie groß unsere Sündenschuld Gott gegenüber war, und was es für Ihn bedeutete, sie uns zu vergeben, geraten wir in die Falle, dass wir die viel kleineren Vergehen derer verurteilen, die um uns herum sind. Wie wir der Geschichte entnehmen können, schaden wir nur uns selbst, wenn wir das tun. Gott besteht darauf, dass Seine Leute einander vergeben, und es macht Ihm offensichtlich nichts aus, in diesem »Schachspiel« den Teufel als Bauern zu benutzen, um uns zu helfen, das zu tun. Dieses Gleichnis beschreibt sein »Mittel-und-Wege-Komitee«, genannt »die Folterknechte«, die uns zur Vergebung drängen.

Gefangene und Gebundene

Jesaja sagte, wir seien gesalbt worden, um »den Gefangenen Befreiung zu verkünden und Öffnung des Kerkers den Gebundenen« (Jes. 61,1). Ich glaube, dass er zwei Arten von Menschen beschreibt, die sich hinter Gittern befinden: »Gefangene« und »Gebundene«. Gefangene sind Leute, welche der Richter ins Gefängnis gesperrt hat. Ein Gerichtsbeschluss vom Richter des Himmels ist erforderlich, um sie zu befreien. Diese Leute haben durch Sünde und Nichtvergeben die Türe ihres Lebens den Peinigern geöffnet. Sie müssen denen, die sie verletzt und missbraucht haben, vergeben, damit Gott, der endgültige Richter, befugt ist, die Peiniger zurückzurufen und sie aus dem Gefängnis zu befreien.

Im Laufe der Jahre wurde mir diese Wahrheit erneut klar, da ich mit Leuten arbeite, die von Dämonen geplagt werden. Ich erinnere mich sehr deutlich an einen der Vorfälle. Randy Clark kam für eine Konferenz zu uns nach Redding. Eines Abends predigte er über die Freiheit, und mitten in seiner Botschaft gebot er den dämonischen Geistern, die Leute zu verlassen, die anwesend waren. Verschiedene Leute fingen an zu schreien und fielen zu Boden.

Eine Dame Mitte vierzig war ganz vorne in der Gemeinde. Sie fing an, sich verrückt zu benehmen. Das Dienst-Team versuchte, sie in einen Nebenraum zu bringen, um mit ihr zu beten, doch als sie mit ihr den Gang betraten, der zum Gebetsraum führte, begann sie, sich wie ein Tier zu verhalten. Sie fing damit an, zu beißen und zu kratzen und mit ihrem Kopf gegen die Wand zu schlagen, während sie zu den Mitarbeitern gewandt mit den Zähnen fletschte. Das Team versammelte sich um sie herum und fing an, die Geister anzuschreien, sie in Ruhe zu lassen, aber sie kamen nicht weiter. Als ich ankam, um zu helfen, schrie und kratzte sie, während die anderen in ihrer Richtung zurückschrien. Wäre die Vergeblichkeit ihres Versuchs zu helfen nicht so traurig gewesen, hätte es recht komisch ausgesehen.

Ich fragte: »Was macht ihr denn da, Leute?«

»Wir wollen diese Dame befreien! Wie sieht das denn sonst aus, was wir tun?«, sagte einer von ihnen in sarkastischem Ton.

»Es sieht aus, als würde der Teufel gewinnen!«, feuerte ich zurück. (Es gibt eine Menge Leute, die von ihrer letzten Befreiung befreit werden müssen.)

»Wenn du glaubst, du könntest es besser, dann kannst du es ja selber tun!«, antwortete ein anderer frustriert.

Ich trat in den Kreis und legte meine Arme um die Frau, um sie davon abzuhalten, dass sie weiter den Kopf gegen die Wand schlug.

Ich flüsterte ihr ins Ohr und fragte sie, ob es etwas gab, das sie vergeben sollte.

Sie schrie: »Nein!« Dann zeigte mir der Herr in einem Bild, wie ihr Vater sie vergewaltigt hatte, und so fragte ich sie, ob sie es nicht nötig hätte, ihrem Vater zu vergeben. Da fing sie an zu schreien: »Ich hasse ihn! Ich hasse ihn abgrundtief! Von mir aus kann er in der Hölle schmoren!«

Ich sagte: »Wenn Sie ihm nicht vergeben wollen, dann kann ich Ihnen nicht helfen. Die Dämonen haben die Erlaubnis, Sie zu quälen.« Ich erhob mich und fing an, mich zu entfernen.

Als ich bei der Tür anlangte, schrie sie (noch immer ganz verrückt) die Halle hinunter: »Gut! Ich vergebe ihm! Ich tue alles. Nur helfen Sie mir!« Ein paar Minuten später führte ich sie in ein Gebet um Vergebung für ihren Vater und für ein paar andere Leute, die ihr in den Sinn kamen. Dann geboten wir den Dämonen, zu gehen. Sie verließen sie, und die Frau fing an zu lachen!

Vergebung bedeutet nicht, dass ich der Person, die mich missbraucht hat, je vertrauen müsse. Es bedeutet einfach, dass ich sie davon befreie, für das gestraft zu werden, was sie mir angetan hat. Wenn ein Mann eine Frau vergewaltigt, mag sie ihm nie mehr vertrauen, aber sie muss ihm vergeben oder aber die Peiniger werden sie quälen.

Vergebung stellt den Standard wieder her
Vergebung stellt auch den Standard in unserem Leben wieder her. Ich erinnere mich an einen Vorfall, als unsere Kinder alle Teenager waren. Ich wurde vor allen zornig über meine Frau Kathy und behandelte sie abschätzig. Am folgenden Tag rief ich die Kinder im Wohnzimmer zusammen und bat Kathy und jedes der Kinder darum, mir zu vergeben. Sie taten es alle und wir setzten unseren Tag fort. Etwa eine Woche später kam einer unserer Jungen in die Küche und begann, gegenüber Kathy sarkastisch zu werden. Ich trat herzu und sagte ihm, er habe nicht das Recht, mit meiner Frau so zu reden.

Er sagte: »Erst kürzlich bist du selbst zu Mami grob gewesen!« Ich sagte: »Ja, aber du hast mir vergeben. Vergebung stellt den

Standard wieder her. Wenn du mir vergibst, dann hast du auf dein Recht verzichtet, genau gleich zu handeln, weil deine Vergebung mich an den Platz der Ehre zurückversetzt hat. Ich habe Buße getan. Buße bedeutet: ‚auf die Zinne, auf den höchsten Platz, zurückgebracht zu werden'.«

Er sagte seiner Mutter, es täte ihm leid, und sie vergab ihm. Wenn wir dieses Prinzip nicht verstehen, dann wird der niedrigste Punkt, der schlimmste Fehler, die dümmste Sache, die wir je in unserem Leben gemacht haben, zu unserem Standard. Wenn wir zum Beispiel als Teenager unmoralisch lebten und wir später im Leben selber Teenager haben, werden wir uns nicht getrauen, sie wegen ihres armseligen sexuellen Verhaltens zu tadeln, weil wir da ja selber versagt hatten. Fehler, über die wir Buße getan haben, sind nicht mehr der Standard, dem wir uns beugen müssen. Wenn wir Gott und diejenigen, die wir verletzt haben, gebeten haben, uns zu vergeben, sind wir zu jenem hohen Standard zurückgebracht worden, den Gott für uns bestimmt hat. Sonst wird der schlimmste Tag unseres Lebens zum höchsten Ort, von dem aus wir ein Recht haben, andere zu führen. Die Wahrheit ist, dass Vergebung den Standard der Heiligkeit in uns und durch uns wiederherstellt.

Eine weitere Gefängnistür

Eifersucht, Neid und Angst können uns auch aus unserer Bestimmung hinaus und in einen weiteren Kerker führen. Die Geschichte von Saul und David, als sie von ihrem großen Sieg über Goliath und dessen Armee heimkehrten, ist ein vollkommenes Beispiel dafür. Es heißt:

»*Und die Frauen tanzten, sangen und riefen: Saul hat seine Tausende erschlagen, und David seine Zehntausende! Da ergrimmte Saul sehr. Und diese Sache war in seinen Augen böse, und er sagte: Sie haben David Zehntausende gegeben und mir haben sie (nur) die Tausende gegeben; es fehlt ihm nur noch das Königtum. Und Saul sah neidisch auf David von jenem Tag an und hinfort.*

Und es geschah am folgenden Tag, dass ein böser Geist von Gott über Saul kam, *und er geriet im Innern des Hauses in Raserei. David aber spielte die Zither mit seiner Hand, wie er täglich zu tun pflegte, und Saul hatte einen Speer in seiner Hand«* (1. Sam. 18,7-10).

Beachte, dass der Herr den bösen Geist über Saul sandte. Dies ist ganz ähnlich wie bei der Geschichte, die Jesus in Matthäus 18 erzählte von den Peinigern, die uns zur Vergebung treiben. Sie können uns ebenfalls aus dem Land der Eifersucht treiben. Sauls Leben ist ein Beispiel dafür, wie die Eifersucht uns für die Realität blind werden lässt und uns zu völlig irrationalen Schlussfolgerungen verleitet. Saul glaubte, David würde ihn vom Königsthron stürzen, nur weil er der Fähigere war. *Er verstand nicht, dass das Königtum Gottes nicht ein Königtum war, das sich auf bloßes Verhalten gründete. Wir führen nicht, weil wir unbedingt dafür am besten qualifiziert sind; wir führen, weil wir berufen worden sind, der Anführer zu sein.*

Prinzen und Prinzessinnen sind dazu bestimmt, dafür zu sorgen, dass die Leute, die sie anführen, ihr volles Potenzial in Gott erreichen. *Das bedeutet, dass das größte Kompliment, das wir je bekommen können, dies ist, wenn die Leute, die wir anführen, größer werden als wir.* Wenn wir glauben, wir würden führen, weil wir dafür am qualifiziertesten sind, dann arbeiten wir unbewusst darauf hin, dass wir die Fortschritte anderer Leute untergraben.

Das Leben von König Saul zeigt uns auch, wie Misstrauen sich als »weise« Beurteilungsfähigkeit tarnen und uns letztlich in Knechtschaft bringen kann. Misstrauen liegt vor, wenn die Gabe der Beurteilungsfähigkeit vom Geist der Furcht benutzt wird. Es führt zu Bitterkeit, Nichtvergeben und Qual, und das Ergebnis davon ist, dass wir in ein geistliches Gefängnis geraten, wo alle Wächter für die dunkle Seite arbeiten. Die Geister, die die Mauern dieses Gefängnisses bewachen, tragen Namen wie Krankheit, Depression, Hass und Mord.

Freiheit den Gefangenen

Jesaja sagte auch, es gebe Menschen, die »Gebundene« seien. Gebundene sind Personen, die im Kampf gefangen genommen wurden und jetzt als Kriegsgefangene gehalten werden. Diese Leute haben kein Nichtvergeben in ihrem Herzen, doch stattdessen sind sie durch die Lügen gebunden, die sie geglaubt haben. Jesus sagte: »Ihr werdet erfahren, was die Wahrheit ist und die Wahrheit wird euch in die Freiheit entlassen« (Joh. 8,32, *Haller*). Das Wort »Wahrheit« bedeutet hier »Wirklichkeit«. So viele von uns leben in einer künstlichen Wirklichkeit; es fühlt sich echt an und sieht auch echt aus, aber es ist nicht echt. Es ist lediglich eine Illusion. Wir geben dem Teufel die Erlaubnis, uns zu strafen, weil wir meinen, seine Lügen seien wahr. Wenn wir aufgrund von Lügen gepeinigt werden, benötigen wir eine Offenbarung über die Wahrheit Gottes, sodass wir in die Freiheit entrinnen können.

Folgendes Zeugnis wird meinen Punkt deutlicher werden lassen: Eines Tages lehrte ich im oberen Stockwerk in unserer Dienst-Schule und ungefähr in der Hälfte meines Vortrags rannte jemand mit einer dringenden Botschaft auf mich zu. Gemeinsam rannten wir die Treppe hinunter und erreichten schließlich unser Seelsorgebüro. Ungefähr acht Leute beteten intensiv außerhalb des Raumes. Ich öffnete die Bürotür und stieß auf eine wilde Szene. Eine große Frau lag mit dem Gesicht nach unten auf dem Boden, und einer unserer stärksten Wartungsmitarbeiter saß auf ihr und versuchte, sie zurückzuhalten. Zwei unserer Seelsorger standen gegen die Wand gelehnt und die Arme der Frau umschlangen ihre Füße. Sie biss in ihre Schuhe und fauchte sie an.

Die erste Frage, die mir in den Sinn kam, war folgende: »Warum haben die Dämonen die Erlaubnis, diese Frau zu peinigen? War sie eine Gefangene, die Sünde und/oder Unvergebenheit in ihrem Leben hatte; oder war sie eine Gebundene, die einer Lüge glaubte?« Ich setzte mich auf den Boden und fing an, den Heiligen Geist um Einsicht in ihre Gebundenheit zu befragen.

Plötzlich hörte ich Ihn sagen: »Als sie ein kleines Mädchen war, wurde ihr gesagt, sie hätte den Heiligen Geist gelästert und wäre deshalb in die Hölle verbannt.« Der Heilige Geist fuhr fort: »Es ist eine Lüge; Ich habe ihr vergeben!«

Ich neigte mich zu ihr hinüber und flüsterte ihr ins Ohr: »Der Teufel hat dir – als du noch ein kleines Mädchen warst – gesagt, du hättest den Heiligen Geist gelästert, aber das ist eine Lüge! Das hast du nie getan. Gib diese Lüge auf!« Sogleich beruhigte sie sich und fing an zu lachen. Innerhalb von Sekunden war sie vollständig befreit. Die Wahrheit zu erkennen macht dich frei!

Wir müssen das Gefängnis hinter uns lassen und in den Palast kommen. Königskinder konzentrieren sich auf das, was sie zu sein berufen sind. Sie haben denen vergeben, die sie verletzt haben; sie haben die Lügen des Feindes verworfen und sie haben die Wahrheit angenommen. Sie leben nicht in der Gebundenheit des Gefängnisses, sondern in der Herrlichkeit des Palastes. Lasst uns mit unserer Reise als Königskinder beginnen.

Eine königliche Errötung
(von Bill Johnson)

Vergebung schreibt unsere Geschichte neu

Wenn Gottes Königswürde unsere Vergangenheit berührt

Wann immer wir die Ereignisse unseres Lebens nicht aufgrund des Blutes Jesu überblicken, unterwerfen wir uns dem Einfluss des Geistes der Verführung. In Wirklichkeit existiert meine sündige Vergangenheit nicht mehr. Das Lamm Gottes erlöste sie mit einer Bezahlung in Blut und hat so für immer meine Sünden aus den Aufzeichnungen des Himmels gelöscht. Das sühnende Blut Jesu deckt meine Sünde zu, sodass sie nie mehr aufgedeckt werden kann. Die Kraft der Sünde, uns zu zerstören, ist selbst durch eine höhere Realität zerstört worden: durch Vergebung.

Der Teufel zeichnet unsere Vergangenheit auf. Doch diese Aufzeichnungen sind machtlos ohne unsere Zustimmung. Er ist der *Verkläger der Brüder*, doch Jesus ist unser Verteidiger. Wir stimmen jedes Mal unserem Verkläger zu, wenn wir losgelöst von Jesu Blut auf unsere Vergangenheit blicken. Wenn wir mit dem Teufel übereinstimmen, geben wir ihm Macht. Und wenn er Macht bekommt, dann verschlingt er uns.

Andererseits empfangen wir Macht, wenn wir mit Gott übereinstimmen. Das befreit uns von der Macht der Lüge und befähigt uns, dem Willen Gottes gemäß zu leben. Diese Ermächtigung geschieht nicht unabhängig von Gott; es ist eine Ermächtigung von Gott. Wenn wir Gott zustimmen, treten wir unter die Macht der Wahrheit, unter die Schwungkraft des Kreuzes. Die Wahrheit ist schon auf unserer Seite, weil der König Jesus an unserer Stelle gestorben ist. Aber Er starb nicht nur *für* uns, sondern »*als* wir«. Unsere Übereinstimmung mit Gott, die stets der Blickpunkt und die Aktivität des Glaubens ist, befähigt uns, die Frucht der Wahrheit zu ernten. Und diese Frucht ist Freiheit! Der Glaube wächst dadurch, dass wir von Herzen mit Gott übereinstimmen.

Der Weg zur Demut
Religion reibt uns die Vergangenheit unter die Nase, um uns demütig zu halten. Doch es ist eine Perversion, ständig auf die Sündhaftigkeit unserer Vergangenheit zu blicken, um demütig zu sein. Im Grunde ruft sie Scham hervor und Scham ist ein verfälschtes Abbild von Demut. Scham ist die Frucht einer Demütigung, die gegen die Wahrheit arbeitet. Das Bewusstsein, unsere sündige Vergangenheit wach zu halten, um uns dabei zu helfen, demütiger zu werden, ist die Grausamkeit eines religiösen Geistes; es verlangt von uns, etwas in unserem Gedächtnis zu behalten, das es bei Gott nicht mehr gibt. In Wirklichkeit ist es viel demütiger, in der Freiheit einer unverdienten Vergebung zu leben. Wenn uns vergeben worden ist, gibt der König uns die Erlaubnis so zu leben, als hätten wir nie gesündigt.

In der Vergebung zu leben heißt aber nicht, dass wir unsere Vergangenheit vergessen sollen. Vielmehr ist es so, dass, wenn ich meine Vergangenheit durch das Blut Jesu betrachte, dies Lob auf meine Lippen bringt und mich von der Last eines schuldigen Gewissens befreit. Jesus wird in alle Ewigkeit als das Lamm Gottes bekannt sein; so werden wir stets daran denken, dass es das Opfer des makellosen Lammes war, das für uns ewige Errettung erlangte.

Meine persönliche Geschichte
Ich kämpfte so viele Jahre lang mit dieser Wahrheit. Scham und Entmutigung waren für mich enge Freunde. Ich versuchte, solchen Gefühlen mit mehr Gebet, Studium und der Lektüre von Biographien über große Männer und Frauen Gottes aus der Vergangenheit zu begegnen. Doch dadurch war mein Problem nicht gelöst, obwohl ich das Möglichste tat, was mir zu tun geraten wurde. Ich stellte fest, dass, wenn unsere Perspektive falsch ist, unser vermehrtes Studium und unser vermehrtes Beten unsere Entmutigung und Scham nur noch verstärkt, wie dies bei mir der Fall war. Jede

Biographie beeindruckte mich, aber sie bewirkte in mir auch ein Gefühl der Hoffnungslosigkeit. Sie waren alle zu vollkommen. Ich konnte mich mit keiner ihrer Gottesbegegnungen identifizieren. Es schien, als wären sie Gottes Lieblinge gewesen und als würde ich bloß existieren. Eines Tages hörte ich eine Kassette von David Wilkerson mit dem Titel: »Stell dich deinen Fehlschlägen«. Darin sprach er davon, dass auch die »Großen« allesamt Fehlschläge und Schwachheiten hatten. Er erzählte von einigen seiner eigenen Kämpfe und Fehlschläge. Es war die erfrischendste Botschaft, die ich in meinem ganzen Leben bisher gehört hatte. Es war für mich der Anfang einer Veränderung der Perspektive. Doch der religiöse Geist ließ seinen Griff nicht so leicht von mir.

Ich hatte mich mit Leuten umgeben, die meine Leidenschaft teilten und die – wie ich – Erweckung um jeden Preis wollten! Ich war völlig von diesem Thema eingenommen. Ich schlief, aß und betete es ständig. Doch es war uns allen klar, die wir die Erweckungen der Vergangenheit studiert hatten, *dass wir nicht heilig genug waren.* So überprüfte ich ständig meine Motive und meine persönliche Heiligkeit, und jedes Mal genügte es mir nicht. Meine Leidenschaft für Gott war lebendig und gut, doch meine Bemühungen um persönliche Heilung töteten mich geradewegs. Ich schäme mich es zuzugeben, aber ich war schon einige Jahre Pastor, bevor es mir tatsächlich besser ging. Jede Woche vertiefte ich mich in meinen Stoff – in mein Gefühl der Wertlosigkeit und Hoffnungslosigkeit. Gott sei Dank war ich imstande, mich bis zum Sonntag »daraus herauszuglauben«, sodass ich den Leuten, die ich betreute, etwas Gesundes zu essen geben konnte.

Ein lieber Freund von mir, einer meiner Mentoren, Darol Blunt, lebte ein Leben der Gnade. Das Leben schien für ihn so einfach. Er machte es sich so leicht und gestaltete sein Leben ohne die intensive Selbstbeobachtung, in der ich gefangen war. Er lachte oft und verstand es, Spaß zu haben, ohne dabei das Taktgefühl zu verletzen. Das war für mich neu. Ich war zu ernsthaft um meine eigene Tugendhaftigkeit besorgt. In meiner Jugendzeit war ich der Klassenclown gewesen und hatte gelernt, um der Wirkung willen mich ungehobelt zu geben. Ich kehrte diesem und allem andern den

Rücken, um Gott vollständig nachzufolgen. Leider ließ ich einen wertvollen Teil dessen, was ich einmal war, auf dem Hackstock meiner persönlichen Heiligung zurück und griff nach einem falschen Bild von Geistlichkeit, das nie funktionierte.

Wie fing Gott an, mich zu verändern? Es gab kein einmaliges Zusammentreffen, das alles veränderte. Aber Gott brachte eine Reihe von Dingen auf meinen Weg, um mich in Ihm zu festigen und den religiösen Geist von mir zu entfernen, der mich gebunden hielt. Buße war nötig. Es klingt seltsam, wenn man das sagt, weil Buße ja eines meiner Hauptthemen war. Doch echte Buße bedeutet, »die Art und Weise zu ändern, in der wir denken«. Ich benötigte eine Buße, die meinen Verstand beeinflusste und die mein Herz auf einen Gott zurückverwies, der vergibt. Glaube ist der Beweis von echter Buße. Ich lebte nicht in heimlicher Sünde. Es gab in meinem Leben keine ungerechten Gewohnheiten, die mein Gewissen mit Scham plagten. Meine Scham betraf mein Menschsein und ich war entmutigt wegen dem, was ich nicht war. An einem gewissen Punkt musste ich einfach glauben, dass das, was König Jesus getan hatte, genügte. Das klingt heute alles so einfach. Meine Scham verleugnete ganz still Sein sühnendes Werk. Meine Entmutigung verunehrte die Tatsache, dass die Verheißungen des Königs für mich genügten.

Ich beobachte mich nicht mehr selbst

Es dauerte eine Weile, doch schließlich stellte ich fest, dass meine besten Augenblicke (mental, gefühlsmäßig und geistlich) dann eintraten, wenn ich einfach mein Bestes gab und mich von der Selbstbeobachtung fernhielt. Das war für mich eine angsteinflößende Angelegenheit, denn in meiner Vorstellung war die Selbstbeobachtung so etwas wie ein Initiationsritus zu meinem größten Traum, ein Erweckungsprediger zu sein. Nach Jahren des Kampfes im Konflikt um persönliche Heiligkeit betete ich ungefähr so:

»*Vater, Du weißt, dass ich wenig zustande bringe, wenn ich in mich hineinschaue, also werde ich damit aufhören. Ich halte mich an Dich, dass Du mir die Dinge zeigst, die ich sehen muss. Ich verspreche, in Deinem Wort zu bleiben. Du hast gesagt, Dein Wort sei ein Schwert – also benutze es bitte, um tief in mich hineinzu-*

schneiden. Decke die Dinge in mir auf, die Dir nicht gefallen. Doch wenn Du das tust, dann schenk mir bitte die Gnade, sie aufzugeben. Ich verspreche Dir auch, dass ich täglich zu Dir komme. Deine Gegenwart ist wie ein Feuer. Bitte nimm jene Dinge von mir, die Dir nicht gefallen. Schmelze mein Herz, bis es so wird, wie das Herz Jesu. Sei mir gegenüber in diesen Dingen barmherzig. Ich verspreche auch, in Gemeinschaft mit Deinem Volk zu bleiben. Du hast gesagt, Eisen schärfe Eisen. Ich erwarte, dass Du die »Wunden eines Freundes« salbst, um meine Sinne wieder zu schärfen, wenn ich gegen Dich resistent geworden bin. Bitte benutze diese Werkzeuge, um mein Leben zu schärfen, bis Jesus allein in mir gesehen wird. Ich glaube, dass Du mir Dein Herz und Deinen Sinn gegeben hast. Durch Deine Gnade bin ich eine neue Schöpfung. Ich möchte, dass diese Realität gesehen wird, dass der Name Jesus in höchster Ehre gehalten wird.«

Die Geschichte revidieren

Die Vergebung verändert im Grunde die Vergangenheit. Gottes Protokollbuch schildert unser Leben aus der Perspektive Seiner Vergebung und unseres Glaubens. Sein Buch des Gedenkens enthält nicht unsere Geschichte der Sünde und Torheit. Betrachte nur einmal Sara, Abrahams Frau. In 1. Mose 18 heißt es, sie habe »innerlich gelacht und gesagt: Nachdem ich nun alt geworden bin, soll ich mich noch mit meinem Herrn vergnügen, der doch auch schon alt ist?«

Und der Herr sprach zu Abraham: »Warum hat Sara gelacht, indem sie sagte: ‚Sollte ich noch schwanger werden, da ich doch schon alt bin?' Ist denn für den Herrn irgendetwas zu schwierig? Zur festgesetzten Zeit (übers Jahr) werde ich wieder zu dir kommen, entsprechend der Lebenszeit, und Sara wird einen Sohn haben«.

Doch Sara leugnete und sprach: »Ich habe nicht gelacht!« Denn sie fürchtete sich.

Er aber sagte: »Doch, du hast gelacht!«

Das hebräische Wort für »Lachen« in diesem Vers drückt aus, dass sie nicht einfach ein schüchternes Kichern von sich gab. Genau genommen machte sie sich über Gott und über das, was er gesagt hatte, lustig, und dann machte sie die Sache noch schlimmer, indem sie vor Gott leugnete, genau das getan zu haben. Dennoch heißt es in Hebräer 11,11: »Durch Glauben erhielt auch Sara die Kraft, Samen zu empfangen, und sie brachte ein Kind zur Welt, als sie bereits über dieses Alter hinaus war, weil sie den als treu erachtete, der die Verheißung gegeben hatte.«

Das ist dieselbe Frau! Was war geschehen? Offensichtlich hatte sie Buße getan und ihr Herz dem zugewandt, von dem Gott gesagt hatte, es sei ihre Bestimmung. Indem sie dies tat, schrieb Gott ihre Geschichte neu und radierte die Sünde aus, von der in der Heiligen Schrift berichtet wird. Was in Hebräer 11 geschrieben steht, zeigt uns, wie Gott die Ereignisse unseres Lebens in dem Buch Seiner Erinnerungen darstellt. Gott schrieb ihre Geschichte auf eine derartige Weise, dass Er das betonte, was Ihm am meisten gefiel – ihr Glaube. Es scheint fast, als rühme Er sich vor dem ganzen Himmel wegen Sara: »Habt ihr ihren Mut und diesen großen Glauben gesehen? Hier ist eine Frau – sie kann kein Kind bekommen, aber sie wusste, dass Ich treu bin!« Ihr könnt direkt sehen, wie Er zu Seinem Schreiber-Engel sagt: »Dass du es mir ja so darstellst... ‚Das ist mein Mädchen! Sie hat mir geglaubt – andere hätten dies nicht getan, doch sie tat es!'«

Wenn Gott die Geschichte eines Gläubigen so betrachtet, wer sind dann wir, dass wir meinen, es anders machen zu können? Das Blut Jesu verwandelt tatsächlich unsere Geschichte in Seine Geschichte.[1] Vor einigen Jahren hörte ich ein prophetisches Wort, das wirklich mein Herz traf. Darin sprach Gott folgendes: »Ich werde die Narben und Wundmale nicht aus deinem Leben entfernen. Stattdessen werde ich sie auf eine solche Weise neu gestalten, dass sie wie eine Gravierung auf einem feinen Stück Kristall wirken!« So ist die Liebe Gottes! Was einst verachtet war, wird zu einem Zeugnis von Gottes Gnade, zu einem Objekt der Schönheit!

---

1 engl. Wortspiel: The blood actually changes our history into His story.

Wie wir denken

Der Verstand, der auf das Fleisch gerichtet ist, bedeutet Tod und steht im Krieg mit Gott. Das ist der »unerneuerte« Sinn. Im Wesentlichen ist der neue Sinn der Sinn Christi. Er ist imstande, den Willen Gottes zu demonstrieren, der am besten im Gebet beschrieben wird: »Dein Wille geschehe, auf Erden wie im Himmel» (Mt. 6,10). Die Ermahnung der Schrift ist klar: »Habt diese Gesinnung in euch, die auch in Christus Jesus war« (Phil. 2,5). Die Erneuerung des Sinnes beginnt mit unserer neuen Identität, die wir am Kreuz bekommen haben. Einst waren wir Sklaven der Sünde, doch jetzt sind wir Sklaven der Gerechtigkeit. Unser Gedankenleben muss diese Realität unterstützen. Der Apostel Paulus betonte dies in seinem Brief an die Gemeinde in Rom, als er sagte: »So auch ihr: Haltet euch der Sünde für tot« (Röm. 6,11). Es ist eine Haltung… eine bestimmte Art zu denken… ein Beweis für die Buße.

Der Verstand hat die Macht, unser Verhalten entweder positiv oder negativ zu beeinflussen. Doch besitzt er nicht die Macht, unsere Natur zu verändern. Das kommt allein zustande, wenn wir wiedergeboren werden. Wenn Menschen wiedergeboren werden, werden sie von innen her umgewandelt. Es sind nicht die äußerlichen Dinge, die als erstes verändert werden müssen. Gott nimmt Wohnung in unseren Herzen und gestaltet uns um, denn es ist in der Tat *ein inneres Wirken*. Andererseits wirkt die Religion von außen. Auch wenn sie eine gewisse Anpassung zustande bringt, ist sie doch machtlos, eine wirkliche Umwandlung zu bewirken.

»Denn wie einer in seinem Inneren denkt, so ist er« (Spr. 23,7 – engl. Version). Wenn wir aufgefordert werden, uns *als der Sünde gegenüber tot* zu denken, so ist das mehr als der Vorschlag, positiv über unsere Bekehrung zu denken. Es ist die Einladung, in die Stoßkraft einer Realität zu treten, die nur durch das Kreuz möglich gemacht wurde. Die übernatürliche Kraft, die durch diese Denkweise freigesetzt wird, ist das, was einen Lifestyle der Freiheit schafft. Es ist ihr möglich, dies zu tun, weil sie die WAHRHEIT ist. Zu sagen, ich hätte gesündigt, stimmt. Aber zu sagen, ich sei von der Sünde befreit, ist noch in viel tieferer Weise wahr! Der erneuerte Sinn ist nötig, um viel konsequenter das übernatürliche Leben zu kosten, das Gott dazu bestimmt hat, dass es das normale Christenleben ausmache.

Wie Gott über uns denkt

Genauso wie die Könige des Alten Testamentes die Propheten nötig hatten, so braucht das königliche Priestertum dieser Stunde Diener des Herrn, um uns zu helfen, das Bild von Gottes Absichten in unserem Leben zu vervollständigen. Ich schätze die vielen Male, als Glieder des Leibes Christi mir ein ermutigendes Wort gegeben haben, das Gott auf ihr Herz gelegt hatte. Das ist das Wesen des prophetischen Dienstes. Der Heilige Geist ist schnell bereit, zu bestätigen, wenn etwas wirklich von Ihm kommt. Ist dies der Fall, dann schätze ich es sehr. Ich schreibe diese Worte auf, sodass ich sie wieder lesen kann, wann immer es nötig ist. Die meisten von ihnen befinden sich auf Karteikarten, die ich stets in meiner Brieftasche bei mir trage. Einige der Worte gehen bis auf mehr als zwanzig Jahre zurück, und sie verleihen mir noch immer frisches Leben. Ich kann es mir nicht leisten, anders über mein Leben zu denken, als Gott denkt. Ob es sich nun um eine biblische Verheißung handelt, auf die Gott für mein Leben Licht geworfen hat, oder um ein prophetisches Wort von einem anerkannten Propheten – ich lese sie aufs Neue nach, bis das, was da gesagt wurde, das ist, was ich denke.

Verheißungen sind wie das Steuerruder eines Schiffes. Dieses bestimmt die Richtung des Schiffes. Und was ich mit Gottes Verheißungen anfange, bestimmt die Richtung meines Gedankenlebens und letztlich beeinflusst es meine Wirklichkeit. Es ist wesentlich zu verstehen, was Gott von mir und anderen denkt, damit ich in meine Bestimmung eintreten kann. Ungeachtet der Umstände ist Gottes Wort wahr. »Vielmehr sei es so: Gott ist wahrhaftig, jeder Mensch aber (ein) Lügner« (Röm. 3,4). Wiederum: Wir können es uns nicht leisten, anders von uns zu denken, als Gott es tut.

Ich liebe es, über die Schriftstellen nachzudenken, die von dem sprechen, was Jesus durch Sein Rettungswerk für mich vollbracht hat. Es folgen einige Verse, von denen ich herausgefunden habe, dass sie mich nähren:

»Denn so hoch die Himmel über der Erde sind, so übermächtig ist seine Gnade über denen, die ihn fürchten. So fern der Osten ist vom Westen, hat er von uns entfernt unser Vergehen.« (Ps. 103,11-12)

»Dann wird nicht mehr einer seinen Nächsten oder einer seinen Bruder lehren und sagen: Erkennt den Herrn! Denn sie alle werden mich erkennen von ihrem Kleinsten bis zu ihrem Größten, spricht der Herr. Denn ich werde ihre Schuld vergeben, und an ihre Sünde nicht mehr denken!« (Jer. 31,34)

»Denn ich werde Wasser gießen auf das durstige und Bäche auf das trockene Land. Ich werde meinen Geist ausgießen auf deine Nachkommen und meinen Segen auf deine Sprösslinge. Und sie werden aufsprossen wie Schilf zwischen Wassern, wie Pappeln an Wasserläufen. Dieser wird sagen: Ich gehöre dem Herrn! Und jener wird sich mit dem Namen Jakob nennen. Und jener wird auf seine Hand schreiben: Dem Herrn eigen!, und wird mit dem Namen Israel genannt werden.« (Jes. 44,3-5)

»Ich bin ebenso in guter Zuversicht, dass der, der ein gutes Werk in euch angefangen hat, es vollenden wird bis auf den Tag Jesu Christi.« (Phil. 1,6)

»Mein Vater, der sie mir gegeben hat, ist größer als alle, und niemand kann sie aus der Hand meines Vaters rauben.« (Joh. 10,29)

»Sobald nämlich jemand in Christus ist, ist er eine neue Schöpfung. Die alten Zustände sind vorbei; nehmt zur Kenntnis: Etwas (vollständig) Neues ist entstanden.« (2. Kor. 5,17, Haller)

Das sind lediglich ein paar der Gedanken, die Gott uns gegenüber hegt, und die ein Teil dessen werden müssen, was und wie wir denken. Stell dir deine eigene Liste zusammen und ändere deinen Sinn.

Das Beste verborgen gehalten

»Gott wird seine Ehre mit keinem andern teilen« (Jes. 42,8). Von den meisten wird dieser Vers so verstanden, dass Gott herrlich ist und wir nicht. In Wirklichkeit sind wir aber nicht ein »anderer«. Warum meint ihr, hat Er uns zu einzelnen Gliedern Seines Leibes gemacht? Das niedrigste (geringste) Glied Seines Leibes ist der höchsten Gewalt und Macht der Finsternis überlegen. Das ursprüngliche Ziel bei der Erschaffung des Menschen war es, dass wir in Seiner Herrlichkeit leben und wohnen sollten. »Denn alle haben gesündigt und es fehlt ihnen die Herrlichkeit Gottes« (Röm. 3,23, *Haller*). Das Kreuz beseitigt die Hindernisse für Seine Absichten und es stellt uns für Seinen ursprünglichen Vorsatz und Plan wieder her. Das religiöse Herz ist nicht bereit anzuerkennen, dass wir tatsächlich in Seinem Bilde gemacht wurden und dass die Tatsache, dass wir wiedergeboren wurden, uns an den Platz absoluter Reinheit zurückgebracht hat.

Jesus fügte dem in Seinem hohenpriesterlichen Gebet hinzu: »Ich habe die Herrlichkeit, die Du Mir gegeben hast, an sie weitergegeben, damit sie eins sein können, wie Wir – (Du und Ich) eins sind« (Joh. 17,22, *Haller*). In den Sprichwörtern Salomos wird berichtet, die Weisheit werde uns eine Krone der Herrlichkeit[2] einbringen. Selbst unser Körper ist dazu bestimmt, in Seiner Herrlichkeit zu leben. Indem wir mehr und mehr mit der Gegenwart Seiner Herrlichkeit vertraut werden, bekommt auch unser Körper *Hunger nach* Gottes herrlicher Gegenwart. Die Söhne Korahs, die beträchtliche Zeit in der tatsächlichen Herrlichkeit Gottes zugebracht und die die Auswirkungen auf ihr physisches Dasein gesehen hatten, sangen: »Mein Herz und mein Fleisch rufen laut nach dem lebendigen Gott« (Ps. 84,2).

Wenn Gottes Königtum unser Leben berührt, entdecken wir, dass wir dazu bestimmt sind, in Gottes Herrlichkeit zu leben. Wir leben nicht mehr länger in der Knechtschaft unserer Vergangenheit – unter Leistung und einem Sich-Vergleichen-Müssen in unserem täglichen Leben, sondern wir erkennen unseren Wert schlicht darin, Ihn zu lieben. Denn daraus entspringen lebendige Wasser und Offenbarung für diejenigen, die die Wahrheit nicht in den Nationen der Erde gefunden haben!

---

2 Oder Ehre. Im Hebräischen dasselbe Wort. Anm. d. Übers.

Anmerkung

Hebr. 6,1b: »*Buße von toten Werken und ... Glauben an Gott.*«

Buße und Glaube sind zwei Seiten derselben Münze. Sich *von* etwas abwenden bedeutet automatisch, sich etwas anderem in einer bestimmten Haltung *zu*zuwenden.

Eidechsen im Palast

*Was immer du falsch diagnostizierst,
wirst du auch falsch behandeln*

Wie lautet Dein Name?

Kathy und ich nahmen vor einiger Zeit zwei unserer Enkel mit in die »Marine World«, die »Meereswelt«. Elijah, der zu jenem Zeitpunkt drei Jahre alt war, und seine Cousine Mesha, die damals fünf war, befanden sich gerade bei uns im Hotelzimmer und saßen auf dem Bett.

Sie sahen sich eine Dokumentation der »National Geographic« über Reptilien im Fernsehen an. Als die Sendung zu Ende war, blickte Mesha zu Elijah hinüber und sagte: »Komm, wir spielen Krokodile und Eidechsen!«

Obwohl Elijah der Jüngere ist, ist er viel stärker als Mesha. Er sagte: »O ja!«

Mesha meinte: »Ich bin das Krokodil und du bist die Eidechse.«

»Okay«, sagte Elijah begeistert.

Plötzlich standen beide vom Bett auf und fingen an zu kämpfen. Innerhalb einer Minute hatte Elijah Mesha unten auf der Matratze.

»Das kannst du nicht tun, Elijah!«, beklagte sich Mesha. »Du bist die Eidechse. Ich bin doch das Krokodil!«

Bei ihrem Protest ließ er sie sofort los. »Was machen denn Eidechsen?«, fragte er.

»Tja, sie lecken Dinge mit ihrer Zunge ab, schau so.« Sie demonstrierte es, indem sie seine Wange leckte.

»Okay«, sagte Elijah einlenkend.

Ein paar Sekunden später hatte sie ihn soweit, dass er sich hinlegte und sie sich auf ihn setzen konnte. »Raaaah! Raaaah!«, brüllte Mesha, während sie damit rang, ihn unten zu halten.

Jedes Mal, wenn Elijah anfing, sie wegzustoßen, sagte sie: »Elijah, du bist eine Eidechse. Ich bin ein Krokodil! Das kannst du nicht tun. Du kannst nur deine Zunge gebrauchen.«

Schließlich, nach etwa zehn Minuten, erklang eine dünne Stimme unter Mesha hervor: »Opa, ich möchte nicht mehr spielen!«

Diese Geschichte erinnert mich sehr an das Spiel des Lebens. Der Teufel gibt uns Bezeichnungen, die uns kraftlos machen. Wir werden zu Eidechsen, die nur ihre Zunge benutzen können. Er selbst wird zum mächtigen Krokodil. Und dann verbringen wir unser Leben damit, dass wir nach seinen Regeln spielen, weil wir an die falsche Bezeichnung glauben.

Der Teufel ist der Ankläger und oft benutzt er andere Menschen, um seine falschen Identitäten auf uns anzuwenden. Mein erster Stiefvater nannte mich die ganze Zeit »einen dummen Esel«. Das führte dazu, dass ich mir tatsächlich dumm vorkam, was dann meine Fähigkeit zu lernen behinderte. Das, wie er mich genannt hatte, wurde zu einer mentalen Sperre, die sich als Leseschwäche äußerte. Als ich die High School beendete, las ich etwa wie ein Drittklässler.

Ich bin vielen Frauen begegnet, die von ihren Vätern »Huren« genannt wurden und die dann ihr ganzes Leben lang mit Unmoral zu kämpfen hatten. Bezeichnungen können prophetische Erklärungen sein, welche die Identität einer Person festlegen. Weil die Leute dementsprechend handeln, was sie zu sein glauben, werden diese Lügen schließlich in ihrem Verhalten zum Ausdruck kommen.

Wir reagieren auf unsere Umgebung gemäß der Art, wie wir uns sehen. Worte, die zu uns gesprochen werden, werden zu Bezeichnungen, die wir in unseren Herzen tragen. Diese Bezeichnungen malen ein Bild in unserer Vorstellung und werden zu Linsen, durch die wir die Welt wahrnehmen. *Stöcke und Steine brechen uns die Knochen, aber böse Worte berauben uns unserer Zukunft!*

Bezeichnungen und Namen sind prophetische Erklärungen

Genauso wie böse Bezeichnungen Menschen in Knechtschaft halten und sie in den Untergang führen können, können großartige Bezeichnungen bzw. Namen in unserem Leben Kräfte freisetzen und uns in unsere von Gott gegebene Bestimmung hineinführen. Viele Leute in der Bibel waren unbedeutend, bis ihre Namen geändert wurden. Simon war kein Apostel, bis er Petrus genannt wurde. Auch wurde Saulus erst zum Apostel, als sein Name zu Paulus umgeändert wurde.

Es ist so wichtig, dass wir unter den Namen und Bezeichnungen leben, die Gott uns verliehen hat, nicht unter den Namen, die uns an die Knechtschaft fesseln. Wir müssen uns freimachen von allen Beinamen, die uns von der Welt angehängt wurden. Jakob verstand dieses Prinzip sehr gut. In 1. Mose 32 finden wir Jakob an einem Bach namens »Jabbok«, was »leer und einsam« bedeutet. Sein Bruder war hinter ihm her, seine Frauen stritten ständig miteinander und sein Schwiegervater war zornig auf ihn. Wie viele von uns, dessen bin ich mir sicher, merkte Jakob, dass er selbst ein großer Teil des Problems war, aber möglicherweise fühlte er sich machtlos, sich zu ändern. Jakob wurde gedrängt, zu betrügen, weil, wie ich im letzten Kapitel erwähnt habe, sein Name »Betrüger« bedeutete. Jedes Mal, wenn Leute ihn mit seinem Namen riefen, wurde er an seine Mängel erinnert. Wir werden stets demgemäß handeln, was wir zu sein glauben: Jakob betrog, weil sein Name »Betrüger« lautete. Sein Verhalten schuf schließlich eine Kultur des Betrügens rund um ihn herum und so wurden folglich auch seine Frauen zu Lügnerinnen und Betrügerinnen.

Plötzlich, am tiefsten Punkt von Jakobs Leben, begegnet er einem Engel. (Du weißt, dass du ein hartes Leben hast, wenn selbst der Engel, der gesandt wurde, um dich zu segnen, dich nicht mag!) Er kämpfte die ganze Nacht über mit ihm. Der Engel nimmt ihn in die Mangel, doch Jakob weigert sich, den Engel gehen zu lassen, solange er ihn nicht segnet. Der Engel argumentiert, seine Schicht sei zu Ende, weil es bereits Morgen war und er gehen sollte. Doch Jakob bleibt hart.

Schließlich fragt ihn der Engel: »Wie lautet dein Name?«

Er antwortet: »Ich heiße Jakob.«

Der Engel fährt fort: »Dein Name soll nicht mehr Jakob lauten, sondern Israel; denn du hast mit Gott und mit Menschen gerungen, und hast gesiegt« (1. Mose 32,25-29).

Kannst du dir vorstellen, eine Nacht lang mit einem Engel zu kämpfen, verprügelt zu werden und ihn gehen zu lassen, einfach weil er dich bei einem Beinamen genannt hat? Hättest du eines Wunsches wegen mit einem Engel gekämpft, hättest du ihn dann nicht um ein neues Haus, ein Auto oder um irgendetwas finanziell Bedeutsames gebeten? Würdest du ihn einfach wegen eines Namenswechsels ziehen lassen? Du hättest es getan, wenn du die Offenbarung verstehen würdest, die Jakob hatte. Sein neuer Name »Israel« bedeutete »ein Fürst Gottes«. Der Name gab ihn für seine prophetische Bestimmung frei. Es ist kein Zufall, dass er, nachdem sein Name geändert worden war, zum Vater einer der großartigsten Nationen in der Welt wurde.

Eine prophetische Deklaration ist mehr als bloße Worte, weil sie Gnade freisetzt, um zu bewirken, was sie aussagt. In der Bibel wurden Menschen Namen als prophetische Deklaration bezüglich ihrer Identität verliehen und sie setzten in der Tat die charakteristischen Merkmale ihrer Berufung in ihnen frei. Sowohl Gnade als auch Ungnade werden durch Namensnennung freigesetzt. Gnade ist die »wirksame Kraft Gottes«. Gnade ist die von Gott geschenkte Fähigkeit, das zu werden, was du nicht sein konntest, bevor du die Deklaration empfingst. Ungnade hat ebenso die Macht, Flüche von der finsteren Seite her freizusetzen.

Im 1. Buch Mose lud Gott Adam dazu ein, sich an Seiner Schöpfung zu beteiligen, indem er den Tieren Namen verlieh. Als Adam die Tiere benannte, prophezeite er deren DNA und was sie in der Welt werden sollten; es ging nicht bloß darum, dass man ihnen einen normalen Tiernamen wie etwa »Fifi« oder »Flexi« gab.

Die Kraft eines ausgesprochenen Namens wird auch im dritten Kapitel des 1. Mosebuches illustriert. Hier nannte Adam seine Frau »Eva«. Eva bedeutet »Mutter alles Lebendigen«. Sie war unfruchtbar bis zu dem Zeitpunkt, da ihr Name von »Frau« zu »Eva« geändert wurde. Nach Adams prophetischer Deklaration schenkte Eva Kain und Abel das Leben.

Wenn wir einmal realisieren, wer wir sind, verändert sich unser Verhalten, denn wir handeln stets aus dem Selbstverständnis unserer Identität heraus. Abram musste zuerst eine Namensänderung erfahren, bevor er seine Berufung erfüllen konnte. Gott prophezeite Abram, er würde zu einem Vater vieler Nationen werden. Bevor er in seine Bestimmung gelangen konnte, musste sein Name von Abram, was »erhabener Vater« bedeutet, zu Abraham, dem »Vater vieler Völker«, umgeändert werden. Sein Name hatte seine Bestimmung eingegrenzt.

Als der Herr mir begegnete und mir sagte, ich sei ein Bettler, der zum Prinzen geworden sei, änderte Er dadurch meinen Namen bzw. meine Bezeichnung. Sobald ich einmal meine neue Bezeichnung kannte, hatte ich Zugang zu der Gnade, die ich benötigte, um mit dem Wandel in einer neuen Identität zu beginnen. Es ist entscheidend, dass wir alle den Namen bzw. die Bezeichnung vernehmen, die der Herr uns gegeben hat, und zulassen, dass diese Bezeichnung unsere Identität definiert. Wenn wir in den Himmel gelangen, werden wir einen neuen Namen auf einem weißen Stein bekommen, den nur wir kennen werden. Dieser Name wird aus dem Fundament der Reinheit (weißer Stein) und der Intimität (niemand wird ihn kennen als nur du und Jesus) heraus geboren. Wir werden eine neue Identität benötigen, die unserer neuen Berufung gerecht wird (vgl. Offb. 2,17).

Aus unserer Identität heraus handeln

Mir scheint, unsere gesamte Gesellschaft leidet unter einer wesentlichen Identitätskrise. Die meisten Leute haben keine Ahnung davon, wer sie sind und was sie mit ihrem Leben anfangen sollen. Die Art und Weise, wie wir hier in Amerika die Kinder großziehen, verstärkt diese Krise nur noch.

Wenn die Kinder sprechen lernen, fragen sie gewöhnlich: »Was ist das?«, und das tun sie tausendmal am Tag.

Danach kommt das berühmte »Warum?«

Kathy und ich haben sieben Enkelkinder, die allesamt noch jünger als sieben sind. Meine Gespräche mit meinen Enkelkindern verlaufen etwa so:

»Opa, was ist das?«

»Das ist ein Ball«, antworte ich.

»Warum, Opa?«

»Damit wir Spaß damit haben können«, gebe ich zur Antwort.
»Warum, Opa?«
»Damit wir uns nicht langweilen«, sage ich ihnen.
»Warum, Opa?«
Schließlich schicke ich sie zu Oma, damit sie ihr dieselben Fragen nochmals stellen können. Als unsere Kinder die Pubertät erreichten, fingen sie an, andere Fragen zu stellen: »Wer bin ich eigentlich?« Das Problem in unserer Gesellschaft ist dies, dass wir auf diese Frage keine Antwort haben; also schicken wir die Jugend in die Ausbildung, damit sie lernen, wie man irgendetwas tut, im Glauben, dass, wenn sie genügend lernen, ihr Verlangen nach Identität gestillt würde. Aber Identität kommt nicht durch Bildung, sondern aus dem, was uns von Gott erteilt wird. Wir können uns nicht zu unserer Identität »heranbilden«. Unsere Identität kommt aus der Erteilung unseres himmlischen Vaters, der zu uns durch die Menschen spricht, die Er dazu bestimmt hat, uns vorzustehen.

Das Sein geht stets dem Tun voraus! Wenn wir versuchen, etwas zu »tun«, ohne zuerst jemand zu »sein«, erleben wir gewöhnlich, dass wir unser Leben mit einem Beruf zubringen, den wir im Grunde hassen. Eine weitere Konsequenz dieses Fehlschlags, unsere wahre Identität zu entdecken, ist die, dass viele Leute lernen, ihren Selbstwert von dem abzuleiten, was sie *tun*. Das mag für sie eine Weile in Ordnung sein, wenn es ihnen gut von der Hand geht. Wenn ihnen jedoch nichts mehr gelingen will, dann wird, aus was für einem Grund auch immer, ihr Selbstwert im Eimer landen.

Dieser Punkt wurde mir schon vor einer Weile bewusst gemacht, als ich mich auf einer langen Flugreise zum Südpazifik befand. Ich saß neben einem jungen Studenten. Wir hatten gemeinsam einen 11-Stunden-Flug vor uns und es schien, als hätten wir nichts gemeinsam. Nach ein paar Stunden entschloss ich mich zu versuchen, etwas Schlaf zu finden. Als ich meine Augen schloss, kam mir ein Gedanke hinsichtlich des jungen Mannes, der neben mir saß.

Ich wandte mich an ihn und fragte: »Was wollen Sie mit Ihrem Leben anfangen?«

»Ich möchte Anwalt werden«, antwortete er.

Zu meiner eigenen Verblüffung sagte ich ihm: »Sie werden aber ein lausiger Anwalt sein!«

Er wurde munter und fuhr mich mit zorniger Stimme an: »Was wollen Sie damit sagen?«

Ich sagte: »Anwälte haben eine extrem hohe Wertschätzung der Gerechtigkeit. Anwälte benötigen Gerechtigkeit so sehr, dass sie sogar ihre Beziehungen verletzen, um sie zu bekommen. Sie jedoch, junger Mann, legen recht großen Wert auf Beziehungen. Sie müssen geschätzt, geliebt und unterstützt werden. Ihr Bedürfnis nach Gerechtigkeit hingegen liegt auf Ihrer Prioritätenliste weit unten. Beim ersten Mal, wenn Sie vor Gericht treten und jemandes Charakter attackieren müssen, um Ihren Fall zu verteidigen, werden Sie nachts nicht mehr schlafen!«

»Das stimmt genau!«, sagte er.

»Wissen Sie, was Sie da tun müssen?«

»Nein, was denn?«, antwortete er.

»Sie besitzen einen erstaunlichen Gabenmix. Sie haben eine sehr kreative Seite, die sich durch irgendein Handeln zum Ausdruck bringt. Aber Sie haben auch eine extrem auf die linke Gehirnhälfte konzentrierte Seite, welche die Dinge gerne organisiert und sie verwaltet. Ich sehe Ihr Schlafzimmer vor mir, gut durchorganisiert, und die Kleider in Ihrem Schank hängen in der Reihenfolge ihrer Farben. Sie würden einen großartigen Filmregisseur abgeben, wenn Sie sich dafür hingeben könnten.«

Er sprang beinahe von seinem Sitz hoch. Er sagte ganz aufgeregt: »Es stimmt, ich organisiere mein Zimmer und ich hänge meine Kleider genauso auf, wie Sie es beschreiben. Ich habe immer ein Regisseur werden wollen und ich war der Vorsteher meiner Theaterklasse auf der High School!«

»Genau das sollten Sie aus Ihrem Leben machen«, sagte ich ihm. »Sie sind der nächste Steven Spielberg!«

Viele von uns verbringen unser Leben damit, etwas zu tun, was sich von dem unterscheidet, wer wir sind. Wenn unsere Aktivitäten ein Ausdruck unserer Person sind, ist es erstaunlich, wie sehr wir genießen, was wir tun.

Von Sündern in Heilige verwandelt

Nun, da wir begreifen, dass Namen nicht bloß eine Frage der Semantik, der Wortbedeutung, sind, wollen wir einen genaueren Blick darauf werfen, wie Namen und Bezeichnungen uns beeinflussen. Bevor wir Christus annahmen, wurden wir »Sünder« genannt. Wir waren es von Berufs wegen; unser Name war eine Berufsbeschreibung. Wir waren veranlagt zu sündigen. Als wir Christus annahmen, wurden wir zu »Heiligen«. Paulus stellte dies in seinen Briefen an die Gläubigen klar, weil er sie stets Heilige nannte. Hier sind einige Beispiele dafür: »... an alle in Rom anwesenden Geliebten Gottes, an die berufenen Heiligen« (Röm. 1,7a); »... an die Gemeinde Gottes, die in Korinth ist, an die berufenen Heiligen« (1. Kor. 1,2); »Paulus, Apostel Jesu Christi durch den Willen Gottes, an die Heiligen und Treuen in Christus Jesus« (Eph. 1,1). Das Wort Heilige bedeutet »heilige Gläubige«. Ihr könnt nicht gleichzeitig ein Sünder und ein Heiliger sein. Wie ist es nur möglich, der Sünde zugeneigt und dennoch ein heiliger Gläubiger zu sein?

Das Wort »Sünder« zeigt an, dass wir dazu neigen, das Falsche zu tun. Wenn wir glauben, dass wir Sünder sind, werden wir durch diesen Glauben sündigen! Denkt daran, was wir früher gelernt haben: »Denn so, wie ein Mensch denkt, so ist er auch« (Sprüche 23,7; engl. Version). Wie Jakob, der durch seinen Namen in der Betrügerei gefangen war, sind wir, solange wir immer noch glauben, Sünder zu sein, unfähig, die Gnade anzunehmen und als ein Heiliger zu leben, sondern wir werden noch immer versuchen, gute Werke zu vollbringen, um uns Vergebung zu verdienen. Solange wir glauben, noch Sünder zu sein, ist es nicht unsere Natur, nicht mehr zu sündigen. 1. Joh. 3,7-9 sagt:

»Kinder, lasst euch von niemand verführen! Wer die Gerechtigkeit übt, der ist gerecht, gleichwie er gerecht ist. Wer die Sünde tut, der ist aus dem Teufel; denn der Teufel sündigt von Anfang an. Dazu ist der Sohn Gottes erschienen, dass er die Werke des Teufels zerstöre. Jeder, der aus Gott geboren ist, tut nicht Sünde; denn sein Same bleibt in ihm, und er kann nicht sündigen, weil er aus Gott geboren ist«.

Wir sind Christen; es ist nicht mehr unsere Natur, Falsches zu tun. Unsere eigentliche Natur ist verändert worden. In Wirklichkeit sind wir jetzt Heilige; Gerechtigkeit ist Teil unserer neuen Natur und es ist für uns natürlich, Gott zu verherrlichen. Unser alter Mensch ist begraben. Wir müssen damit aufhören, unsere Gräber aufzusuchen und mit unserem toten, alten Menschen zu sprechen (im Alten Testament wurden die Menschen verurteilt und getötet, wenn sie mit Toten sprachen – eine Praxis, die man Nekromantik nennt). Wir sind eine neue Schöpfung. Es ist unter unserer Natur, jetzt noch auf diese Weise zu handeln – wir sind jetzt Prinzen und Prinzessinnen des Königs!

Die Kraft des Kreuzes behandelte nicht nur die Vergebung unserer Sünden, sondern veränderte auch unsere eigentliche Natur. Manche haben die Auswirkungen der Erfahrung der Wiedergeburt auf den menschlichen Geist beschränkt. Das ist so nicht ganz angemessen. Die Errettung veränderte unser ganzes Wesen! Petrus sagte, wir seien »Teilhaber der göttlichen Natur« (2. Petr. 1,4). Denk doch mal, deine wahre, ureigenste Natur ist jetzt göttlich! Paulus sagte, wir seien jetzt »neue Geschöpfe« in Christus (2. Kor. 5,17). Er sagte nicht, wir seien neue Geister, er sagte »neue Geschöpfe«! Wenn wir glauben, wir seien noch immer Sünder, verleugnen wir die Kraft des Blutes und dann verbringen wir, wie Jakob, unsere Tage mit dem Versuch, Gutes zu tun.

Ein neues Herz und einen neuen Sinn

Die Wahrheit der ganzen Angelegenheit ist die, dass wir gut sind, weil wir ein neues Herz und einen neuen Sinn bekommen haben (vgl. Hesek. 36,26; 1. Kor. 2,16). Das stimmt – wir haben eine Gehirntransplantation erhalten! Wir denken jetzt im Grunde wie Gott selbst! Ich habe folgende Verse schon so oft falsch zitiert gehört:

»,Was kein Auge gesehen und kein Ohr gehört und keinem Menschen ins Herz gekommen ist, was Gott denen bereitet hat, die ihn lieben.' Uns aber hat es Gott geoffenbart durch seinen Geist; denn der Geist Gottes erforscht alles, auch die Tiefen Gottes. Denn wer von den Menschen kennt die Gedanken des Menschen, als nur der

Geist des Menschen, der in ihm ist? So kennt auch niemand die Gedanken Gottes, als nur der Geist Gottes. Wir aber haben nicht den Geist der Welt empfangen, sondern den Geist, der aus Gott ist, so dass wir wissen können, was uns von Gott geschenkt ist; und davon reden wir auch, nicht in Worten, die von menschlicher Weisheit gelehrt sind, sondern in solchen, die vom Heiligen Geist gelehrt sind, indem wir geistliches geistlich erklären (engl.: »indem wir geistliche Gedanken *mit geistlichen* Worten *verbinden«). Der natürliche Mensch aber nimmt nicht an, was vom Geist Gottes ist; denn es ist ihm eine Torheit, und er kann es nicht erkennen, weil es geistlich beurteilt werden muss. Der geistliche Mensch dagegen beurteilt zwar alles, er selbst jedoch wird von niemand beurteilt; denn »wer hat den Sinn des Herrn erkannt, dass er ihn belehre?« Wir aber haben den Sinn des Christus.«* (1. Kor. 2,9-16)

Habt ihr gewusst, dass die ersten Sätze im oben zitierten Text einem apokryphen Text zur Zeit des Alten Testamentes entstammen? Paulus sagt nicht, wir wüssten nicht, was Gott für uns bereitet hat; er sagt, dass sie (die damals lebenden Gläubigen) nicht wussten, was Gott für sie bereitet hatte, weil sie keine »neuen Geschöpfe« waren. Doch wir haben den Sinn von Christus, weil wir aus Seinem Geist geboren worden sind. Wir denken wie Gott.

Wir haben noch immer einen freien Willen, und wir können uns noch immer dazu entscheiden zu sündigen. Doch als Heilige fällt uns das nicht mehr so leicht. Es gibt einen Strom Gottes, der durch unsere Seelen strömt und uns in Richtung Thron mit sich reißt. Wenn wir nicht dagegenpaddeln, werden wir schließlich im Hause Gottes eintreffen. Wir haben eine Neigung zur Gerechtigkeit. Darum sagt Paulus: »Nicht mehr lebe ich, sondern Christus lebt in mir« (Gal. 2,20).

Versuchen, das Richtige zu tun, aber ...

Viele Leute haben das siebte Kapitel des Römerbriefes missverstanden. In diesem Kapitel berichtet Paulus von seinem Kampf im Versuch, das Gute zu tun, um dann doch wieder das Verkehrte zu vollbringen. Wenn wir diese Verse im Licht der vorausgehenden und nachfolgenden Aussagen lesen, stellen wir fest, dass es für Paulus unmöglich war, dass er von seinem erlösten Leben gesprochen haben konnte. Der ganze Römerbrief ist ein Brief des Kontrastes zwischen dem Leben, das man unter dem Gesetz lebt, und dem Leben, das in Christus ist.

Im sechsten Kapitel des Römerbriefes lehrt uns Paulus, dass, als wir getauft wurden, wir mit Christus starben und dass wir, als wir aus dem Wasser herausstiegen, mit Ihm in der Gleichheit Seiner Auferstehung auferweckt wurden. Die Taufe ist keine symbolische Handlung, sondern eine *prophetische* Handlung. Prophetische Handlungen, genau wie prophetische Deklarationen oder Dekrete, setzen Gottes Kraft frei, um Veränderungen in unserem Leben herbeizuführen. Im Fall der Taufe ist die Handlung, dass wir im Wasser untergetaucht werden, ein wirkliches Sterben mit Christus, doch dass wir aus dem Wasser herausgezogen werden, ist genauso wichtig, denn das vermittelt uns die Kraft, in Christus zu leben! Das liest sich dann so:

»*Wir sind also mit ihm begraben worden durch die Taufe in den Tod, damit, gleichwie Christus durch die Herrlichkeit des Vaters aus den Toten auferweckt worden ist, so auch wir in einem neuen Leben wandeln. Denn wenn wir mit ihm eins gemacht und ihm gleich geworden sind in seinem Tod, so werden wir ihm auch in der Auferstehung gleich sein; wir wissen ja dieses, dass unser alter Mensch mitgekreuzigt worden ist, damit der Leib der Sünde außer Wirksamkeit gesetzt sei, so dass wir der Sünde nicht mehr dienen; denn wer gestorben ist, der ist von der Sünde freigesprochen. Wenn wir aber mit Christus gestorben sind, so glauben wir, dass wir auch mit ihm leben werden, da wir wissen, dass Christus, aus den Toten auferweckt, nicht mehr stirbt; der Tod herrscht nicht mehr über ihn. Denn was er gestorben ist, das ist er der Sünde gestorben, ein für allemal; was er aber lebt, das lebt er für Gott.*« (Röm. 6,4-10)

Er ermahnt uns, uns fortan als für die Sünde tot und für Christus lebendig *zu betrachten* (d.h. so darüber zu denken). Wir betraten das Wasserbecken mit einem Kreuz und wir verließen es mit einer Krone! Zu sündigen passt nicht mehr zu unserer neuen Natur.

Das siebte Kapitel beginnt mit einer Analogie zwischen einer verheirateten Frau und ihrem Mann. Paulus schreibt hierzu folgendes:

»Oder wisst ihr nicht, Brüder – denn ich rede ja mit Gesetzeskundigen – dass das Gesetz nur so lange über den Menschen herrscht, wie er lebt? Denn die verheiratete Frau ist durchs Gesetz an ihren Mann gebunden, solange er lebt; wenn aber der Mann stirbt, so ist sie von dem Gesetz des Mannes befreit. So wird sie nun bei Lebzeiten des Mannes eine Ehebrecherin genannt, wenn sie einem anderen Mann zu eigen wird; stirbt aber der Mann, so ist sie vom Gesetz frei, so dass sie keine Ehebrecherin ist, wenn sie einem anderen Mann zu eigen wird. Also seid auch ihr, meine Brüder, dem Gesetz getötet worden durch den Leib des Christus, damit ihr einem anderen zu eigen seid, nämlich dem, der aus den Toten auferweckt worden ist, damit wir Gott Frucht bringen.« (Röm. 7,1-4)

Paulus gibt uns eine Beschreibung unseres Lebens vor und nach Jesus. Wir waren mit dem Gesetz verheiratet. Das Gesetz belehrte uns über alles, was wir falsch machten, doch es hatte keine Macht, uns zu verändern. Als Christus starb, wurde das Gesetz erfüllt und es befreite uns dazu, einen anderen Mann zu heiraten. Wenn wir uns mit Ihm in Seinem Tod identifiziert haben, sind wir in einen neuen Bund eingetreten und haben uns mit Jesus selbst verlobt. Paulus fährt fort und zieht eine starke Verbindung zu denen, die sich unter dem Gesetz abstrampeln, indem er den Kampf, dem er sich ausgesetzt sah, als er mit dem Gesetz verheiratet war, in der Gegenwartsform beschreibt. Doch Paulus verkündet den Sieg im Krieg seiner und unserer Seele im achten Kapitel des Römerbriefes mit diesem endgültigen Schlag. Er sagt: »So gibt es jetzt keine Verdammnis mehr für die, welche in Christus Jesus sind ... denn das Gesetz des Geistes des Lebens in Christus Jesus hat uns frei gemacht von dem Gesetz der Sünde und des Todes« (Röm. 8,1-2).

Glaube ist der Katalysator des geistlichen Bereichs

Die Gerechtigkeit Gottes kommt durch Glauben in unser Leben. Um an irgendetwas zu glauben, müssen wir wissen, dass es etwas gibt, an das man glauben kann. Die ganze unsichtbare Welt operiert auf der Grundlage des Glaubens, nicht nur die Welt Gottes. Zum Beispiel ist Angst die Manifestation der Tatsache, dass wir an das falsche Königreich glauben. Wenn wir glauben, dass etwas schief gehen werde, dann haben wir unseren Glauben dem Feind geschenkt. Wenn wir das tun, dann haben wir ganz einfach dem die Kraft zurückgegeben, den Jesus am Kreuz entwaffnet hat. Wenn wir an Gott glauben, geben wir dem Heiligen Geist die Kraft und die Engel führen Seinen Willen aus.

Wenn wir gelehrt wurden, dass wir, nachdem wir Christus angenommen haben, noch immer Sünder seien, werden wir uns mit dem Versuch abmühen, das Richtige zu tun, weil wir eher glauben, dass wir versagen könnten, anstatt Seinem Werk am Kreuz zu vertrauen! Wir können den Rest unseres Lebens damit verbringen, unter dem Fluch unserer alten Bezeichnung »Sünder« zu leben, oder wir können, wie damals Jakob/Israel, einen neuen Namen annehmen, der die Kraft hat, unsere eigentliche DNA zu verändern. Wir sind Heilige, heilige Gläubige, und Christen (Gesalbte), was bedeutet, dass wir »kleine Christusse« sind. Wenn der Vater auf uns blickt, sieht er das Bild Seines Sohnes, den Er liebt.

Ausbildung zum Herrschen

Wenn deine Erinnerungen größer sind als deine Träume,
dann fängst du bereits an zu sterben.

Zum Königtum erzogen

Bald nachdem ich anfing, meine Identität als Prinz zu erlernen, zeigte mir der Herr, dass Er mir verordnete, das anzuwenden, was ich gelernt hatte, um eine ganze Generation von Prinzen und Prinzessinnen aufzurichten. Die letzten paar Jahre habe ich damit zugebracht, Grundwerte zu entdecken, die einzelne Christen in ihrer königlichen Identität entwickeln und so eine Kultur des Königtums fördern. Ich werde in den kommenden Kapiteln einige dieser Werte wiedergeben, doch in diesem Kapitel möchte ich mit dir betrachten, wie entscheidend es ist, Geschwister zu haben, die in unser Leben hineinsprechen und unsere Bestimmung hervorrufen. Ich habe bereits die negativen Einflüsse beschrieben, die viele von ihren Eltern und anderen in ihrem Leben entgegengenommen haben. Diese waren zerstörerische Vorbilder gewesen. Liebe ist immer viel mächtiger als Hass. Der stärkste Einfluss, den wir je erfahren können, kommt von positiven Vorbildern, die uns ermutigen und uns den richtigen Weg, wie man leben soll, zeigen.

Eines Abends, noch ganz am Anfang meiner Reise in den Palast, fing der Herr an, mir im Buch der Sprüche Schriftstellen zu zeigen, die von Salomo verfasst worden waren – vom weisesten Mann im Alten Testament. Er war das zweite Kind, das David und Bathseba geschenkt wurde. Als Bathsebas erstes Kind starb, erhielt David ein Wort vom Herrn, dass zur rechten Zeit Salomo an Davids Stelle König werden würde. Aus diesem Grunde war Salomo einer der seltenen Führer in der Bibel, der vom Kindesalter an zum König erzogen wurde (vgl. 1. Chron. 22,9-10). Das Buch der Sprüche, das er später in seinem Leben verfasste, berichtet vom Einfluss der Belehrungen durch seine Eltern. David hatte viele Söhne, und doch sagte Salomo im Buch der Sprüche: »Als ich noch ein Sohn war bei meinem Vater, zart und einzig war vor meiner Mutter, da unterwies er mich und sprach zu mir: Dein Herz halte meine Worte fest!« (Sprüche 4,3). Er ragte aus dem Rest seiner Brüder hervor und erhielt eine besondere Behandlung und Liebe.

Eingefangen in der Weisheit des Buches der Sprüche finden sich die Schlüssel Salomos zu einem Leben als Königskind. Zum Beispiel heißt es in Sprüche 23,1-3: »Wenn du dich hinsetzt, um mit einem Herrscher zu speisen, so achte ja auf das, was du vor dir hast! Und setze ein Messer an deine Kehle, wenn du heißhungrig bist! Sei nicht begierig auf seine Leckerbissen, denn das ist eine trügerische Speise.«

Beachte, dass er nicht sagte: »Sofern du dich hinsetzt, um mit einem Herrscher zu speisen«, sondern »wenn du dich hinsetzt …« (im Sinne von so oft). Nicht sofern Könige dich einladen, sondern wann immer Könige dich einladen. Es war nie die Frage, dass Salomo nicht Einfluss haben und mit anderen Führern und mächtigen Leuten zusammentreffen sollte. Er konnte sich keine Wirklichkeit vorstellen, in der er nicht geschätzt wurde und als angesehen galt, und daher konnte er sich kein Leben als Bettler vorstellen. Obwohl er Schwierigkeiten gehabt haben mochte, denen wir uns in diesen Tagen und in diesem Zeitalter nicht gegenübersehen, wurde er von wichtigen Leuten um sich herum geschätzt und hatte nie mit Gefühlen der Zurückweisung, der Vernachlässigung oder gar des Missbrauchs zu kämpfen. Als Ergebnis dieser Erziehung ist das Buch der Sprüche voller Aussagen, die Gottes königliche Weisheit wiederspiegeln. Salomo lebte sein Leben gemäß den Grundsätzen der Weisheit, die sich in den Sprüchen finden, und der Ruhm seines Königreiches wird diesen Grundsätzen zugeschrieben.

Stell dir vor, du wärst in einem Palast erzogen worden, wo jedermann um dich herum dir versicherte, du wärst von Geburt an dazu bestimmt, König oder Königin zu sein. Wer wärst du heute, und wie würde sich dein Leben dann vom jetzigen unterscheiden? Vielleicht wäre es leichter, dir vorzustellen, du wärst als Präsident deines Landes groß geworden. Denk an die Details deiner Kindheit, und wie diese dein Schicksal beeinflussen konnten. Würdest du nicht wünschen, dein Bestes im Leben zu tun und entsprechend dem Standard königlichen Benehmens zu leben, der dir vermittelt wurde? Wenn wir wissen, dass wir zu etwas Großem bestimmt sind, wie könnten wir da auch nur daran denken, diesen Kurs zu verlassen und nicht diesem Potenzial gemäß zu leben?

Der Herr zeigte mir, dass es nicht zu spät ist, damit zu beginnen, wie Salomo zu denken, die gottgegebene Weisheit zu nutzen und an die Größe zu glauben, die in uns liegt. Auch wenn die wichtigen Leute, die uns beeinflussten, negative Vorbilder waren, folgen wir als Christen jetzt Christus als unserem Beispiel und hören, wie der Heilige Geist uns zu unserer wahren Identität beruft. Wenn wir beginnen, wie königliche Leute zu *handeln*, werden Dinge, die uns wie Berge in unserem Leben vorkamen, zu Gelegenheiten, um unseren Charakter zu beweisen.

Unser Leben für andere lassen

Ester, die wir gewöhnlich als Königin eines heidnischen Königreiches im Alten Testament in Erinnerung haben, war nicht in ein bevorzugtes Leben hineingeboren worden. Ihr Leben war anders, weil sie jemanden hatte, der sie in ihre königliche Bestimmung berief. Ihr Onkel Mordechai adoptierte sie nach dem Tod ihrer Eltern und es ist von der Schrift her offensichtlich, dass er sie liebte und ihr den Glauben gab, dass sie schön und von Bedeutung war. Sein Einfluss veranlasste sie, hervorragend zu sein.

So wurde sie, zusammen mit vielen anderen Jungfrauen, als Kandidatin für die Königin ausgewählt und sie machte einen großen Eindruck auf die Leiter der königlichen Palastwache. Die Bibel sagt: »Und Ester erlangte Gunst in den Augen aller, die sie sahen« (Ester 2,15). Obwohl Ester noch nicht bereit war, dem König zu begegnen, bereitete sie Mordechais Einfluss vor, sich während des Jahres der Vorbereitung im Harem des Königs auszuzeichnen. Dort lernte sie den königlichen Lebensstil.

Ihre Zeit der Zubereitung war in zwei sechsmonatige Abschnitte eingeteilt: der erste diente dazu, sie mit Öl und Myrrhe zu reinigen, der zweite, ihrer Schönheit mit Parfümen und Kosmetika Nachdruck zu verschaffen. Die Erziehung ihres Onkels und das Jahr der intensiven Zubereitung führten sie schließlich zu ihrem Triumph. Die Bibel berichtet es so: »Und der König gewann Ester lieber als alle anderen Frauen, und sie fand Gnade und Gunst vor ihm, mehr als alle Jungfrauen; und er setzte die königliche Krone auf ihr Haupt und machte sie zur Königin an Vastis Stelle« (Ester 2,15-17). Später in diesem Buch werden wir über Esters Aufstieg zur Königin sprechen und über die Art, wie sie sich in schwierigen Zeiten erhob, um sich der Herausforderung zu stellen.

Als Prinzessin erzogen

Bonnie, eine Dame, die unsere »übernatürliche Schule des Dienstes« absolvierte, ist ein modernes Beispiel von einer Frau von königlichem Geschlecht. Ein Jahr, nachdem sie die Schule abgeschlossen hatte, wurde sie zu einer Leiterin an der Schule. Als ich Bonnie zum ersten Mal begegnete, stellte ich fest, dass es mit ihr etwas Besonderes auf sich hatte. Ich interviewte sie als eine mögliche Studentin unserer Schule des Dienstes. Über die Jahre hinweg habe ich Hunderte von Leuten für Jobs und Schulen interviewt, doch sie war anders. Sie betrat mein Büro, nett gekleidet, und hatte Stift und Papier bereit, um mir Fragen über die Schule zu stellen.

Sie sagte, sie habe die Absicht, unsere Schule des Dienstes zu besuchen, und sie und ihr Ehemann möchten nun mehr über meine Qualifikation erfahren, da ich der Schulvorsteher sei. Sie war nicht wie alle anderen, die hereinkamen und versuchten mich zu beeindrucken und die um Aufnahme bettelten. Sie besaß eine vollständig andere Mentalität. Bonnie und ihr Ehemann versuchten, sich darüber klar zu werden, *ob wir sie bekommen würden*. Ich glaubte, sie zu interviewen, doch, wie es sich herausstellte, interviewte sie mich! Sie wollte wissen, wo ich zur Schule gegangen sei und wo ich meinen theologischen Abschluss gemacht hatte. Sie fragte mich, wer mir die Lizenz erteilt und wo ich meine Ausbildung zum Dienst erhalten hätte.

Schließlich, ich fühlte mich bereits etwas eingeschüchtert, gestand ich: »Ich habe keine offizielle Ausbildung; ich war nie auf einem

College und ich habe keinen Abschluss.« Dann berichtete ich ihr von einer Begegnung, die ich mit Gott gemacht hatte, und wie Er mich berufen hatte, eine Armee von Kriegern aufzustellen, welche die zerstörten Städte wiederherstellen würden (vgl. Jes. 61,4).

Sie legte ihren Stift nieder und starrte mich an, als würde sie mir in die Seele blicken. »Das ist Gott, und ich möchte ein Teil davon sein«, bemerkte sie.

Einige Jahre später schloss sie die Schule ab, und wir baten sie, Mitglied unseres Leitungsstabs zu werden. Eines Tages teilte ich meine neue »Vom-Bettler-zum-Prinzen«-Offenbarung meinen Schulleitern mit. Bonnie saß bei uns und hörte zu, wie ich meine Vorstellungen mit dem Team diskutierte. Ich ermahnte den Stab leidenschaftlich, dass wir verstehen sollten, dass wir eine königliche Schar seien; wir seien keine Bettler, sondern Prinzen. Nach etwa einer Stunde, während der ich predigte, schien Bonnie betrübt zu sein und konnte sich mit dieser Idee nicht anfreunden.

Schließlich meldete sie sich zu Wort und sagte: »Ich bin mit dem nicht einverstanden, was du gerade gesagt hast. Ich glaube nicht, dass es darum geht, zu entdecken, dass *wir* Prinzen und Prinzessinnen sind, sondern dass wir vielmehr dafür sorgen sollten, dass andere Menschen merken, wer *sie* sind.

Ich sagte zu ihr: »Weißt du, weshalb du glaubst, es gehe darum? Du wurdest dazu erzogen, eine Prinzessin zu sein. So geht es für dich darum, sicherzustellen, dass die Leute, die in deine Gegenwart treten, sich geschätzt fühlen. Ich wurde als Bettler erzogen und deshalb muss ich als erstes lernen, dass ich bedeutsam bin. Ich kann nicht anderen Leuten helfen, sich geschätzt zu fühlen, solange ich das nicht für mich weiß.«

Bonnie war als Prinzessin erzogen worden und wurde offensichtlich noch jetzt durch diejenigen als solche behandelt, die sie umgeben. Sie benimmt sich wie eine Königin, und andere Menschen können das sehen. Sie hat kein Problem damit, zu wissen, wer sie ist; also konzentriert sie sich darauf, sicherzustellen, dass andere Menschen die Offenbarung erfassen, wer sie sind. Das ist die wahre Mentalität von Prinzen und Prinzessinnen. Sie verbringen mehr Zeit damit, Leute um sich herum zu erziehen, als sich über ihre eigene Bedeutsamkeit zu sorgen. Sie wissen bereits in ihrem Innern, wer sie sind, und das befähigt sie, selbstlos zu sein und mehr von sich zu geben, als sie selber empfangen.

In anderen Größe hervorrufen

Wir sind dazu beauftragt, eine Kultur zu entwickeln, die Leute wie Salomo, Ester und Bonnie hervorbringt, indem wir Leute in ihre königliche Bestimmung berufen. Die Bibel sagt: »Tiefes Wasser ist der Ratschluss im Herzen eines Mannes, aber ein verständiger Mann schöpft ihn herauf« (Sprüche 20,5). Wir müssen eine Umgebung kultivieren, welche die Ratschlüsse und Pläne hervorholt, die Gott in den Herzen der Menschen verborgen hat. Salomo war gelehrt worden: »Erziehe den Knaben seinem Weg gemäß (den er gehen soll); er wird nicht davon weichen, auch wenn er älter wird« (Sprüche 22,6). Es ist wichtig, dass wir »den Weg« verstehen, »den Menschen gehen sollten«, sodass wir ihnen helfen können, das zu werden, wozu Gott sie berufen hat.

Der prophetische Dienst kann einen gewaltigen Part spielen bei der Entwicklung einer königlichen Kultur. Wenn prophetische Worte mitgeteilt werden, dann sind sie eine Offenbarung der wahren Identität der Angesprochenen. Diese Information hilft Leitern, sie im Geist zu erkennen und sie deshalb auch zu fördern, diejenigen zu werden, die zu sein sie geschaffen wurden. Allison, eine Studentin unserer Schule des Dienstes, sagte kürzlich zu mir: »Ich liebe es, die Prophetien anderer Leute anzuhören«.

»Tust du das?«, erwiderte ich. »Warum denn?«

»Weil ich dann lerne, sie nicht als diejenigen zu behandeln, die sie im Moment vielleicht sind, sondern als diejenigen, die zu sein Gott sie geschaffen hat«, antwortete sie.

Unsere Kleinkinder-Leiterin, Carla, hat unter den Jüngsten unserer Herde eine prophetische Kultur entwickelt. Über der Tür zum Kleinkinderraum verkündet ein Schild: »Ausbildung zum Herrschen«. Sie führt eine Akte über jedes Kind in der Kinderkrippe. Sie hat ihre Mitarbeiterinnen geschult, dass sie über jedem Kind, während sie liebevoll mit ihm umgehen, weissagen sollten, um danach diese Prophetien aufzuschreiben und sie in ihre Akten zu legen. Während die Kinder dann aufwachsen und jedes Jahr von Klasse zu Klasse voranschreiten, folgt ihnen die Akte des Kindes, sodass unsere Lehrerinnen den einzigartigen Plan verstehen können, den Gott für jedes einzelne Kind hat. Unsere christliche Grundschule übernimmt dann ihre Akten und führt mit Hilfe dieser prophetischen Einsichten ihre Entwicklung fort.

Die Geschichte von Saul im 1. Samuelbuch illustriert ferner die Rolle des prophetischen Dienstes, um die königliche Bestimmung einer Person zu offenbaren. Sein Vater hatte seine Eselinnen verloren und darum schickte er seinen Sohn und dessen Diener fort, um sie zu finden. Als sie tagelang nach ihnen gesucht und sie nicht gefunden hatten, entschlossen sie sich, zu einem Propheten in der nahe gelegenen Stadt zu gehen, um herauszufinden, ob er ihnen vielleicht sagen könnte, wo die Eselinnen waren.

Hier ist der biblische Bericht:

»Der Herr aber hatte dem Samuel das Ohr geöffnet, einen Tag bevor Saul kam, und gesagt: »Morgen um diese Zeit werde ich einen Mann aus dem Land Benjamin zu dir senden, den sollst du zum Fürsten über mein Volk Israel salben! Der wird mein Volk aus der Hand der Philister retten. Denn ich habe die Not meines Volkes angesehen, und sein Geschrei ist vor mich gekommen. Als nun Samuel Saul sah, teilte ihm der Herr mit: Siehe, da ist der Mann, von dem ich dir gesagt habe, dass er über mein Volk herrschen soll. Da trat Saul im Tor auf Samuel zu und sagte: Zeig mir doch, wo hier das Haus des Sehers ist. Samuel antwortete Saul und sagte: Ich bin der Seher. Geh vor mir auf die Höhe hinauf, denn ihr sollt heute mit mir essen, und morgen früh werde ich dich ziehen lassen. Und alles, was du auf dem Herzen hast, werde ich dir kundtun. Und was die Eselinnen betrifft, die dir heute vor drei Tagen verloren gegangen sind, so brauchst du dir um sie keine Sorgen zu machen, denn sie sind gefunden. Und wem gehört alles Kostbare Israels? Nicht dir und dem ganzen Haus deines Vaters? Da antwortete Saul und sprach: Bin ich nicht ein Benjaminiter und aus einem der kleinsten Stämme Israels, und ist meine Sippe nicht die geringste unter allen Sippen des Stammes Benjamin? Warum sprichst du solche Worte zu mir?« (1. Sam. 9,15-21)

Das Wichtigste in Bezug auf diesen Abschnitt ist die Erkenntnis, dass, als Samuel Saul eröffnete, er werde ihm alles kundtun, was in seinem Sinne war (wörtlich: in seinem Herzen), Saul keine Ahnung hatte, wovon er überhaupt sprach. Er begriff nicht, dass Samuel beauftragt worden war, Sauls Größe hervorzurufen, jene Größe, *die bereits in ihm drin steckte.*

Seht, was als nächstes geschah:

»*Und Samuel nahm den Krug mit Öl und goss es auf sein Haupt, und er küsste ihn und sagte: So hat der Herr dich nun zum Fürsten über sein Erbteil gesalbt! Wenn du heute von mir weggehst, wirst du zwei Männer treffen beim Grab Rahels, an der Grenze von Benjamin, bei Zelzach; die werden zu dir sagen: Die Eselinnen sind gefunden, die du zu suchen ausgezogen bist. Und siehe, dein Vater hat die Sache mit den Eselinnen aufgegeben. Er macht sich um euch Sorgen und sagt: Was soll ich wegen meines Sohnes tun? Und wenn du von dort weitergehst und du zur Terebinthe Tabors kommst, werden dich dort drei Männer treffen, die zu Gott nach Bethel hinaufgehen. Einer trägt drei Böcklein und einer drei Brote, und einer trägt einen Schlauch mit Wein. Und sie werden dich nach deinem Wohlergehen fragen und dir zwei Brote geben, und du sollst sie von ihrer Hand annehmen. Danach wirst du zu dem Hügel Gottes kommen, wo Wachtposten der Philister sind. Und wenn du dort in die Stadt kommst, wirst du einer Schar von Propheten begegnen, die von der Höhe herabkommen, und vor ihnen her Harfe und Tamburin und Flöte und Zither, und sie werden weissagen. Und der Geist des Herrn wird über dich kommen, und du wirst mit ihnen weissagen und wirst in einen anderen Menschen umgewandelt werden*« (1. Sam. 10,1-6)

Samuel salbt Saul zum König von Israel! Wow! Sauls Berufung war unter einem geringen Selbstwertgefühl begraben und erlag einer falschen Einschätzung der Umstände in seinem Leben. Seine Antwort an Samuel in 9,21 zeigt, dass er nicht zum Königtum erzogen und dass ihm auch sein wahrer Wert nicht beigebracht worden war: »Bin ich nicht ein Benjaminiter, aus einem der kleinsten Stämme Israels, und ist meine Sippe nicht die geringste unter allen Sippen des Stammes Benjamin?« Beachte, wie die prophetische

Kultur, der Saul begegnete, ihn in einen anderen Menschen verwandelte. Er wurde *nicht zu einer anderen Art* von Mensch verwandelt, sondern wurde *zurückverwandelt* in den Menschen, der zu sein er in erster Linie geschaffen worden war. Der wirkliche Saul war im Sumpf des geringen Selbstwertes, der Sünde und der Bedeutungslosigkeit verloren gegangen. Wie Saul haben wir alle Gaben, Talente und Fähigkeiten; doch einige von uns glauben nicht an unser Potenzial, bis jemand anderes auf uns zukommt und sagt: »Schau mal, wie viel doch in dir steckt!«

Viele von uns haben ihr eigentliches Ich im Müll ihres Lebens verloren. Wir, die Gemeinde, sind dazu beauftragt, eine königliche, prophetische Kultur zu entwickeln, die Menschen derart verändert, dass ihre eigentliche Bestimmung offenbar wird. Dadurch werden sie zurückverwandelt in die Menschen, die zu sein sie von Gott von Uranfang an bestimmt waren, als Er zum allerersten Mal an sie gedacht hatte.

Paul Manwaring ist ein Pastor aus England, der vor einigen Jahren unserem Stab beitrat. Er wurde unserer Gemeinde als ein realistisches Beispiel dafür gegeben, wie man zu einer Atmosphäre der Größe ermutigen kann. Er war viele Jahre lang Vorsteher eines Gefängnisses in England gewesen und in dieser Eigenschaft wurde er mehrere Male in den königlichen Palast eingeladen. Oft bezog er diese Erfahrungen auf unser Team. Er sprach darüber, wie der Palast selbst schon Größe in seinen königlichen Gestalten hervorruft. An den Wänden des Schlosses hängen Porträts von adeligen Leuten, die der königlichen Familie vorausgegangen waren, Generationen des königlichen Geschlechts, welche die Geschichte geformt haben. Jedes Porträt setzt einen Standard, den es zu erreichen gilt, ein Ziel, das man erlangen muss, und ein Erbe, das man empfangen sollte. Wie der königliche Palast einen Standard der Vornehmheit vorgibt, so gilt das auch bei uns für all diejenigen, mit denen wir in Beziehung stehen. Wir sind dazu berufen, Samuels zu sein für die Sauls unserer Generation. Manchmal ist alles, was dazu nötig ist, ein lebenveränderndes prophetisches Wort, das uns die Gnade gewährt, in all das hineinzutreten, was Gott für uns bereitet hat.

Die Größe in unseren Familien hervorrufen

In gewisser Hinsicht hängt die Entwicklung einer königlichen Kultur in der Gemeinde von der Kultur ab, die zunächst einmal unseren Familien eingeträufelt wurde. Gott wünscht sich, dass unsere Wohnungen wie Paläste sind, in denen unsere Kinder berufen, erzogen und dazu ausgerüstet werden, in ihre prophetische Bestimmung hineinzutreten. Damit meine ich nicht, unsere Häuser sollten notwendigerweise teuer, wunderschön oder sogar unser Eigentum sein, aber sie sollten Orte sein, die uns an unsere prophetische Bestimmung erinnern und die diese Bestimmung in und durch uns kultivieren.

Unsere Identität kommt vom Herrn, aber zuerst wird sie uns durch unsere Eltern vermittelt. Wenn wir Generationen von gesundem Familienleben hinter uns haben, fällt es uns leichter zu wissen, wer wir sind. Obwohl Kathy und ich keine vollständige Offenbarung darüber besaßen, wer wir waren, als wir mit der Erziehung unserer eigenen Kinder begannen, wussten wir doch, dass unser jetziges Zuhause anders sein musste als das, welches wir als Kinder erlebt hatten. Kathy und ich erzogen unsere vier Kinder dazu, Prinzen und Prinzessinnen zu sein. Ihnen wurde durch unsere Taten, Worte und durch unsere Liebe vermittelt, dass wir sie schätzten und dass sie für uns wichtig waren. Wir wollten nicht, dass unsere Kinder dieselben Nöte durchleiden mussten, die wir erlitten hatten.

Wir führten unsere Familie so, dass die Kinder eher ermächtigt als kontrolliert wurden. Wir lehrten sie, dass ihre Meinungen wertvoll waren. Wir bewerkstelligten dies, indem wir ihnen einfach zuhörten. Wenn wir bedeutsame Entscheidungen zu treffen hatten, erlaubten wir unseren Kindern, sich in unsere Diskussionen einzubringen, weil wir sie lehren wollten, wie sie für sich selbst denken, beten und Entscheidungen fällen sollten. Es wurde ihnen auch gestattet, unsere Entscheidungen in Frage zu stellen, besonders diejenigen, die sie selbst betrafen – vorausgesetzt, sie hatten dabei die richtige Haltung. Manchmal brachten sie sogar Fakten vor, die wir gar nicht beachtet hatten, wodurch sie neue Einsichten in die Situation brachten. Wir waren nie »nicht in Stimmung«, wenn sie zu uns sprachen und wir waren stets bereit zuzuhören.

Eine meiner Lieblingserinnerung bezüglich der Ermächtigung unserer Kinder bezog sich auf die Zeit, als Jamie 14 und Shannon 12 waren. Sie waren eingeladen worden, nach China zu reisen, um Bibeln ins Land zu schmuggeln. Kathy und ich sagten unmittelbar: »Kommt gar nicht in Frage! Ihr Mädels seid noch zu jung, und China ist kein Ort für Kinder.« In den nächsten paar Wochen brachten die Mädchen ihr Anliegen immer wieder vor. Sie erinnerten uns daran, dass wir sie gelehrt hatten, dass Gott uns beschütze, dass wir Ihm für unser Leben vertrauen sollten und dass wir Ihn sogar mit unserem Tod ehren können. Sie wiederholten Dinge, die wir sie seit Jahren gelehrt hatten: »Dad, du hast uns gesagt, wir seien geboren, um die Welt zu verändern und um einen Unterschied zu machen. Dies ist für Gott eine Chance, uns zu gebrauchen und um Seine Treue zu beweisen.« Wir wussten, dass sie recht hatten, aber es fiel uns nicht leicht, das zu praktizieren, was wir gepredigt hatten. Wir beteten ernsthaft und ließen sie schließlich ziehen.

Sie waren drei Wochen fort. Das erste, was geschah, war, dass Jamie und ein anderes Mädchen jenseits der Grenze beim Bibel-Schmuggeln erwischt wurden. Als sie in den Befragungsraum geführt wurden, durchsuchte sie eine chinesische Frau, welche die »Drachenlady« genannt wird. Als die Drachenlady ihre Hand auf Jamies Kleid legte, versetzte ihr das andere Mädchen einen Schlag und sie gerieten in einen Kampf. Wir waren nicht zu Hause, als jemand von ihrem Team anrief und eine Nachricht aufsprach, die besagte, dass die beiden Mädchen verhaftet worden waren, aber wohlauf seien. Wir hatten keine weiteren Informationen und hörten erst einige Tage später wieder etwas. Es waren die längsten Tage unseres Lebens. Es stellte sich heraus, dass nach mehreren Stunden des Verhörs die chinesischen Behörden die Bibeln fortschafften und sie auf wunderbare Weise in ihr Land zurückschickten.

Eine Woche später rief uns Shannon von einer Telefonzelle in China an. Sie war vom Team getrennt und hatte sich in China verirrt. Sie sprach kein Chinesisch, und so hatte sie keine Ahnung, wie sie wieder zu ihrem Hotel zurückfinden sollte. Sie weinte, und ich versuchte sie zu trösten, während ich meine eigene Panik unterdrückte. Wir beteten am Telefon um Gottes Hilfe. Gerade als wir das Gebet beendet hatten, trat ein chinesischer Polizeibeamter auf die Telefonzelle zu und fragte sie in perfektem Englisch, ob er ihr behilflich sein konnte. Er brachte sie zurück in ihr Hotel und alles war gut.

Als die Mädchen auf ihrem Heimweg schließlich wieder in Hongkong eintrafen, riefen sie uns aufs Neue an. Beide weinten. Wir glaubten, sie hätten Heimweh, aber in Wirklichkeit wollten sie China nicht verlassen. Sie hatten sich in das chinesische Volk verliebt und wollten ihr Leben für es hingeben. Ich muss gestehen, dass ich diesmal nicht auf ihre Argumente einging, und so kehrten sie sicher wieder nach Hause zurück. Sie hatten sich durch diese Erfahrung für immer verändert, aber wir auch. Als Teenager reisten sie später auch weiterhin überall in der Welt herum. Sie lernten beide ihre Ehemänner auf dem Missionsfeld kennen und dienen nun mit ihnen in zwei verschiedenen Gemeinden an der kalifornischen Küste!

Ein ebenfalls wichtiger Faktor unserer Aufgabe als Eltern ist es, unserer Familie die nötige Zeit zu widmen. Womit sich unsere Kinder beschäftigten, war für uns wichtig. Wir brachten dies auf verschiedene Weise zum Ausdruck, angefangen damit, dass wir bei ihren Veranstaltungen einfach anwesend waren, bis dahin, dass wir ihren Wert heraushoben, wenn sie sich von ihren Altersgenossen zurückgewiesen fühlten. Wir gingen zu ihren Sportanlässen und unterstützten ihre außerschulischen Aktivitäten. Sie machten bei so vielen Dinge mit (zu einer bestimmten Zeit hatten wir alle vier Kinder gleichzeitig in der High School!), dass Kathy und ich aushandeln mussten, an welchen Spielen wir teilnehmen sollten, wobei wir in der Halbzeit wechselten. Oft waren wir vier Abende pro Woche unterwegs, um einfach bei ihren Aktivitäten dabei zu sein. Shannon und Jamie waren Cheerleaders und spielten Softball und Volleyball. Eddie spielte Basketball, Baseball, Fußball und American Football. Jason spielte gleichzeitig in zwei Teams Basketball, aber auch Fußball, American Football und Baseball! Wir überlebten und genossen jede Minute dieses Chaos.

Wie bei Mose hatten unsere Kinder keine Vorstellung davon, wie es ist, wenn man von anderen nicht akzeptiert wird. Im Gegensatz dazu verbrachte ich, als ich in der High School war, meine Zeit damit, dass ich zu Hause saß und darauf wartete, dass mich jemand anrief. Ich war sehr gesellig, aber ich war mit dem Gefühl erzogen worden, unbedeutend zu sein; so glaubte ich, dass, wenn ich jemanden anrufen würde, diese Person möglicherweise nicht mit mir sprechen mochte. Mein Sohn Jason war ebenfalls sehr gesellig. Manchmal rief er an einem einzigen Abend bei acht bis zehn Leuten an. Er besaß eine gesunde Selbstachtung und ein gesundes Selbstvertrauen. Er ergriff die Initiative, machte Platz für sich im Leben anderer und ging einfach davon aus, dass sie gern etwas von ihm hören wollten. Es kam ihm nie der Gedanke, jemand wolle nicht mit ihm sprechen; er hatte keine Angst vor Ablehnung.

Jedes Kind hatte unterschiedliche Bedürfnisse, und in einem Fall musste ich intervenieren, um zu verhindern, dass eine Ablehnungserfahrung das Herz meiner Tochter Jamie verletzte. Jamie und Shannon sind beide schön, aber sie haben gegensätzliche Persönlichkeiten. Während Shannon ausging und sich unters Volk mischte, sich vergnügte und Freundschaften schloss, wollte Jamie lesen, Gewichte heben oder sich mit Dingen beschäftigen, die einen mehr individuellen Charakter hatten.

In der High School führte ihre Jugendgruppe besondere Abendessen und Nachttreffs durch, so dass sie Spaß und eine sichere Umgebung haben konnten, um zu lernen, wie man eine Beziehung zum andern Geschlecht kultiviert. Manchmal erhielt Shannon fünf verschiedene Einladungen von jungen Männern, die alle mit ihr ausgehen wollten. Jamie dagegen wurde überhaupt nicht eingeladen. Es schien, als ließen sich die jungen Männer von ihrem starken, ruhigen Wesen einschüchtern. Wenn die Türglocke läutete, war Shannon schon wieder unterwegs zu einer weiteren Verabredung. Jamie rannte dann die Treppe hinauf in ihr Zimmer, wobei Tränen über ihre Wangen rannen, und legte sich weinend auf ihr Bett. Dort fand ich sie dann, ihr Gesicht im Kissen vergraben. »Daddy, warum werde ich nie zu einer Verabredung gebeten? Ist etwas mit mir nicht in Ordnung? Bin ich hässlich?«, fragte sie.

Innerlich brach mein Herz entzwei. Ich antwortete ihr: »Sie wissen halt noch nicht, wie man eine Prinzessin ausführt. Steh auf und zieh dich an, denn jetzt führe ich dich aus.« Ich führte sie an die besten Orte der Stadt und wir hatten Spaß zusammen. Ich glaube, ich habe sie mehr ausgeführt als Kathy! Ich wollte einfach, dass sie wusste, was es hieß, ausgeführt zu werden und Spaß zu haben, während man respektvoll behandelt wurde. Durch diese besonderen Zeiten, die wir miteinander hatten, wurde Jamies Selbstvertrauen in einer sehr schwierigen Phase ihres Lebens geschützt und bestätigt. Heute ist sie eine zufriedene und glückliche Frau, Ehefrau, Pastorin und Mutter, die keine Unsicherheit kennt, die sich in ihrer High-School-Zeit hätte entwickeln können.

Unser Auftrag

Als die königliche Priesterschaft Gottes sind wir berufen, in unseren Häusern, Gemeinden, Geschäften und letztlich auch in unseren Nationen eine Kultur zu entwickeln, die in den einzelnen Menschen das Beste hervorbringt und ihnen ihre fürstliche Bestimmung eröffnet. Wir tun dies, indem wir die anderen und uns selbst nicht so sehen und behandeln, wie wir sind, sondern wie Gott uns zu sein geschaffen hat. Diese Erkenntnis und Liebe kann nur aus unserer Intimität mit Gott hervorgehen. Wir sind nicht mehr Seine Sklaven, sondern Seine Freunde, indem wir als Könige und Königinnen Seines Hofes an Seiner Seite einherschreiten.

Mein eigener Kampf mit der Unsicherheit ist ein Beweis für den negativen Einfluss, den Menschen auf unser Leben haben, wenn sie unseren Wert erniedrigen, statt ihn zu bestätigen. Doch die Stärke, der Mut und die Selbstachtung, die ich in meinen Kindern sehe und ebenso in den Beispielen von Salomo und Ester, sind ein Zeugnis für den machtvollen Unterschied, den es im Leben von Menschen ausmacht, wenn sie jemanden haben, der ihre verborgene Größe hervorrufen kann.

Möge Gott uns die Einsicht schenken, über die äußeren Kämpfe im Leben von Menschen hinwegzusehen, um den Schatz anzusprechen, der in ihnen verborgen liegt. Möge Er uns die Weisheit schenken, Könige und Priester zu entwickeln, und möge Er uns mit der Kraft ausrüsten, die Werke des Teufels zu zerstören!

Rate mal, wer zum Abendessen kommt!

*Gott möchte unseren Verstand derart erneuern,
dass Er unseren Willen tun kann.*

Sklaven – im Gegensatz zu Freunden

Ich hoffe, dass du nun zu verstehen beginnst, dass du in die königliche Familie hineingeboren wurdest. Als Söhne und Töchter des Königs sind wir einer der Gründe, warum Jesus der »König der Könige und Herr der Herren« (Offb. 19,16) genannt wird. Jesus ist nicht nur König über die weltlichen Könige der Erde, sondern Er ist auch König über die Könige, die mit Ihm in Gottes Königreich herrschen. Das Buch der Offenbarung spricht auf diese Weise von uns: »Und Nacht wird nicht mehr sein, und sie bedürfen nicht des Lichtes einer Lampe und des Lichtes der Sonne; denn der Herr, Gott, wird über ihnen leuchten, und sie werden herrschen von Ewigkeit zu Ewigkeit« (Offb. 22,5).

Es ist wichtig, dass wir die Tatsache nicht aus den Augen verlieren, dass Gott Gehorsam mehr liebt als Opfer. Er hat uns nie die Erlaubnis gegeben, Ihn zu entthronen, zu missachten oder abzuwerten. Was viele von uns noch nicht verstanden haben, ist die Tatsache, dass die Größe Gottes tatsächlich dann verherrlicht wird, wenn jeder Seiner Söhne und Töchter, wenn alle Seine Königskinder die Offenbarung ihres Adelsstandes annehmen und beginnen, in Seiner Autorität zu handeln. Diejenigen von uns, die Kinder haben, verstehen, dass, wenn unsere Kinder sich auszeichnen und erfolgreich sind, ihre Leistungen der ganzen Familie Ehre einbringen.

Freund zu werden mit dem Gott der Galaxien wird unser Selbstwertgefühl dramatisch steigern. Jesus sagte:

»Ihr seid Meine Freunde, sofern ihr das ausführt, wozu ich euch anweise. Ich nenne euch nicht mehr Sklaven, denn der Sklave weiß

nicht, was sein Herr (alles) treibt. Ich habe euch vielmehr Freunde genannt, weil Ich euch alles, was Ich bei Meinem Vater gehört habe, mitgeteilt habe.« (Joh. 15,14.15; *Haller*)

Beachte den Kontrast zwischen »Meister und Sklave« sowie den zwischen »Vater und Freund«. Jesus meint etwas Gewaltiges, wenn Er uns daran erinnert, dass wir nicht wie Sklaven aus Angst, sondern wie Freunde dem Vater aus Liebe gehorchen. Ein williges Herz ist Voraussetzung dafür, dass wir uns aus der Sklaverei heraus- in die Freundschaft hineinbewegen. Er macht auch die Tatsache bewusst, dass Sklaven nicht wissen, was ihr Meister tut, jedoch Freunde alles über die Angelegenheiten ihres Vaters wissen. Jesus gab den Standard vor, indem Er immer tat, was Er den Vater tun sah. Uns muss bewusst werden, dass wir dazu eingeladen worden sind, dieselbe freundschaftliche Beziehung mit dem Vater zu haben, wie Jesus sie hatte.

Diejenigen, die mit Gott wandelten

Die ganze Bibel hindurch hatte Gott mit vielen Personen besondere Beziehungen. Im zweiten Buch Mose heißt es: »Und der Herr redete mit Mose von Angesicht zu Angesicht, wie ein Mann mit seinem Freund redet« (2. Mose 33,11). Jakobus schreibt, Abraham sei ein Freund Gottes gewesen (vgl. Jak. 2,23). Freunde beeinflussen Freunde. Diese beiden Männer sind ein Beispiel von Menschen, die eine besondere Verbindung zu Gott erlebten, in welcher der Herr sie einlud, Ihn zu beeinflussen.

Das erste Buch Mose vermittelt z.B. einen Einblick in Abrahams Beziehung zu Gott. Der Herr sprach zu Abraham: »Sollte ich vor Abraham verbergen, was ich tun will? Wird doch Abraham gewiss zu einer großen und mächtigen Nation werden, und sollen doch in ihm gesegnet werden alle Nationen der Erde!« (1. Mose 18,17-18) Gott sagte zu Abraham, dass er wegen der Bedeutung seines Platzes auf Erden Zugang zu Insider-Informationen haben würde. Dann teilte Gott Abraham mit, dass Er Sodom vernichten wird. Abrahams Reaktion ist erstaunlich. Er empfand die Freiheit, gegen Gottes Entschluss einzuschreiten, weil er wusste, dass Gott seine Meinung wertschätzte. Betrachte nun Abrahams Protest:

» Willst du denn den Gerechten mit dem Gottlosen wegraffen? Vielleicht sind 50 Gerechte innerhalb der Stadt; willst du sie denn wegraffen und dem Ort nicht vergeben um der 50 Gerechten willen, die darin sind? Fern sei es von dir, so etwas zu tun, den Gerechten mit dem Gottlosen zu töten, so dass der Gerechte sei wie der Gottlose; fern sei es von dir! Sollte der Richter der ganzen Erde nicht Recht üben?« (1. Mose 18,23-25)

Die Fragen, die er stellte, sind wichtig, aber von größerer Bedeutung ist die Tatsache, dass er Gottes Vorhaben überhaupt *in Frage stellte*. Wie kam Abraham darauf, dass ein menschliches Wesen irgendein Recht hatte, seinen Schöpfer in Frage zu stellen? Konnte ein Mensch sich anmaßen zu glauben, eine andere Ansicht von einer Situation zu haben, an die Gott wohl noch gar nicht gedacht hätte? Wer könnte je zu Gott sagen: »Da gibt es noch ein paar Löcher in Deinem Denken, Herr!« Und doch finden wir das in der Schrift. Ein Mann debattiert mit Gott auf der Basis seiner Freundschaft mit Ihm.

Wir finden dieselbe ungeheuerliche Beziehung im Umgang zwischen Gott und Mose. Betrachte das Gespräch, das im zweiten Buch Mose festgehalten wurde:

»Da sprach der Herr zu Mose: Geh, steige hinab! Denn dein Volk, das du aus dem Land Ägypten heraufgeführt hast, hat sich verdorben. Sie sind schnell von dem Weg abgewichen, den ich ihnen geboten habe; sie haben sich ein gegossenes Kalb gemacht und sich vor ihm niedergebeugt und haben ihm geopfert und gesagt: Das sind deine Götter, Israel, die dich aus dem Land Ägypten heraufgeführt haben. Und der Herr sprach zu Mose: Ich habe dieses Volk gesehen, und siehe, es ist ein hartnäckiges Volk; und nun lass mich, dass mein Zorn gegen sie entbrenne und ich sie vernichte; dich aber will ich zu einer großen Nation machen.« (2. Mose 32,7-10)

Moses Antwort ist umwerfend! Denn Mose sagte zu Gott:

»Warum, Herr, sollte dein Zorn entbrennen gegen dein Volk, das du aus dem Land Ägypten herausgeführt hast mit großer Kraft und mit starker Hand? Warum sollten die Ägypter so sprechen: Zum Unglück hat er sie herausgeführt, um sie im Gebirge zu töten

und sie von der Fläche des Erdbodens zu vernichten? Kehre um von der Glut deines Zorns und lass dich des Übels gegen dein Volk gereuen. Gedenke Abrahams, Isaaks und Israels, deiner Knechte, denen du bei dir selbst geschworen hast, und hast zu ihnen gesagt: Mehren will ich eure Nachkommen wie die Sterne des Himmels; und dieses ganze Land, von dem ich geredet habe, werde ich euren Nachkommen geben, dass sie es als Erbteil besitzen auf ewig.« (2. Mose 32,11-13)

Und dann kommt hier der eine ungeheuerliche Satz, der unseren Verstand sprengt, unsere Theologie ruiniert und der uns in der Vorstellung eines allwissenden Gottes an den Rand eines Albtraumes bringt: »Und es *reute* den Herrn das Übel, wovon er geredet hatte, dass er es seinem Volk tun werde.« (2. Mose 32,14)

Diese erstaunliche Geschichte weist auf eine intime Beziehung zwischen einem Menschen und seinem Gott hin. Hier findet ein unerlöstes menschliches Wesen, das unter dem Alten Bund lebt, einen Platz beim Gott der ganzen Schöpfung, dem weisesten Wesen im ganzen Universum, und sagt Ihm, Sein eigenes Volk zu vernichten sei ganz einfach eine schlechte Idee. Ihr Zwiegespräch offenbart ein tiefes Empfinden für eine immens große gegenseitige Achtung.

Gott, der über Israel zornig ist, versucht, die Verantwortung für das Volk auf Mose zu legen, indem Er zu Mose sagt: »Das ist dein Volk, das du aus Ägypten heraufgeführt hast«. »Im Gegenteil«, sagt daraufhin Mose zu Gott, »das ist *Dein* Volk, das *Du* aus Ägypten heraufgeführt hast.«

Dieses Gespräch erinnert mich an Zeiten, da ich gewöhnlich von der Arbeit nach Hause kam und meine Frau, Kathy, versuchte, sich von einem unserer Kinder zu distanzieren, weil es den ganzen Tag über Probleme bereitet hatte. So sagte sie jeweils: »Dein Sohn Jason hat heute die Wände mit Farbstiften beschmiert.« Er war stets *mein* Sohn, wenn er sich daneben benommen hatte, jedoch stets *ihr* Sohn, wenn er wie ein Engel gewesen war.

Dem Dialog zwischen Gott und Mose liegt jedoch eine tiefere Frage zugrunde. Sagte Gott etwa zu Mose: »Junge, Mose, du hast Recht, ich habe diese Israeliten nie als mein Volk betrachtet oder habe mir Gedanken gemacht wegen meines Rufes bei den Ägyptern. Ich bin echt froh, dass du da bist, damit ich diese Dinge nicht vergesse!«? Ich glaube nicht! Vielleicht schockiert dich das, aber ich denke, Gott will nicht immer Recht haben, wenn Er zu uns spricht! Gott hält Sich in Seiner Stärke oft zurück, damit Er eine Beziehung zu Seinem Volk pflegen kann!

Seine Zurückhaltung zugunsten unserer Freundschaft

Kürzlich habe ich erlebt, wie Gott Sich fühlen muss, wenn Er Seine Stärke zurückhalten muss, um eine Beziehung zu Seinen Kindern aufrechterhalten zu können. Mein Enkel Elijah kam zu unserem Haus herüber. Er rannte in mein Schlafzimmer und rief: »Opa, lass uns kämpfen!« Dann sprang er, so hart er nur konnte, auf mein Bett und schlug und trat mich mit allem, was er hatte.

Natürlich packte ich ihn nicht, warf ihn aus dem Fenster und schrie: »Wie gefällt dir das, Spiderman?« Stattdessen hielt ich mit meiner Kraft zurück, damit wir Spaß miteinander haben konnten. Ich versuchte ständig, sicherzugehen, dass er nicht aus dem Bett fiel und sich verletzte. Genauso geht Gott, der unser Verständnis bei weitem übersteigt, liebevoll mit uns um, indem Er Sein Denken quasi »hinter Seinem Rücken versteckt«, um Raum zu lassen für den Rat Seines Freundes.

Leider herrschte in der führenden Theologie und in der Gemeinde eine eindimensionale Ansicht hinsichtlich dessen, was es bedeutet, eine Beziehung zu Gott zu haben. Wir haben den Gehorsam über- und die Freundschaft unterbetont. Als Ergebnis dessen wurde unser Umgang mit Ihm roboterhaft und soldatenmäßig. Männer und Frauen ganz früher Zeiten verstanden noch etwas davon, worüber wir uns Jahrhunderte später erst langsam klar zu werden versuchen: *Gott möchte Freunde, keine Sklaven!*

Was war das Geheimnis der Beziehung, die Abraham und Mose mit Gott pflegten? Wie wurden sie in den Geheimdienst Seiner Majestät aufgenommen? Das nächste Kapitel im zweiten Buch Mose bietet uns mehr Einblicke in diese Angelegenheit:

»Und der Herr redete zu Mose: Geh, zieh hinauf von hier, du und das Volk, das du aus dem Land Ägypten heraufgeführt hast,

in das Land, das ich Abraham, Isaak und Jakob zugeschworen habe, indem ich sprach: Deinen Nachkommen werde ich es geben! Und ich werde einen Engel vor dir hersenden und die Kanaaniter, die Amoriter, die Hewiter und die Jebusiter vertreiben – in ein Land, das von Milch und Honig fließt; denn ich werde nicht in deiner Mitte hinaufziehen, denn du bist ein hartnäckiges Volk, dass ich dich nicht vernichte auf dem Weg.« (2. Mose 33,1-3)

Doch Mose sagte zum Herrn:

»Siehe, du sprichst zu mir: Führe dieses Volk hinauf, aber du hast mich nicht wissen lassen, wen du mit mir senden willst. Und du hast doch gesagt: Ich kenne dich mit Namen, und du hast auch Gnade gefunden in meinen Augen. Und nun, wenn ich denn Gnade gefunden habe in deinen Augen, so lass mich doch deinen Weg wissen, dass ich dich erkenne, damit ich Gnade finde in deinen Augen; und sieh, dass diese Nation dein Volk ist!

Und er sprach: Mein Angesicht wird mitgehen, und ich werde dir Ruhe geben. Und er sprach zu ihm: Wenn dein Angesicht nicht mitgeht, so führe uns nicht von hier hinauf. Und woran soll es denn erkannt werden, dass ich Gnade gefunden habe in deinen Augen, ich und dein Volk? Nicht daran, dass du mit uns gehst und wir ausgesondert werden, ich und dein Volk, aus jedem Volk, das auf dem Erdboden ist?

Und der Herr sprach zu Mose: Auch dies, was du gesagt hast, werde ich tun, denn du hast Gnade gefunden in meinen Augen, und ich kenne dich mit Namen.« (2. Mose 33,12-17)

Schau nur, was in diesen Versen geschieht.

Gott sagte: »Ich werde Meine Verheißungen an deine Vorväter erfüllen und Meinen Engel senden, dass er dich begleiten soll; doch Ich werde nicht mit euch ziehen.« Viele von uns wären glücklich gewesen, wenn unsere Gebete insofern erhört worden wären, dass der Herr einen Engel geschickt hätte, der uns begleitet. Ich habe mich oft gefragt, ob wir überhaupt gemerkt hätten, dass nur der Engel des Herrn und nicht der Herr Selbst bei uns gewesen war.

Mose bewies seine Freundschaft mit Gott dadurch, dass er sagte: »Wenn Du nicht ins verheißene Land mitkommst, dann gehe ich auch nicht hin!« Mose sagte zu Gott: »Du bist für mich wichtiger als irgendeine Vision, die ich für mein Leben habe.« Das ist ein Schlüssel, um eine tiefere Beziehung zu unserem Vater zu knüpfen. Wir müssen Ihn Selbst mehr wollen als das, was Er tut. Wo immer ihr auf Leute stoßt, die Jesus mehr lieben als die Welt, werdet ihr einen Ort entdecken, der von der Freude der Freundschaft erfüllt ist.

Unsere Herzen prüfen

Wir müssen einsehen, dass der Herr manchmal, wenn Er uns eine Prophetie zuteil werden lässt, mehr unsere Herzen prüft als unser Geschick bestimmt. Paulus wurde dies bewusst. Dem Buch der Apostelgeschichte zufolge kam ein Prophet namens Agabus von Judäa herab, nahm Paulus' Gürtel, band seine eigenen Füße und Hände damit und sagte:

»Dies sagt der Heilige Geist: Den Mann, dem dieser Gürtel gehört, werden die Juden in Jerusalem so binden und in die Hände der Nationen überliefern. Als wir aber dies hörten, baten sowohl wir als auch die Einheimischen ihn, nicht nach Jerusalem hinaufzugehen. Da antwortete Paulus: Was macht ihr, dass ihr weint und mir das Herz brecht? Denn ich bin bereit, nicht nur gebunden zu werden, sondern auch in Jerusalem für den Namen des Herrn Jesus zu sterben.« (Apg. 21,10-13)

Viele von uns hätten dies als richtungsweisendes Wort vom Herrn genommen, nicht nach Jerusalem zu gehen, weil wir dort gefangen genommen werden könnten. Es wäre uns wahrscheinlich nie in den Sinn gekommen, dass Gott dennoch wollte, dass Paulus nach Jerusalem und letztlich nach Rom ging, sodass er mit dem Kaiser sprechen konnte. Unsere Vorstellung von Gott lässt nicht zu, dass Gott zu uns sprechen könnte, ohne dass wir auch gleichzeitig notwendigerweise glauben, dass Er uns damit einen direkten Befehl gäbe, den wir dann ohne weiter zu überlegen zu befolgen hätten. Es scheint für einige sogar eine Irrlehre zu sein, wenn man die alternative Sicht vorbringt, dass, wenn Gott zuweilen durch eine Prophetie zu uns spricht, es Ihm da mehr um die gegenseitige Beziehung als um blinden Gehorsam geht.

Was für eine Beziehung hätten wir mit unseren Freunden, wenn wir immer auf unserer eigenen Ansicht beharren würden? Wie wäre es, wenn du in einem Restaurant das essen müsstest, was ich gern habe, wenn du dir die Filme ansehen müsstest, die mir gefallen, und über die Dinge sprechen solltest, über die ich sprechen wollte? Mit einer solchen Einstellung würde es nicht lange dauern, bis ich allein wäre. Das berühmte Kapitel über die Liebe im 1. Korintherbrief sagt, dass eines der Attribute der Liebe dies sei, dass »*sie nicht das Ihre suche*« und »*dass sie nicht an sich selbst denkt*« (1. Kor. 13,5). Wir vergessen manchmal, dass die Liebe, von der die Bibel hier spricht, die Natur Gottes beschreibt, bevor diese Aussagen überhaupt einen Bezug zu uns haben. Gott ist nicht selbstsüchtig. Er gibt sich nicht einfach so mit uns ab, damit es »nach Seiner Nase gehen« kann. Er lebt Selbst das, was Er lehrt!

David ist ein weiterer alttestamentlicher Gläubiger, der als »ein Mann nach dem Herzen Gottes« die Regeln seiner Zeit überschritt und eine Freundschaft mit Gott einging. In jenen Tagen gab es strikte Gesetze bezüglich der Art und Weise, wie die Menschen Gott anbeten konnten. Nur der Hohepriester durfte einmal pro Jahr vor die Bundeslade hintreten. David jedoch errichtete ein eigenes Zelt und ließ darin Priester 24 Stunden am Tag vor der Bundeslade ihren Dienst tun, sieben Tage pro Woche, und das mehr als 30 Jahre lang. Nicht nur kam David damit durch, obwohl er gemäß der buchstäblichen Vorschrift eindeutig etwas tat, was gegen das Gesetz Gottes verstieß, sondern es heißt auch im Buch der Apostelgeschichte, dass Gott dies so sehr schätzte, dass Er dieses Zelt am Ende der Tage wieder aufbauen werde (vgl. Apg. 15,16-18)!

Davids Freundschaft mit Gott war so außergewöhnlich, dass er Gott einen Tempel bauen wollte. Gott sagte David, dass Er, obwohl Er noch nie in einem Haus gelebt hatte, das von Menschenhand gebaut worden war, Davids Sohn, Salomo, erlauben würde, Ihm ein solches zu bauen. Dann, anlässlich der Tempeleinweihung, wiederholte Salomo Gottes Worte:

»‚*Von dem Tag an, als ich mein Volk Israel aus Ägypten herausführte, habe ich keine Stadt aus allen Stämmen Israels erwählt, ein Haus zu bauen, damit mein Name dort wäre; aber ich habe David erwählt, dass er über mein Volk Israel wäre.*‘ *Und es war im Her-*

zen meines Vaters David, dem Namen des Herrn, des Gottes Israels, ein Haus zu bauen.« (1. Kön. 8,16-17)

Ist das nicht aufregend? Es war nicht Gottes Idee, ein Haus für Sich Selbst erbauen zu lassen – es war Gottes Idee, David zu erwählen. Doch es war im Herzen Davids, etwas für Gott zu tun. Wir sollten beachten, *dass David nicht den Willen des Vaters tat, sondern seinen eigenen Willen. Dennoch liebte der Herr das, weil es dem liebenden Herzen eines Freundes entstammte.* Freundschaft geht über den Gehorsam hinaus!

Christen haben einen besonderen Platz im Herzen des Vaters. Gott hat uns sogar die Erlaubnis gegeben, die Sünden anderer Menschen zu vergeben. Er machte diese radikale Aussage, um es auf den Punkt zu bringen: »Wenn ihr irgendwelchen (Menschen) die Sünden erlasst, (so gilt das:) sie sind ihnen erlassen. Bei welchen ihr sie festschreibt, bei denen sind sie festgeschrieben (und sie müssen sich dafür verantworten)« (Joh. 20,23; *Haller*). Denkt über die Konsequenzen nach, wenn wir irgendjemandem die Vergebung vorenthalten. Doch der Herr hat uns diese wichtigen Entscheidungen anvertraut.

Johannes, der Apostel, der seinen Kopf auf Jesu Brust legte, hatte unglaubliche Einsicht in das Herz Gottes. Hier findet er den Mut, die folgenden Worte mitzuteilen, die vom Munde des Herrn Jesus selbst kamen: »Wenn ihr in mir bleibt und meine Worte in euch bleiben, so werdet ihr bitten, um was ihr wollt, und es wird euch geschehen« (Joh. 15,7).

Beachte, wie die Tatsache, dass wir in richtiger Beziehung zu Gott stehen, uns die Erlaubnis gibt zu bitten, was immer wir wünschen. Die Bibel ist voll von Versen wie diesem. Wir sind es so gewohnt, die Bibel durch die Mentalität eines Sklaven zu betrachten, dass es uns selten dämmert, dass Gott die Tatsache schätzt, dass wir einen Willen haben. Es war Sein Wille, uns ein Gehirn zu geben.

Wahre Intimität

Es gibt so viele Christen, die, ohne es zu merken, keinen höheren Ruf zur Intimität in ihrem Wandel mit Gott vernommen haben.

Diese Wahrheit durchbohrte einmal das Herz eines meiner Freunde. Kevin und ich fuhren auf einer Straße und redeten miteinander über allerlei, und da bot ich ihm einen Schokoriegel an.

Er antwortete: »Nein danke, vor sieben Jahren hat Gott mir gesagt, ich sollte in Hinsicht auf Zucker fasten. Seit damals habe ich keine Süßigkeit mehr gegessen.«

Ich fragte ihn, warum Gott ihm gesagt habe, er solle keinen Zucker mehr essen. Da wurde es plötzlich sehr still im Auto. Wir fuhren noch mehrere Minuten weiter, ohne zu sprechen, und schließlich fragte ich ihn nochmals, weil ich glaubte, er habe mich nicht gehört. »Kevin, warum hat Gott zu dir gesagt, du solltest keinen Zucker mehr essen?«

»Ich habe dich schon gehört! Ich habe dich schon gehört!«, sagte er. Und Kevin fuhr fort: »Es ist mir nur bewusst geworden, dass ich Gott nie gefragt habe, warum. Ich habe eben festgestellt, dass meine Beziehung zu Gott auf Gehorsam und nicht auf Freundschaft gegründet ist.«

Gott möchte Vertrauen aufbauen und Sein Volk ehren. Das wird in 2. Chronik 20,20 unterstrichen: »Hört mich, Juda und ihr Einwohner von Jerusalem! Vertraut auf den Herrn, euren Gott, so könnt ihr getrost sein; und glaubt seinen Propheten, so werdet ihr Gelingen haben!« Derselbe Gedanke hallt aus dem zweiten Buch Mose wider. Gott sagte zu Mose: »Siehe, ich will in einer dichten Wolke zu dir kommen, damit das Volk meine Worte hört, die ich mit dir rede, und auch dir für alle Zeit glaubt.« (2. Mose 19,9) Gott vollbrachte nicht nur Wunder und Zeichen, damit das Volk an Ihn, sondern auch, damit sie für immer *an Mose glauben* sollten!

Der Kampf um vieles, was die Lehre in diesem Buch betrifft, dreht sich darum, dass, wenn gewisse Leute von Freundschaft mit Gott lesen, sie die Neigung haben, sich auf die »-schaft«, auf dieses abstrakte Ding zu stürzen, ohne wirklich Gott zu ihrem Freund zu machen. Dieselben Leute lieben Strukturen, Formeln und Prinzipien, aber ohne eine echte Beziehung. Ohne das *Herz* einer Freundschaft werden diese Leute gefährlich und zerstörerisch, während diese Lehre als Irrlehre gebrandmarkt wird. Wenn jemand, der gar kein Freund ist, die Vorrechte der Freundschaft ausnützt, dann wird eine Beziehung verletzt. Ich ermutige meine Freunde, sich in meinem Haus zu Hause zu fühlen. Doch wenn jemand, den ich nicht kenne, mein Haus betritt, meinen Kühlschrank öffnet und anfängt, meine Lebensmittel zu verzehren, dann billige ich das nicht. Wir nennen solche Leute Diebe, nicht Freunde.

Wir sind zum Hochzeitsmahl des Lammes eingeladen worden, und dies nicht bloß als ein Gast, sondern als die Braut. Das ist keine Zwangsheirat, auch möchte der Bräutigam kein dummes Sklavenmädchen mit halbem Hirn heiraten. Nein! Er hält Ausschau nach einer Frau, wie sie in Sprüche 31 erwähnt wird. Nach einer, die Er im Tor rühmen kann, weil sie schön, vornehm und treu ist. Er hält Ausschau nach einer intimen Freundin, die nicht nur eine Partnerin für Ihn sein will, sondern die auch an Seiner Seite einherschreitet, mit Ihm spricht und Seine Pläne für die Welt mit Ihm besprechen möchte. Genauso wie wir gesunde und tiefe Beziehungen zu denen um uns herum haben möchten, möchte Er eine solche Beziehung auch mit uns haben. Welch ein Vorrecht!

Teil II

Eine Einführung in die königlichen Eigenschaften

Dieses Buch erhebt nicht den Anspruch, über königliches Erbe oder über das Benehmen von Prinzen das letzte Wort zu haben. Es ist einfach gedacht als Katalysator für königliches Denken.

Viele herausragende Bücher wurden über den Charakter von Christen und über die Frucht des Geistes verfasst. Wollte ich ein vollständiges Bild über das erstaunliche Volk Gottes malen, so müsste ich Informationen vieler anderer Bücher einbeziehen. Aus diesem Grund werden einige der erhabensten königlichen Tugenden wie Liebe, Loyalität, Aufrichtigkeit und Ehrlichkeit, Reinheit, Fleiß, Freude, Treue, Verantwortungsbewusstsein, Geduld, Weisheit, Großzügigkeit und Integrität (und man könnte die Liste noch verlängern) hier nicht näher beleuchtet.

Stattdessen habe ich Eigenschaften betont, die sich zwar im Herzen biblischen Denkens befinden, jedoch beinahe in Vergessenheit geraten sind. Wollen wir uns nun in den Palast begeben, um einen eingehenden Blick ins Herz des Königs der Könige zu werfen und uns dem Lifestyle Seiner Königskinder zuzuwenden.

Superhelden in der Gemeinde

*Kinder streiten sich nie darum, wer der Landstreicher sein soll.
Das lernen wir in der Gemeinde, und das bringt uns um!*

Der Kampf der Superhelden

Ich betrat das Wohnzimmer just in dem Moment, als ein heftiger Streit zwischen dreier meiner Enkelkinder ausgebrochen war, die am Boden miteinander kämpften.

Der fünfjährige Elijah rief aus: »Ich bin Spiderman!«, und schoss ein imaginäres Gespinst nach dem vier Jahre alten Isaac.

Isaac protestierte: »Ich bin Spiderman!«

»Nein, du kannst nicht Spiderman sein«, beharrte Elijah, der sich neben seinem jüngeren Cousin platzierte. »Ich bin bereits Spiderman! Du kannst Superman sein«.

In dem Augenblick rief Riley, Elijahs dreijährige Schwester: »Ich will Spiderman sein! Ich will Spiderman sein!«

Mit einer strengen Stimme sagte Elijah: »Riley, du musst jemand anderes sein! Du kannst nicht Spiderman sein! Ich bin schon Spiderman!«

»Opa!« schrie sie. »Elijah macht nicht mit. Er spielt nicht fair! Er lässt mich nicht Spiderman sein!«

»Riley«, sagte ich, während ich sie in meine Arme schloss, warum willst du nicht lieber Wonder Woman sein? Wonder Woman kann Spiderman mit der Peitsche schlagen, und sie ist genauso schön wie du.«

»Okay«, antwortete sie, während ich ihr ihre Tränen abwischte.

Was mir aufgefallen ist, während ich meinen sieben Enkelkindern beim Spielen zuschaute, war dies, dass sie nie darum stritten, wer der Landstreicher sein durfte. Sie stritten darüber, wer die schöne

Prinzessin, Batman, Spiderman, Superman oder ein anderer der Superhelden sein durfte, von denen ich einige Namen noch nicht einmal gehört hatte. Doch nie zankten sie sich darum, ein »Verlierer« sein zu dürfen.

Jeder von uns hat in seinem eigenen Lebensbereich nach Größe gestrebt und sich gewünscht, als Held bekannt zu werden. Wir unterscheiden uns in nichts von den Jüngern Jesu. Jedes Mal, wenn Er Sich von ihnen entfernte, stritten sie darüber, wer von ihnen denn der Größte wäre. Diese Streitereien eskalierten bis zu dem Punkt, dass Jakobus und Johannes ihre Mutter baten, bei Jesus ein Wort für sie einzulegen, dass sie im Himmel zu Seiner Rechten und Linken sitzen dürften! Ich habe mir oft vorgestellt, wie ihr Streit wohl ausgesehen haben mochte.

Matthäus: »Habt ihr den blinden Mann gesehen, den ich gestern geheilt habe? Er war blind von Geburt auf.«

Petrus: »Das war doch gar nichts. Ich habe einem Kerl geholfen, der bereits als kleiner Junge von einem Unfall mit einem Esel her blind und lahm war!«

Judas: »O, ja? Nun, habt ihr ein Opfer wie dieses eingenommen?« (Er zog einen prallen Beutel voller Münzen aus seiner Tasche.)

Thomas: »Ich glaube kaum.«

Jakobus und Johannes, die Donnersöhne genannt wurden, sagen mit einer Stimme: »Das macht mich verrückt!«

Es scheint, als habe Jesus viel Zeit darauf verwendet, zu versuchen, die Jungs vom Wettstreit untereinander abzuhalten. Er stellte ein Kind in die Mitte der Gruppe und gab ihnen eine Musterlektion darüber, dass man wie ein Kind in das Reich Gottes eingehen müsse. Er legte Sein Obergewand ab, wusch ihre Füße und belehrte sie über Demut. Er stellte klar, dass jeder in Seinem Königreich wichtig war, wie unscheinbar er oder sie auch sein mochte. Paulus bestätigt Jesus, wenn er sagt:

»Denn ich sage kraft der Gnade, die mir gegeben ist, jedem unter euch, dass er nicht höher von sich denke, als sich zu denken gebührt, sondern dass er auf Bescheidenheit bedacht sei, wie Gott jedem Einzelnen das Maß des Glaubens zugeteilt hat. Denn gleichwie wir

an einem Leib viele Glieder besitzen, nicht alle Glieder aber dieselbe Tätigkeit haben, so sind auch wir, die vielen, ein Leib in Christus, und als Einzelne untereinander Glieder.« (Röm. 12,3-5)

Er erzählte ihnen Geschichten darüber, wie jemand zu einem Fest eingeladen wurde und einen Platz wählte, der nicht seiner Bedeutung entsprach. Aber nichts von dem, was Er sagte, schien ihr *Verlangen nach Größe* zu beseitigen. Größe liegt uns schon von Geburt an im Blut. Jemand müsste uns beibringen, ein Verlierer sein zu *wollen*. Als Kinder wollten wir jemand Besonderes sein, doch leider hat die Gemeinde eine Art, dies durch Gesetzlichkeit und »Wohlverhalten« aus uns herauszuprügeln. Wir können nichts tun, um die Liebe unseres Vaters zu verdienen. Indem wir einfach »wir« selbst sind, sind wir bereits kostbar und herrlich in Seinen Augen.

Wir müssen zur Kindlichkeit zurückkehren, um zu verstehen, wie außergewöhnlich wir für Ihn sind. Kinder, die in einem gesunden Zuhause groß geworden sind, wissen, dass ihre Eltern sie bewundern und alles tun würden, um sie zu beschützen. Sie können nichts tun, um die Liebe ihrer Eltern zu verdienen, weil ihre Eltern sie schon geliebt haben, bevor sie geboren wurden, genauso wie unser Vater (im Himmel) uns geliebt hat, bevor wir überhaupt wissen konnten, wie man Ihn liebt. »Wir lieben ihn, weil er uns zuerst geliebt hat.« (1. Joh. 4,19) Wir wurden von Anfang an wunderbar gemacht; dies ist Teil unserer göttlichen Natur!

Gott lebt außerhalb der Zeit

Wir wurden vom Anfang der Zeit an für die Herrlichkeit geschaffen. Lasst uns sehen, wie Gottes Zeitlosigkeit Seinen herrlichen Ruf beeinflusst, der auf unserem Leben liegt. Der irdischen Perspektive entsprechend wurde Jesus vor fast 2000 Jahren gekreuzigt. Die Bibel jedoch sagt, Jesus sei von Grundlegung der Welt an getötet worden: »Und alle, die auf der Erde wohnen, werden es anbeten, deren Namen nicht geschrieben stehen im Buch des Lebens des Lammes, das geschlachtet worden ist von Grundlegung der Welt an« (Offb. 13,8).

Gott lebt außerhalb der Zeit. Als Gott sprach: »Es werde Licht«, erschuf er nicht nur Nacht und Tag, Er erschuf auch die Zeit. Die

Geistwelt lebt in der zeitlosen Zone. Stell dir die Zeit als Zug vor, der durch das Königreich des Herrn fährt. Die Lokomotive stellt den Anfang der Zeit dar, und der Schlusswaggon versinnbildlicht das Ende der Zeit. Gott ist imstande, mit diesem Zug überall hin zu gelangen. Er weiß, was in der Zukunft geschehen wird, *weil Er bereits dort gewesen ist*. Gott ist nicht durch die Zeit gebunden. Petrus kannte diese Wahrheit, als er schrieb: »Dieses eine aber sollt ihr nicht übersehen, Geliebte, dass ein Tag bei dem Herrn ist wie tausend Jahre, und tausend Jahre wie ein Tag!« (1. Petr. 3,8)

Als Jesus am Kreuz starb, stieg er in den Scheol, in die Totenwelt, hinunter und rettete all diejenigen, die dort vom Teufel gefangen gehalten wurden (Eph. 4,8-10). Er hatte für drei Tage die Erde verlassen, doch war Er bloß von der Zeitzone in die zeitlose Zone hinübergegangen. Aufgrund der Geschichte vom armen Lazarus in Lukas 16 verstehen wir, dass der Scheol der Verwahrungsort für all diejenigen war, die gestorben waren, *bevor* Jesus mit Seinem Blut den Preis für ihre Sünden bezahlt hatte. Es gab zwei Bereiche, die durch eine Kluft voneinander getrennt waren. Die eine Seite war der Hades, der für die Leute bestimmt war, die darauf warteten, in die Hölle zu kommen. Auf der anderen Seite war Abrahams Schoß, welcher der Verwahrungsort für die Gerechten war. Weil der Scheol ein ewiger Ort war, der außerhalb der Zeit existierte, waren auch wir dort gefangen!

Als Jesus jedoch in den Scheol hinabstieg, die Scharen von Gefangenen mit sich nahm und in den Himmel hinaufstieg, waren wir bei Ihm! Paulus beschreibt dies im Epheserbrief. Dort heißt es:

»*Nachdem Er zur Höhe hinaufgestiegen ist, hat Er Kriegsgefangene gemacht und sie mit sich geführt, und dann hat Er den Menschen Gaben ausgeteilt. Hat das ‚Er ist hinaufgestiegen' irgend einen Sinn, wenn Er nicht vorher in die Niederungen der Erde (nämlich ins Totenreich) hinabgestiegen ist? (Nein!) (es ist vielmehr so:) Der, der hinabgestiegen ist, ist genau derselbe, der hoch hinaufgestiegen ist, höher als alle Himmel, um (letztendlich) alles (mit Sich selbst) auszufüllen.*« (Eph. 4,8-10; *Haller*)

Paulus fährt dann fort und sagt, wir seien mit Christus in die himmlischen Örter versetzt worden – und er meint damit *jetzt*!

Obwohl wir uns hier auf Erden befinden, spricht Gott zu uns aus der zeitlosen Zone. Er redet stets zu uns, als wäre es bereits geschehen, weil das in *Seiner* Welt tatsächlich der Fall ist!

Vor langer Zeit sprach der Herr zu Jeremia aus der Ewigkeit und sagte: »Ehe ich dich im Mutterleib bildete, habe ich dich ersehen, und bevor du aus dem Mutterschoß hervorkamst, habe ich dich geheiligt; zum Propheten für die Völker habe ich dich bestimmt!« (Jer. 1,5). Menschen entwickeln alle möglichen seltsamen Lehren aus diesem Vers, aber er bestätigt einfach, dass Gott nicht in derselben Zeitzone lebt wie wir.

Vielleicht hilft es uns zu verstehen, in welcher Beziehung Gott zur Zeit steht, wenn wir an die Art und Weise denken, wie wir die Sterne betrachten. Licht bewegt sich in einer Geschwindigkeit von 300.000 Kilometern pro Sekunde. Die Sterne sind Tausende von Lichtjahren von uns entfernt. Deshalb sind einige der hellen Sterne, die wir am Himmel sehen können, schon vor langer Zeit erloschen. Das Licht, das wir jetzt wahrnehmen, ist eine uralte Botschaft eines toten Sterns. Mit andern Worten: Wir sehen heute etwas, das in Wirklichkeit vor Tausenden von Jahren geschehen ist. Es ist, als würden wir in der Zeit zurückgehen, wenn wir die Sterne betrachten!

Warum ist die Zeit so wichtig? Indem wir begreifen, wie Gott Sich außerhalb der Zeit befindet, werden wir auch verstehen, wie Er uns vor langer Zeit auserwählt hat, um uns ebenso herrlich zu machen, wie Er ist.

Zur Herrlichkeit vorherbestimmt

Es ist beliebt, Römer 8,28 zu zitieren, wenn wir in Schwierigkeiten sind oder einen schlechten Tag haben. Dort heißt es: »Wir wissen aber, dass denen, die Gott lieben, alle Dinge zum Besten dienen, denen, die nach dem Vorsatz berufen sind.« Was die meisten von uns jedoch nicht verstanden haben, ist, weshalb alle Dinge zum Besten dienen. Seht euch die nächsten beiden Verse an:

»*Denn die er zuvor ersehen hat, die hat er auch vorherbestimmt, dem Ebenbild seines Sohnes gleichgestaltet zu werden, damit er der Erstgeborene sei unter vielen Brüdern. Die er aber vorherbestimmt hat, die hat er auch berufen, die er aber berufen hat, die hat er auch gerechtfertigt, die er aber gerechtfertigt hat, die hat er auch verherrlicht.«* (Röm. 8,29-30)

Diejenigen, die Er vorherbestimmt hat, die hat Er auch zur Herrlichkeit prädestiniert. Gott ist bereits in unsere Zukunft hineingeschritten und hat alle Umstände so zubereitet, damit wir noch herrlicher werden können! Das ist der Grund, warum alle Dinge zum Besten dienen, weil Gott uns mit diesem Ziel im Sinn geschaffen hat. Gott beginnt am Ende und arbeitet rückwärts. Er hat sich das vollendete Produkt Seiner feinsten Schöpfung angeschaut und gesagt: »Ihr seid großartig!« Röm. 9,22-24 sagt es so:

»Wenn nun aber Gott, da er seinen Zorn erweisen und seine Macht offenbar machen wollte, mit großer Langmut die Gefäße des Zorns getragen hat, die zum Verderben zugerichtet sind, damit er auch den Reichtum seiner Herrlichkeit an den Gefäßen der Barmherzigkeit erzeige, die er zuvor zur Herrlichkeit bereitet hat. Als solche hat er auch uns berufen, nicht allein aus den Juden, sondern auch aus den Heiden.«

Gott hat uns im Voraus zur Herrlichkeit zubereitet; Seine verborgene Weisheit zu UNSERER Herrlichkeit. In 1. Kor. 2,7 heißt es: »Wir reden Gottes Weisheit im Geheimnis, die verborgene, die Gott vor den Weltzeiten zu unserer Herrlichkeit vorherbestimmt hat.« Paulus sagte, wir würden verwandelt, indem wir von einer Herrlichkeit zu größerer Herrlichkeit voranschreiten: »Wir alle aber, indem wir mit unverhülltem Angesicht die Herrlichkeit des Herrn anschauen wie in einem Spiegel, werden verwandelt in dasselbe Bild von Herrlichkeit zu Herrlichkeit, nämlich vom Geist des Herrn.« (2. Kor. 3,18)

In Eph. 1,4 heißt es: »Wie er uns in ihm auserwählt hat vor Grundlegung der Welt, damit wir heilig und tadellos vor ihm seien in Liebe.« Darum heißt es auch im Römerbrief: »Die er im Voraus erkannte«. Gott wusste, was wir sein und tun würden, bevor wir überhaupt empfangen waren. Er traf nicht für uns die Entscheidungen, aber Er wusste, wie sie aussehen würden, weil sie in *Seiner* Welt bereits geschehen waren. Er wusste, dass wir Ihn wählen würden, darum erwählte Er uns zuerst. Es ist ein großartiger Gedanke, dass Er uns so gut kennt, dass Er es verstand, uns zu erwählen, bevor wir überhaupt wissen konnten, ob wir uns für Ihn entscheiden würden oder nicht!

Der Verfasser des Hebräerbriefes sagt, Jesus sei gestorben, um viele Söhne zur Herrlichkeit zu bringen! »Denn es war dem angemessen, um dessentwillen alles ist und durch den alles ist, da er viele Söhne zur Herrlichkeit brachte, den Urheber ihres Heils durch Leiden zu vollenden« (Hebr. 2,10). Wir wissen, dass wir ein unglaubliches Erbe in Gott besitzen, aber erkennen wir auch, dass wir Sein herrliches Erbe sind? Paulus stellt im Epheserbrief fest: »in meinen Gebeten ... dass der Gott unseres Herrn Jesus Christus ... euch gebe ... erleuchtete Augen eures Verständnisses, damit ihr wisst, was die Hoffnung seiner Berufung und was der Reichtum der Herrlichkeit seines Erbes in den Heiligen ist« (Eph. 1,18).

Entscheidend ist, dass wir erkennen, dass die Verheißungen in diesen Schriftstellen *uns* gelten. Er liebt uns so sehr, dass wir Sein herrliches Erbe werden sollen! Wir wurden für die Herrlichkeit geschaffen. Vor Grundlegung der Welt wurden wir für die Größe gemacht und vorherbestimmt, weil Er bereits wusste, dass wir uns für Ihn entscheiden würden. Er richtete unser Leben so ein, dass wir nicht anders als großartig sein konnten. Du hast daher ein Recht zu glauben, dass du unbeschreiblich und unwiderstehlich bist, ganz einfach durch die Art, wie du geschaffen wurdest! Indem Er uns zuerst erwählte, gab Er uns das Erbe der Größe, denn wir sind bestimmt, zu werden wie Er, und Er ist herrlich! Was für ein bemerkenswerter Gedanke! Gott sei gepriesen, dass Seine Liebe so einfach ist – ER LIEBT UNS ganz einfach, nicht mehr und nicht weniger.

Immer weiter hinab bis zur Spitze

Die Wahrheit von Gottes Gnade demütigt einen Menschen,
ohne ihn herabzusetzen,
und sie erhöht ihn, ohne ihn aufzublähen.

Wer ist dein Papa?

Kürzlich hatte ich die Leitung bei einer prophetischen Schulungseinheit an einer Bibelschule. Wir begannen die Stunde damit, dass wir über den wichtigsten Zweck eines prophetischen Dienstes sprachen, und waren gerade dabei, uns darüber auszutauschen, dass es die oberste Priorität einer prophetischen Person sei, den verborgenen Schatz zu finden, den Gott in jeden einzelnen Menschen hineinlegte. Inmitten meiner Erläuterungen, dass wir »die Größe entdecken und hervorrufen sollten, die der Herr im Leben der Menschen versteckt habe«, stieß einer der Pastoren aus einem anderen Raum zu uns. Ich war ihm noch nie zuvor begegnet, und wusste zu diesem Zeitpunkt noch nicht, dass er Glied des Leitungsteams war.

Bevor ich fortfahren konnte, sagte er: »Ich habe eine Frage.«

»Okay«, antwortete ich, »und wie lautet sie?«

»Ich denke, Gott ist groß«, sagte er.

»O ja ... aber habe ich irgendetwas gesagt, das Sie annehmen lässt, ich würde nicht glauben, dass Gott groß sei?«, fragte ich.

»Sie sagten, die Leute seien ‚groß'. Ich glaube, sie vertreten eine Lehre, die in Leuten Stolz weckt, indem diese versuchen, die ‚Größe' zu entdecken, die in ihnen steckt«, fuhr er fort.

Ich wurde ein bisschen kurz angebunden und erwiderte: »Ich glaube, dass die Religion Leute schwächt und kastriert, und dies im Namen der Demut!«

Wir saßen in einem Raum, in dem ein wunderschönes Bild an der Wand neben uns hing. Ich wies auf dieses Gemälde hin und sagte zu ihm: »Nehmen wir einmal an, Sie seien der Künstler, der dieses Bild gemalt hat.«

»Okay«, sagte er, etwas verklemmt.

Ich zeigte auf das Bild und rief aus: »Was für ein blöd aussehendes Bild! Diese Farben sind schrecklich! Es sieht alles so hässlich aus!« Ich hielt eine Minute inne. »Nun«, sagte ich zu ihm, »wenn ich das Bild so schlecht mache, verherrlicht dies dann den Künstler?«

»Nein!«, gab er zur Antwort.

Nun hatte ich ihn zum Nachdenken gebracht, und so fuhr ich fort: »Nicht nur ist es Gott Selbst, der uns sozusagen »gemalt« hat, sondern Jesus war derjenige, der auf dem Stuhl saß und Sich als Modell für dieses Meisterwerk zur Verfügung stellte! Denken Sie daran: Wir wurden nach dem Bilde Gottes und Ihm ähnlich gemacht. Wir haben uns nicht selber geschaffen. Gott hat uns geschaffen. Wir sind das Werk Seiner Hände. Wenn wir uns selber schlecht machen, dann sind wir nicht demütig, sondern töricht!«

Er sah verblüfft drein. Dann sagte er: »Ich habe drei theologische Abschlüsse, aber das wurde mir nie beigebracht.«

Stolz – im Gegensatz zur Erhöhung Gottes

Dieses Erlebnis bestätigte mir aufs Neue, dass noch immer eine Lüge herumgeistert und sich im Sinn vieler Gläubiger festgesetzt hat, eine Lüge, die uns auf strategische Weise daran hindert, in der Fülle unserer Identität in Christus zu wandeln. Diese Lüge sagt uns, dass jede Anerkennung unserer Stärke oder Güte eine Form von Stolz sei, und dass der einzige Weg, damit fertig zu werden, der ist, uns herabzusetzen, und das nennen wir dann Demut. Die Wahrheit jedoch ist, dass es weder ein Ausdruck von Stolz ist, unsere Stärken anzuerkennen, noch ein Zeichen von Demut, uns zu erniedrigen. *Diese Art falscher Demut hält die Heiligen in der Finsternis fest und sie führt dazu, dass wir nie in unsere Bestimmung kommen.*

Erinnerst du dich, wohin wir im vorausgehenden Kapitel gelangt sind? Römer 3,23 sagt, dass wir »die Herrlichkeit verfehlten (ermangeln), die wir bei Gott haben sollten«. Obwohl wir sie verfehlten, wurden wir für die Herrlichkeit gemacht. Gott sei Dank: Als Jesus am Kreuz starb, tat Er das nicht bloß deshalb, damit Er uns unsere Sünden vergeben konnte. Er starb, damit wir zu unserer ursprünglichen Bestimmung zurückgeführt werden konnten. Der Preis, den Jesus am Kreuz zahlte, bestimmte den Wert der Menschen, die Er erkaufte. Wir wurden geschaffen, um Gottes Herrlichkeit zu teilen und Ihm Herrlichkeit einzubringen. Denn wer ist schließlich größer – ein König über eine Horde von Dummköpfen oder ein König über eine große Armee selbstbewusster Soldaten, die stolz darauf sind, ihrem König dienen zu können? Ist es nicht so, dass die Größe der Untertanen eines Königs den König Selbst verherrlicht und groß macht?

Der Bericht vom Traum König Nebukadnezars im 4. Kapitel des Danielbuches zeigt uns, dass Demut zu lernen nicht bedeutet, dass wir negativ über uns denken müssen. Im Traum sieht Nebukadnezar, wie ein großer Engel einen gewaltigen Baum umhieb und nur noch den Stumpf übrig ließ. Daniel, sein zuverlässigster Traumdeuter, sagte ihm, der Traum betreffe ihn selbst. Er, Nebukadnezar, ist der Baum und er ist unmittelbar daran, umgehauen zu werden wegen seines Stolzes. Daniel drängt den König, sich zu demütigen, bevor Gott Selbst ihn demütigen würde.

Zwölf Monate später befindet sich Nebukadnezar auf dem Dach seines Palastes und redet mit sich selbst, wie großartig er doch sei, da er selbst so vieles zustande gebracht habe. Plötzlich verliert er seinen Verstand. Er wird ins freie Feld hinausgejagt und lebt sieben Jahre lang wie ein Tier. Schließlich, nach sieben langen Jahren vollständigen Wahnsinns, gibt Gott ihm den Verstand wieder zurück. Die erste Aussage, die über seine Lippen kommt, als er schließlich wieder reden kann, ist erstaunlich:

»Zur selben Zeit kam mir mein Verstand zurück, und mit der Ehre meines Königtums kehrte auch meine Herrlichkeit und mein Glanz zurück; meine Räte und meine Großen suchten mich auf, und ich wurde wieder über mein Königreich gesetzt und erhielt noch größere Macht.« (Daniel 4,33)

Wenn wir es nicht besser wüssten, müssten wir glauben, dass gerade dies die Art von Rede war, die Gott provoziert hatte, ihn damals zuerst einmal zu demütigen? Wiederum sagte er: »Ich bin großartig!« Doch betrachte den nächsten Vers! Er sagt: »Nun lobe und verherrliche ich, Nebukadnezar, den König des Himmels; denn all sein Tun ist richtig, und seine Wege sind gerecht; wer aber hochmütig wandelt, den kann er demütigen!« (V. 34)

Habt ihr das mitbekommen? König Nebukadnezar sagt, er sei großartig, doch Gott ist noch großartiger. Gottes Problem mit Nebukadnezar war nicht dessen Größe, sondern, dass dieser diesen Vorschuss einfach hingenommen hatte, ohne zu merken, dass Gott in erster Linie ihm dieses ganze Königreich anvertraut hatte. Gott gab ihm alles, was er verloren hatte, wieder zurück, weil er seine Lektion gelernt hatte, nämlich »dass die Himmel herrschen« (Daniel 4,23). Der Punkt ist folgender: Solange wir zugestehen, wo unsere Größe herkommt, befinden wir uns nicht in der Gefahr des Stolzes. Wir verherrlichen Gott nicht, wenn wir sagen, wir seien nicht groß, vielmehr verherrlichen wir Ihn, wenn wir anerkennen, dass Er der Ursprung dieser Größe ist. Demut bedeutet nicht, dass wir uns erniedrigen, sondern dass wir unseren Gott groß machen.

Indem sie uns sagen, »Demut« bedeutet, sich selbst davon zu überzeugen, dass man ein »Nichts« ist, haben viele christliche Leiter das Volk Gottes in eine theologische Sklaverei geführt. Dieses Glaubenssystem hat den Stolz nicht behandelt, sondern hat vielmehr dazu geführt, die Zuversicht des Volkes Gottes zu zerstören. Echte Demut ist nicht die Abwesenheit von Vertrauen, sondern *zurückgehaltene Stärke*. Die einzige Art und Weise, wie wir wirklich demütig sein können, ist, *dass wir eine ehrliche Einschätzung von uns selbst vor Gott haben*. Wenn wir *wissen*, dass wir den höchsten Platz im Haus verdienen, dann aber einen geringeren Platz einnehmen, als uns zusteht, haben wir uns gedemütigt. Wenn wir jedoch einen geringen Platz verdienen und dann auch einen geringen Platz einnehmen, hat das nichts mit Demut zu tun! Wenn wir nicht wissen, welcher Platz uns zusteht, und wir uns auf einen geringeren Platz setzen, als uns eigentlich zustünde, dann hatten wir Glück, weil der Hausherr uns dadurch nicht demütigen muss mit der Bitte, weiter abwärts zu rücken. Demut ist eine Frage des

Herzens. Wir können nicht zufällig demütig sein; wir müssen uns im Herzen vornehmen, zwar unsere Größe zu kennen, aber uns nie höher zu geben, als wir es sollten. Die Schrift sagt, dass Mose »sehr demütig gewesen sei, mehr als alle Menschen, die auf dem Erdboden waren« (4. Mose 12,3). Interessanterweise war es Mose selbst, der die ersten fünf Bücher verfasste, einschließlich dieses Verses. Er besaß eine von Gott inspirierte, ehrliche Einschätzung von sich selbst vor Gott; so widersprach er sich nicht selbst, wenn er sagte, er sei der demütigste Mensch auf dem Erdboden.

Wir können demütige Menschen sein und uns dennoch dessen sehr wohl bewusst sein, wer wir sind. Leider sieht Selbstbewusstsein in den Augen der Unsicheren stets wie Arroganz aus. An dieser Stelle liegt das eigentliche Problem. Ich glaube, dass hinter der falschen Demut, die von gewissen christlichen Leitern gefördert wird, die Überzeugung steckt, dass sie (und alle anderen dazu) eigentlich nicht viel bedeuten. In ihrer »ehrlichen Einschätzung ihrer Fähigkeiten« betrachten sie sich selbst noch immer als gefallene Wesen. Dies ist ein weiteres Beispiel dafür, wie die »Bettlermentalität« funktioniert. Wir haben unser geringes Selbstwertgefühl vergeistlicht, und das ist falsch!

Gott hat der Gemeinde eine große Berufung geschenkt und darum sind große Leute nötig, um diese zu vollbringen. Wenn es uns nicht gelingt, unsere Größe zu erkennen, werden wir unsere Berufung verpassen. Unsere »Bettlermentalität« und unsere falsche Demut hat vieles in der Gemeinde wirkungslos gemacht, indem sie uns die Sicht auf den Einfluss verstellt hat, den wir auf die Welt ausüben sollten. Wir können das an der Art erkennen, wie wir den großen Missionsbefehl wahrgenommen und ausgeübt haben. In Matthäus 28 gibt uns Jesus Anweisungen, wie eine weltweite Erweckung zustande kommen soll: Sie soll mit Gläubigen beginnen, die die Nationen zu Jüngern machen. Wir haben den großen Befehl des Herrn auf etwas reduziert, bei dem wir uns wohler fühlen, indem wir lieber Einzelnen dienen als ganzen Nationen. Wir werden später noch mehr darüber sagen. Gewöhnlich wählen wir uns lieber wirtschaftlich arme und gebrochene Individuen als Zielscheibe aus, als Persönlichkeiten mit Einfluss und Status. Unsere Unsicherheit veranlasst uns dazu, uns dazu für unqualifiziert zu halten, Reiche, Gebildete und Mächtige zu erreichen.

Helden der Generationen

Die Schrift beschreibt Männer und Frauen Gottes, welche die einflussreiche Stellung, die ihnen angeboten wurde, ergriffen und erkannten, dass Gott sie strategisch dorthin platziert hatte. Ihre Größe war nicht zu ihrem eigenen Wohl da, sondern um der Welt einen Vorgeschmack vom Königreich Gottes zu vermitteln. Wo finden wir heute die Leute, die wie Josef zum »Vater« für die Pharaonen der Welt werden und die erleben, wie ganze Nationen in die Hände Gottes fallen (siehe 1. Mose 45)?. Was ist aus den Elias geworden, die Königen entgegentraten und mit ihren prophetischen Proklamationen die Geschichte veränderten? Was ist aus Leuten wie Daniel geworden, der am Hofe von vier weltlichen Königen ausharrte und der die mächtigsten Nationen jener Zeit für Gott gewann? Warum sind die Nehemias unserer Zeit nicht da, um unsere ruinierten Städte wieder aufzubauen? Wie kommt es, dass es Riesen wie Abtreibung, sexuelle Perversion, Rassismus, Verbrechen und Korruption ständig erlaubt wird, auf der Erde herumzustreunen und unseren Kindern verheerenden Schaden zuzufügen, während das Volk Gottes sich hinter den Kirchenbänken versteckt in der Hoffnung, die Regierung werde ein Gesetz erlassen, um die »großen Kerle« zu stoppen?

Wir sind berufen worden, die Nationen zu lehren, wie man die Riesen stoppt, wie man in Hungersnöten gedeiht, wie man Städte wieder aufbaut und Väter zu den verlorenen Kindern zurückführt! Sobald jemand wie David oder Josef genug Selbstbewusstsein erlangt, aus der Finsternis aufzustehen und den Lauf der Geschichte zu verändern, klebt ihnen irgendein Gemeindeleiter, wie einst die Brüder von David oder Josef, ein »Stolz«-Etikett auf und erteilt ihm eine Lektion darüber, sich dabei schlecht zu fühlen.

Die Lektion scheint gewöhnlich mit einer Unterrichtseinheit über das »Kreuztragen« zu enden. Wir haben das Kreuztragen zu einer Gelegenheit werden lassen, Karriere zu machen, anstatt es als ein einmaliges Ereignis zu sehen. Das rührt von einem ernsten

Missverständnis bezüglich dessen her, was mit uns geschehen ist, als wir gerettet wurden. Als Jesus uns ermahnte, unser Kreuz auf uns zu nehmen und Ihm zu folgen, sprach Er nicht davon, wir sollten unser ganzes Leben damit zubringen, ein Kreuz auf unserem Rücken zu tragen, was mehr wäre als Er Selbst getan hat. Wir wurden dazu aufgefordert, unser Kreuz zu ergreifen und Jesus zum Taufbecken zu folgen, wo wir uns mit Seinem Tod identifizieren sollen. Paulus sagt:

» Wir sind also mit ihm begraben worden durch die Taufe in den Tod, damit gleichwie Christus durch die Herrlichkeit des Vaters aus den Toten auferweckt worden ist, so auch wir in einem neuen Leben wandeln. Denn wenn wir mit ihm einsgemacht und ihm gleich geworden sind in seinem Tod, so werden wir ihm auch in der Auferstehung gleich sein; ... Denn was er gestorben ist, das ist er der Sünde gestorben, ein für allemal; was er aber lebt, das lebt er für Gott.« (Röm. 6,4-10)

Wir sollen mit einem Kreuz in die Todeskammer der Taufe eintreten und mit einer Krone daraus hervorkommen. Die Krone ist »die Gleichheit seiner Auferstehung«! Der Apostel Johannes sagte: »Wie Er ist (er redet von Jesus), so sind auch wir in dieser Welt« (1. Joh. 4,17). Beachte, dass er nicht sagte: »Wie er war«; stattdessen sagte er: »Wie er ist«. Jesus ist nicht mehr der leidende Gottesknecht, der Sein Kreuz trägt. Er ist der kommende König. Wir sollen die Offenbarung Seines Königtums auf Erden sein. Paulus betonte dies der korinthischen Gemeinde gegenüber: »Ihr seid schon satt geworden, ihr seid schon reich geworden, ihr seid ohne uns zur Herrschaft gelangt! O dass ihr doch wirklich zur Herrschaft gelangt wärt, damit auch wir mit euch herrschen könnten!« (1. Kor. 4,8)

Die volle Offenbarung darüber, was es bedeutet, gerettet zu sein, muss erst noch unser Denken durchdringen, bis wir begreifen, dass das, was wir waren, völlig tot ist, und dass das, was wir sind, die Offenbarung Christi auf Erden ist. *Als wir zu Christus kamen, war es Demut, uns ehrlich als Sünder zu bekennen. Doch zurückzukehren und zu sagen, das seien wir immer noch, heißt das zu verleugnen, was Christus für uns getan hat.* Wenn wir das tun, dann demütigen wir uns nicht mehr, sondern wir unterbinden vielmehr die Auferstehungskraft, die Gott uns gegeben hat, um so zu leben wie Er.

Falsche Demut

Vor mehreren Jahren wurde eine Prophetie vermittelt, die noch immer in den Gemeinden von heute die Runde macht. Die Prophetie besagt, die Erweckung dieser letzten Tage werde durch eine »namen- und gesichtslose Generation« eingeleitet. Ich verstehe, dass die meisten Leute glauben, dies sei eine angemessene Prophetie, die besagt, dass Gott jeden gebrauchen wolle und nicht nur berühmte Leute. Ich pflichte dem bei, dass Gott durch uns alle wirken möchte, um die Welt aufzurütteln. Dennoch glaube ich, dass die Gemeinde oft aus einer »Bettlermentalität« heraus so prophetisch redet und sich in einer falschen Demut bewegt. Was ich damit zum Ausdruck bringen möchte, ist, dass es im Königreich Gottes keine kleinen Leute gibt. Es gibt nur Söhne und Töchter, die mehr sind als Sieger!

Statt zu sagen, Gott wolle »kleine Leute wie uns« gebrauchen, um damit auszudrücken, dass jeder für Gott brauchbar sei, sollten wir die Leute viel eher an ihre königliche Identität erinnern (d.h. sie aufs Neue darauf hinzuweisen oder ihnen einen neuen Sinn geben). Schließlich verwendet Gott viele Kapitel der Bibel dazu, uns mit Generation um Generation von Namen Seines Volkes zu »langweilen«, die in irgend einem geschichtlichen Ereignis vorkamen. Gott bestätigt sogar, dass Jesus Christus in der Menschheit verwurzelt ist, indem er die ganze Genealogie Josefs aufzählt (wobei Josef noch nicht einmal sein wirklicher Vater war). Doch oben angesprochene Prophetie behauptet, die Erweckung werde »namen- und gesichtslos« sein. Falsche Demut stiehlt unsere Namen und nimmt unserer Identität das Gesicht, bis wir den Mächten der Finsternis nicht mehr gefährlich werden können.

Gott erinnert uns nie an unsere Kleinheit, wenn er uns dazu beruft, etwas Großartiges zu tun. Stattdessen ruft Er uns zum Mut auf, indem Er etwas Erstaunliches über uns proklamiert, wie etwa: »Du bist ein mächtiger Krieger«, »ein Vater vieler Nationen« oder

»du bist der, auf den ganz Israel gewartet hat«. Ganz anders als Gott pflegt die typische christliche Kultur die Kleinheit, um Leuten, die sich unbedeutend vorkommen, das Gefühl zu vermitteln, dass sie dazugehörten. Als Folge davon haben wir die Menschen unter die Größe des Teufels schrumpfen lassen, und so müssen sie ihm gegenübertreten, ohne den vollen Vorteil ihrer wahren Identität und Autorität. Wir müssen erhöht werden, um die hohe Berufung Gottes zu erfassen, wie Paulus es in Philipper 3,14 ausdrückt: »Ich jage hinter dem anvisierten Ziel her, bis ich den Kampfpreis der Berufung in meinen Händen halte, mit der mich Gott in Christus Jesus nach droben (in die Herrlichkeit) berufen hat« (*Haller*).

Es ist entscheidend, dass der Leib Christi frei wird von einem gottlosen geringen Selbstwertgefühl. Wir sehen die ganze Bibel hindurch, dass Leute in eine Bestimmung hineinkatapultiert werden, die ihnen vorher unerreichbar gewesen war, wenn sie einen Identitätswandel durch Gott erleben. Gideon war ein junger Mann, der dazu bestimmt war, den Lauf der Geschichte zu verändern. Wie bei den meisten von uns hat sein geringes Selbstwertgefühl in ihm eine falsche Demut erzeugt, die sein Leben darauf reduzierte, dass er einfach nur für seinen Lebensunterhalt sorgen wollte. Seine Geschichte lautet folgendermaßen:

»Da erschien ihm der Engel des Herrn und sprach zu ihm: Der Herr ist mit dir, du tapferer Held! Gideon aber sprach zu ihm: Ach, mein Herr, wenn der Herr mit uns ist, warum hat uns dann dies alles getroffen? Und wo sind alle seine Wunder, von denen uns unsere Väter erzählten, indem sie sprachen: Hat der Herr uns nicht aus Ägypten herausgeführt? Nun aber hat uns der Herr verlassen und in die Hand der Midianiter gegeben! Der Herr aber wandte sich zu ihm und sprach: Geh hin in dieser deiner Kraft! Du sollst Israel aus der Hand der Midianiter erretten! Habe ich dich nicht gesandt? Er aber sprach zu ihm: Ach, mein Herr, womit soll ich Israel erretten? Siehe, meine Sippe ist die geringste in Manasse, und ich bin der Kleinste im Haus meines Vaters.« (Ri. 6,12-15)

Der Engel weiß, dass Israels Befreiung auf seiner Fähigkeit beruht, Gideons Selbstwertgefühl zu beeinflussen. Wie Gideon haben viele von uns die Übel satt, die uns umgeben, doch es ist uns noch nicht aufgegangen, dass das Wunder, um das wir gebetet haben, bereits in unserer Reichweite ist. Als Gott ihn »einen tapferen Helden« nannte, war Gideon fähig, in eine Identität einzutreten, die es ihm erlaubte, die Gerechtigkeit herbeizuführen, nach der sich sein Herz sehnte. Es ist für uns wichtig, hier zu erkennen, dass, obwohl es schien, als seien die Midianiter Israels Unterdrücker, die eigentliche Knechtschaft sich in Gideons Innerstem befand.

Seine Antwort an den Engel verschafft uns Einblick in die eigentliche Quelle von Gideons Furcht. Er sagte: »Ist meine Familie nicht die geringste in Manasse, und bin ich nicht der Jüngste?« Sein Problem bestand nicht so sehr darin, dass der Feind zu groß war, sondern dass er sich zu klein vorkam. Ihr könnt die Größe der Identität eines Menschen immer an der Größe des Problems erkennen, das es braucht, um ihn zu entmutigen. Auch ist es interessant festzustellen, dass, als das Volk Gottes gegen die Midianiter kämpfte, sie ausriefen: »Ein Schwert für den Herrn *und für Gideon*!« (Ri. 7,20). Weil Gideon aufstand, um der Führer zu sein, zu dem Gott ihn bestimmt hatte, war das Volk sowohl Gott als auch Gideon gegenüber loyal.

Die falsche Demut greift im Leib Christi um sich! Nachdem manche ein großes Lied in der Gemeinde gesungen haben und wir ihnen sagen, was für einen großartigen Dienst sie leisten, sagen sie gewöhnlich etwas wie: »Das war nicht ich; das war Jesus.« Oft möchte ich ihnen dann sagen: »So gut war es nun auch wieder nicht!« Diese Mentalität tötet uns innerlich, weil wir nicht wollen, dass die Leute glauben, es gäbe irgend etwas Gutes in uns. Das führt zu derselben Gebundenheit, die Gideon erfuhr. Das Leben scheint so gefährlich, und wir fühlen uns so verletzlich.

Der Krieg um uns herum

Wenn wir schließlich den Krieg in unserem Inneren gewonnen haben, beginnt sich ein anderer Kampf um uns herum zu entwickeln, indem der Feind versucht, uns durch Angst zu entkräften. Das Leben Nehemias illustriert dies sehr gut. Nehemia wusste, anders als Gideon, wer er in Gott war, und verstand, dass seine Lebensberufung darin bestand, den Lauf der Geschichte durch den

Wiederaufbau der Mauern Jerusalems zu verändern und nach den vielen Jahren im Exil eine Regierung in Israel aufzurichten. Die Israeliten hatten viele Jahre lang versucht, die Mauern wieder aufzubauen, doch es gelang dem Feind, sie einzuschüchtern und auf ihre Plätze zu verweisen. Wir wollen einen Blick auf den Dialog zwischen Nehemia und seinen Kritikern werfen.

Ono bedeutet »Stärke«, und es repräsentiert den Ort der Stärke des Feindes. Es ist für uns wichtig, dass wir nicht auf die Taktiken des Feindes hereinfallen, indem wir in das Tal seiner Stärke hinabsteigen. Wenn ihr euch dort hinunter wagt, werdet ihr feststellen, warum der Ort »O No!«[3] genannt wird. Nehemia macht es vor, wie man sich von diesem Tal der Probleme fern hält. Er ruft seinem Gegner zu: »Ich vollbringe gerade ein großes Werk, und darum kann ich nicht zu dir hinabkommen!« Wow! Das ist nicht Stolz, sondern das Bewusstsein eines Mannes, der seinen Gott kannte, der sich selbst und seinen Auftrag kennt.

Später versuchte der Feind, Nehemia dazu zu bringen, sich in der Gemeinde zu verstecken, indem er sagte: »Wir wollen uns im Haus Gottes treffen, im Tempel, und dann wollen wir die Türen des Tempels schließen, denn sie wollen kommen und dich töten, und sie werden nachts kommen und dich umbringen!«

Nehemia jedoch sagte:

»Sollte ein Mann wie ich fliehen? Und wie könnte ein Mann wie ich in den Tempel gehen und am Leben bleiben? Ich werde nicht hineingehen! Denn siehe, ich merkte wohl: nicht Gott hatte ihn gesandt, sondern er sprach diese Weissagung über mich, weil Tobija und Sanballat ihn angeworben hatten; und zwar war er zu dem Zweck angeworben worden, dass ich in Furcht geraten und dementsprechend handeln und mich versündigen sollte, damit sie meinen Namen verunglimpfen und mich verlästern könnten. Gedenke, mein Gott, dem Tobija und dem Sanballat nach diesen ihren Werken, auch der Prophetin Noadja und den anderen Propheten, die mir Furcht einjagen wollten!« (Neh. 6,11-14)

---

3 Engl. Für »O Nein!« (Anm. d. Übers.)

Wenn wir uns in einem niedrigen Selbstwertgefühl und in einer falschen Demut suhlen, sind wir machtlos, den Angriffen des Teufels zu widerstehen. Satan benutzt die »Lehre der Demut« um unsere Zuversicht zu kastrieren und das Volk Gottes zu lähmen. Diese falsche Lehre will uns glauben machen, unsere Zuversicht, wir würden »ein großes Werk für Gott« vollbringen, sei Arroganz. Dieses Glaubenssystem drückt sich in Aussagen aus wie: »Das bin nicht ich; das ist einfach nur Jesus.« Doch das stimmt nicht! Jesus hat uns aufgetragen, mit Ihm zusammenzuarbeiten. Er berief uns dazu, mit Ihm zu regieren.

Der Feind hat ebenfalls vieles von der prophetischen Bewegung mit diesen »Noadja«-Prophetien besudelt, die dazu bestimmt sind, uns einzuschüchtern. Diese »Propheten« rennen in der ganzen Welt herum und prophezeien ihre Botschaft vom Gericht, indem sie den Leib Christi zu verängstigten Kindern machen.

Satan fürchtet, die Gemeinde könnte ihre Zuversicht zurückgewinnen und damit beginnen, unsere ruinierten Städte wiederherzustellen. Er macht damit Überstunden, dass er uns eintrichtert, wie schwach die Gemeinde, wie dunkel der Tag und wie zornig unser Vater mit uns sei. Das alles aber ist nichts als ein Haufen Lügen!

Wie echte Demut aussieht

Ich versuche ganz und gar nicht, Stolz, Arroganz oder Frechheit zu fördern. Ich möchte lediglich definieren, was echte Demut ist. Niemand kann es bei Leuten aushalten, die an sich selbst kleben. Es ist krankmachend, sich in der Gegenwart einer Person zu befinden, die sich selbst im Mittelpunkt sieht oder die glaubt, alles selbst zustande zu bringen. Aber wenn wir schlecht von uns selbst denken, dann haben wir ebenfalls uns selbst zum Mittelpunkt der Aufmerksamkeit gemacht. Das ist Stück für Stück ebenso arrogant wie eine Person, die herumläuft und den Leuten sagt, wie viel besser sie sei als jedermann sonst. Demut bedeutet nicht, dass wir gering von uns denken, sondern dass wir weniger an uns denken.

Wahre Demut wird aus der Wahrnehmung von Gottes Größe heraus geboren; sie wächst in einem dankbaren Herzen und gelangt schließlich zur Reife in der Ehrfurcht vor Seiner leidenschaftlichen

Liebe zu uns. Gebet ist ein Akt der Demut, weil die Person, die betet, anerkennt, dass sie die Hilfe des Himmels und die Gemeinschaft mit dem Schöpfer dringend nötig hat. Gebetslosigkeit ist die höchste Form des Stolzes. Wahre Demut begreift, wie dringend nötig sie den Vater hat. Die Demut hat auch ein Auge dafür, das großartige Werk zu erkennen, das unser Gott im Leben anderer vollbracht hat. Wir demütigen uns, wenn wir anderen helfen, dass sie »ihren besten Tag im Sohn haben«, indem wir sie mit derselben Liebe lieben, die wir auch für uns selbst haben. Jemand sagte einmal: »Die Gnade Gottes demütigt einen Menschen, ohne ihn abzuwerten, und sie erhöht ihn, ohne ihn aufzublähen!« Wir wollen im nächsten Kapitel sehen, wie praktische Demut aussieht, wenn wir die zu ihr gehörende königliche Eigenschaft studieren: die Ehre.

Ehre – Die gelbe Backsteinstraße

Der Adel wächst auf dem Boden der Ehre

Es ist eine Familienangelegenheit

Die Familie meiner Mutter ist spanischer Abstammung und ich verbrachte viel Zeit bei ihnen, als ich aufwuchs. Ehre war ein wichtiger Bestandteil unserer Kultur. Mein Großvater und meine Großmutter waren die ältesten Mitglieder unserer Familie. Sie waren die am geachtetsten Leute in jeder Zusammenkunft, an der sie teilnahmen, und für sie waren stets die besten Plätze im Hause reserviert. Setzte sich eines der Kinder auf einen ihrer Plätze, blickte der Rest der Familie zu ihm hinüber, als wollten sie sagen: »Du kannst nicht so ungezogen sein.« Wir ließen zu, dass die älteren Leute zuerst bedient werden, und sorgten dafür, dass sie stets mit Respekt angesprochen wurden, ob wir mit ihnen einer Meinung waren oder nicht. Auch öffneten wir den Frauen stets die Tür und boten ihnen einen Sitz an. Ich erinnere mich nicht daran, dass mir je jemand gesagt hätte, ich sollte die Leute ehren, aber ich wurde in eine Kultur hineingeboren, die uns so prägte.

Ehre ist in unserer Nation eine verloren gegangene Tugend. Diese Tatsache wurde mir während einer Freizeit der »Schule des übernatürlichen Dienstes« unserer Bethel-Gemeinde bewusst. Es waren an diesem Wochenende ungefähr 120 Studenten anwesend. Einige der Studenten kamen spät am Abend an meinen Tisch und fingen an, Fragen zu stellen. Innerhalb weniger Minuten scharten sich etwa 30 Studenten um den Tisch herum, während ich »Kriegsgeschichten« erzählte. Alle versuchten, an dieser sehr lautstarken Diskussion teilzunehmen. Ein junger Mann saß gerade neben mir auf der Bank. Später im Verlauf des Gesprächs trat eine Frau mittleren Alters herzu. Da sie keinen Platz fand, stellte sie sich hinter mich, so dass sie dem Gespräch zuhören konnte. Ich sagte zu dem jungen Mann, der neben mir saß: »Steh doch bitte auf und lass Julie hier Platz nehmen!«

Er gab schnippisch zurück: »Ich war zuerst da!«

Ich sagte zu ihm: »Aber sie ist eine Frau; ich möchte, dass du ihr deinen Platz überlässt!« Die Spannung stieg einen Augenblick lang, aber schließlich stand er auf und überließ ihr seinen Platz.

Dieser junge Mann war einer unserer besten Studenten und besitzt ein großes Herz, doch wurde ihm beigebracht: »Wenn du einen guten Platz willst, dann musst du früh dort sein.« Er wuchs mit einer Wertvorstellung auf, die es für wichtiger erachtete, »sich um sich selbst zu kümmern«, als darum, andere zu ehren. Daran zu denken, jemand anderen zu ehren, zu bevorzugen und höher zu achten als sich selbst, war ihm noch nie in den Sinn gekommen. Er war daher noch wenig empfänglich für das, was ich ihm beibringen wollte.

Dieser junge Mann ist nicht der einzige. Die Ehre ist von unserer Kultur fast vollständig entfernt worden. Viele von euch, die dieses Buch lesen, werden wahrscheinlich auch ihre Mühe haben mit diesem Kapitel, und zwar aus demselben Grund, aus dem der junge Mann nicht bereit war, seinen Platz aufzugeben. Die ganze Vorstellung, dass es Leute gibt, die mehr Ehre verdienen als andere, scheint uns so unfair zu sein. Doch ist die Gesinnung des Königreiches vollständig anders als die unsere. Es ist schwierig, die Bibel zu lesen, ohne einer Kultur der Unterordnung ausgesetzt zu werden, die verschiedene Stufen von Ehre und Autorität kennt.

Ehre verbindet die Generationen

Die Ehre ist schon so lange abwesend in der Gesinnung der Gemeinde, dass wir oft Menschen verunehren, wenn wir ihnen dienen, ohne es überhaupt zu merken. Dies wurde mir vor einigen Jahren recht bewusst. Über einen Zeitraum von 12 Monaten hatten wir fünf verschiedene Gastredner, die in die Bethel-Gemeinde kamen und die Botschaft von »Die Erweckung kommt von der Jugend« verkündeten. Die ersten paar Male, als ich diese Botschaft hörte, wurde ich nachdenklich und mein Geist war betrübt, aber ich konnte nicht erkennen, was nicht stimmte. Als sich das Ende des Jahres näherte und ein fünfter Sprecher wieder dieselbe Botschaft brachte, wurde ich zornig und rannte weinend aus dem Saal. (Das ist nicht etwas, das ich Pastoren zu tun empfehle!) Ich ging nach Hause und lag schluchzend am Boden. Noch immer begriff ich nicht, was nicht stimmte, und ich begann, Gott zu fragen, was denn in mir vor sich ging.

Er sagte mir: »Erweckung kommt nicht von der Jugend, sondern von EINER Generation, *von alt bis jung.*« Er erinnerte mich an den Abschnitt in der Apostelgeschichte, in dem es heißt: »Und es wird geschehen in den letzten Tagen, spricht Gott, dass ich von meinem Geist ausgießen werde auf alles Fleisch, und eure Söhne und eure Töchter werden weissagen, und eure jungen Männer werden Gesichte sehen, und eure Ältesten werden in Träumen Visionen haben« (Apg. 2,17). Beachtet bitte, dass die Erweckung nicht ein bestimmtes Geschlecht, eine bestimmte Generation oder eine gesellschaftliche Klasse repräsentiert. Gott fuhr fort, mir zu offenbaren, dass jedes Mal, wenn die »Jugend«-Botschaft gepredigt wurde, die Leute im mittleren und fortgeschritteneren Alter dadurch ausgeschlossen wurden. Ihnen wurde ungewollt vermittelt, dass sie nicht mehr von Bedeutung seien und nicht mehr geschätzt würden. Gott sagte mir auch, der Teufel wisse, dass er die weltweite Erweckung nicht dadurch stoppen könne, indem er ihr widerstehe; darum hat er versucht, einen Fluch über die Erde zu bringen, indem er die Generationen voneinander trennte.

Der Prophet Maleachi sah dies vor langer Zeit kommen und prophezeite diesbezüglich. Über die letzten Tage sagte er folgendes:

»Siehe, ich sende euch den Propheten Elija, ehe der große und furchtbare Tag des Herrn kommt; und er wird das Herz der Väter den Kindern und das Herz der Kinder wieder ihren Vätern zuwenden, damit ich bei meinem Kommen das Land nicht mit dem Bann schlagen muss!« (Mal. 3,23-24)

Dieser Abschnitt macht deutlich, dass, wenn die Generationen einander die Hände reichen, der Fluch über unserem Land gebrochen werden wird. Gott fuhr fort, mir zu erklären, dass der Fürst der Finsternis die moderne Denkweise dahingehend beeinflusst hat, das junge Volk auf eine Weise über die älteren Leute zu stellen, welche die älteren Menschen verunehrt. Der Herr zeigte mir, dass die Bibel absichtlich den älteren Menschen mehr Ehre und Respekt entgegenbringt, dass unsere Kultur sie jedoch entmachtet. Ich begann zu verstehen, dass der falsche Geist viele Prediger beeinflusste, und dass sie dadurch dem Bösen direkt in die Hände spielten.

Dieser Punkt wurde durch eine Vision, die ich hatte, noch vertieft. In dieser Vision sah ich zwei junge Mädchen bei verschiedenen Gelegenheiten in der Gegenwart ihres Vaters stehen. Jedes Mal, wenn der Vater die Mädchen beisammen sah, sagte er der einen Tochter, wie schön sie sei, zum anderen Mädchen sagte er jedoch nie etwas. So wurde die andere Tochter durch den Mangel an Zuneigung ihres Vaters zerstört. Ich fing an zu verstehen, warum ich so viel Kummer darüber empfand, dass fünf Mal in unserem Haus die Jugend geehrt wurde, während auch alle anderen Generationen anwesend waren. Mir ging auch auf, wie zerstörerisch Ehre wirken kann, wenn sie missbraucht wird.

Ehre bringt in anderen den Wert zum Ausdruck

Ehre ist eines der größten Attribute des Adels in der ganzen Bibel. Wenn das Königreich in uns gegenwärtig ist, dann geht auf ganz natürliche Weise ein ehrbares Verhalten von uns aus. Wir erweisen allen Menschen nicht bloß deshalb Ehre, weil sie es verdienen, sondern weil wir ehrbare Bürger des Königs sind. Wenn wir uns in unserer königlichen Berufung bewegen, wird unser Verhalten nicht durch unsere zeitweilige Umgebung bestimmt, sondern durch die ewige Umgebung, die sich in unserem Inneren befindet.

Wann immer wir Menschen ehrbar behandeln, selbst wenn sie sich weigern, uns Ehre zu erweisen, zeigen wir damit auf, dass wir einen Standard in uns tragen, der von den Leuten um uns herum nicht beeinflusst wird. Wir ehren die Leute nicht nur, weil sie ehrwürdig sind, sondern wir ehren die Menschen, *weil wir ehrbar sind*. Für einen Christen ist Ehre ein Zustand des Herzens, nicht bloß das Ergebnis einer guten Umgebung. Ehre bedeutet nicht, dass wir mit den Leuten übereinstimmen, die wir ehren; es bedeutet lediglich, dass wir sie als Leute ehren, die im Bild und im Gleichnis Gottes erschaffen worden sind.

Wir sollten sogar mit dem Feind auf ehrbare Weise kämpfen! Wir können dieses Prinzip im Judasbrief nachlesen:

»*Der Erzengel Michael dagegen, als er mit dem Teufel Streit hatte und über den Leib Mose verhandelte, wagte kein lästerndes Urteil zu fällen, sondern sprach: Der Herr strafe dich! Diese aber lästern alles, was sie nicht verstehen; was sie aber von Natur wie die unvernünftigen Tiere wissen, darin verderben sie sich.*« (Jud. 8-10)

Wenn irgendjemand Unehre verdient, dann ist das der Teufel. Doch Michael behandelte seinen Erzfeind nicht mit Geringschätzung, als er mit ihm stritt. Dieses Prinzip stellt ein Modell dar, wie wir unsere Feinde behandeln sollen, ob es sich nun um physische oder geistliche Feinde handelt.

Der Krieg im Irak liefert uns ein großes Beispiel für diese Tatsache. Als wir feststellten, dass verschiedene irakische Gefangene im Irak misshandelt worden waren, während sie sich in amerikanischer Kriegsgefangenschaft befanden, war unser Land schockiert. Als Amerikaner konnten wir dieses abscheuliche Verhalten nicht tolerieren. Wenn dieselben irakischen Terroristen im Kampf getötet worden wären, wären die Bürger der Vereinigten Staaten weit weniger entsetzt gewesen. Wir wissen auch, dass, wenn sie unsere Soldaten gefangen nehmen, sie sie misshandeln und enthaupten. Warum ist es denn dann unsererseits falsch, sie zu foltern? Die Antwort ist einfach: Wir wollen mit unseren Feinden ehrbar umgehen, nicht weil sie es verdienen, sondern weil es sich für uns so gehört. Das ist es, was es bedeutet, ehrbar zu sein.

Versagen bezüglich der Ehre in der Leiterschaft

2. Mose 20,12 sagt: »Ehre deinen Vater und deine Mutter, damit deine Tage verlängert werden in dem Land, das der Herr, dein Gott, dir gibt.« Es ist wichtig, die Beziehung zwischen Leben und Ehre zu bemerken. Ehre schafft eine Straße, auf der das Leben auf seine Reise geht, und sie ist eine Schlüsseltugend, um eine königliche

Kultur zu schaffen und zu erhalten. Wenn wir andere ehren, anerkennen wir deren Autorität und unterstellen uns ihrer Position. Ehre ist Demut in Aktion. Sie hat Augen, um im Unsichtbaren zu sehen und um die Natur einer Person gemäß den Werten des Königreiches zu erkennen und zu schätzen.

Ehre ist der Eckstein einer bevollmächtigenden Kultur, der die Notwendigkeit für Kontrolle eliminiert. Ehre schafft Ordnung durch Würde statt durch Furcht vor Strafe. Ordnung, wenn sie durch Ehre gefördert wird, führt zu Vollmacht; Ordnung, durch Angst erzwungen, führt zu Kontrolle. Würden wir die negativen Konsequenzen aus einer Umgebung ziehen, in der die Leute in ihren Herzen kein Ehrgefühl für andere empfinden, würden sich mit Gewissheit Unordnung und Chaos daraus entwickeln. Entweder gehorchen Menschen ihren Leitern aus Angst vor dem, was geschehen könnte, wenn sie nicht gehorchen würden, oder aber sie tun, was von ihnen verlangt wird, weil sie ein Ehrgefühl in ihrem Herzen haben und diejenigen respektieren, die Autorität über sie haben.

Wenn die Ehre abbröckelt, findet der Tod eine offene Tür. Die langsame Zerstörung der Ehre in unserer Kultur hat in unserem Land nicht nur dazu geführt, dass die Leiter nicht mehr respektiert werden, sondern es hat auch die Art verändert, wie die Gemeinde geleitet wird.

In den letzten 50 Jahren hat Amerika ein grundlegendes Erdbeben erlebt, das die Leiterschaft unseres Landes radikal verändert hat. Dieser kulturelle Paradigmenwechsel hat weitreichende Folgen, die von der amerikanischen Durchschnittsfamilie bis ins Weiße Haus und von der Geschäftswelt bis in den Leib Christi hineinreichen. Während der letzten fünf Jahrzehnte haben wir entdeckt, dass diejenigen, denen wir am meisten vertraut haben, uns belogen, betrogen und bestohlen haben, indem sie oft ein Leben unvorstellbarer Unmoral führten. Gleichzeitig ist auch die Moral unserer Familien ausgehöhlt worden. Das hat dazu geführt, dass die gegenwärtige Generation die vaterloseste Generation der ganzen Weltgeschichte ist. Diese Dinge haben sich zu einer kulturellen Einstellung der Respektlosigkeit gegenüber Autorität summiert.

Die Struktur verändern

Als Reaktion auf das gebrochene Vertrauen, was durch jene verursacht wurde, die ihre Autorität missbrauchten, haben viele Gemeinden die Struktur ihrer Verwaltung geändert, statt mit den Herzen ihrer Leiter zu rechnen. Die meisten Gemeinden haben in den letzten Jahrzehnten von einer Leitung an einem viereckigen Tisch zu einer Leitung am runden Tisch gewechselt. Der viereckige Tisch ist ein Sinnbild für eine Leiterschaftsstruktur, die Stufen der Ehre kennt, während ein runder Tisch eine Struktur umschreibt, wo jedes Mitglied in Sachen Gemeindeleitung gleichviel zu sagen hat. In einer Formation der Leitung am runden Tisch ist die Herrschaft Gottes durch einen Gemeindevorstand ersetzt worden. Diese Vorstände betrachten alle als gleichgestellt und es gibt kaum eine Möglichkeit, wenn überhaupt, die Berufungen und Salbungen auszumachen, die auf ihren Leitern ruhen.

Ich sollte vielleicht klarstellen, dass ich nichts gegen Gemeindevorstände habe. Ich habe jedoch etwas gegen Leitungsstrukturen, die aus Angst vor Missbrauch der Leiterschaft handeln, und ihre älteren Leiter verunehren, indem sie Ehrenplätze beseitigen. Persönlich glaube ich, dass in Christus jedermann mit gleicher Stimme reden darf, aber nicht jede Stimme bei Abstimmungen dasselbe Gewicht haben sollte.

Bei der Struktur einer Leiterschaft um den runden Tisch liegt der hauptsächliche Nachdruck auf Gleichheit. Man versucht, mit den Problemen des Herzens fertig zu werden, indem man ihnen die Gelegenheit nimmt, sich zu offenbaren. Bloß die Strukturen zu verändern, geht jedoch nie bis an die Wurzeln der Dinge; es ist bloß eine andere Form von Kontrolle. Wie auch immer die Leiterschaftsstruktur sein mag, es wird Missbrauch geben. Wenn wir eine Struktur neu erschaffen, um Herzensangelegenheiten zu heilen, dann ist das Gegenmittel oft schlimmer als die Krankheit.

Im 1. Samuelbuch, Kapitel 8, änderten die Ältesten Israels die Regierungsstruktur, statt mit den Angelegenheiten des Herzens zu verfahren. Die Ältesten von Israel kannten die vorausgehende Geschichte, wie es Elis Söhnen erging, die beide bösartig waren. Eli war der Richter, der vor Samuel über Israel richtete. An diesem Punkt der Geschichte waren Eli und seine Söhne längst Vergangenheit, und Samuel, der Elis Platz als Richter eingenommen hatte, stand unmittelbar vor seinem Tod. So setzte Samuel seine beiden eigenen Söhne ein, damit sie über Israel richten sollten. Das Problem jedoch war, dass Samuels Söhne ebenfalls böse waren. Die Ältesten von Israel hatten eine Haltung des »das hatten wir schon mal, das ist geschehen, und so etwas ist dabei herausgekommen«. Sie wollten nicht, dass böse Leute über sie herrschten, und so verlangten sie, dass ein König an Stelle eines Richters über sie herrsche.

Oberflächlich gesehen, wenn man ihre Möglichkeiten in Betracht zog, schien es, als würden sie etwas Edles von Samuel erbitten. Gottes Antwort aber war verblüffend. Er sagt zu Samuel: »Höre auf die Stimme des Volkes in allem, was sie dir sagen! Denn nicht dich haben sie verworfen, sondern mich haben sie verworfen, dass ich nicht König über sie sein soll.« (1. Sam. 8,7) Wollte Gott damit sagen, es sei ihm gleich, dass Samuels Söhne böse seien und noch dazu die Erlaubnis hätten, weiter über Israel zu herrschen? Ich denke nicht. Gott war zornig, weil sie die Leiterschaftsstruktur ändern wollten, anstatt mit dem Zustand ihres Herzens zu verfahren. Samuels Söhne mussten für ihre Bosheit zur Rechenschaft gezogen werden. Samuel und die Ältesten hätten sie schon längst von der Leiterschaft entfernen sollen, statt einfach ihr ganzes Regierungssystem zu ändern, um dem Konflikt auszuweichen, den eine Konfrontation nach sich ziehen würde.

Die »Shepherding Bewegung« war in den 80er Jahren des 20. Jahrhunderts möglicherweise eines der dramatischsten Beispiele für missbrauchte Autorität in der Gemeinde. Die Ursache für den Missbrauch bestand darin, dass väterliche Prinzipien älteren Brüdern verliehen wurden. Erinnert ihr euch an die Haltung des älteren Bruders in der Geschichte vom verlorenen Sohn, von der wir an einer früheren Stelle in diesem Buch gesprochen haben? Der ältere Bruder sagte zu seinem Vater: »Für ihn hast du das gemästete Kalb geschlachtet und mir hast du nicht einmal eine Ziege gegönnt.«

Sein Vater antwortete: »Ja, für ihn habe ich das gemästete Kalb geschlachtet, dir jedoch gehört ja der ganze Hof!« (Lk. 15,11-32)

So viele Leiter in der Gemeinde von heute verhalten sich eher wie der ältere Bruder als der Vater in der Geschichte vom verlorenen Sohn. Sie glauben Lügen über sich selbst, über ihren Vater und ihre Brüder, und so konkurrieren sie genau mit den Leuten, die sie eigentlich anleiten sollten. Da sie noch immer arme »Bettler« sind, schafft ihre Unsicherheit ein verzweifeltes Bedürfnis danach, ihrer Macht über ihren Söhnen Nachdruck zu verschaffen, anstatt diese mündig zu machen und zu bevollmächtigen.

Wahre Väter ehren ihre Söhne und haben den Wunsch, zu erleben, wie ihre Söhne Erfolg haben und über sie selbst hinauswachsen. Die Einstellung des älteren Bruders jedoch hat die Shepherding-Bewegung zerstört. Die Leiter der Bewegung lehrten väterliche Prinzipien, doch die Empfänger dieser Belehrung waren eifersüchtig und unsicher. Viele haben sich geweigert, zu erkennen, dass das Problem nicht in der Lehre lag, sondern in deren falscher Anwendung als Ergebnis ungelöster Herzensprobleme in den Leitern. (Natürlich gab es noch andere Probleme in dieser Shepherding-Bewegung, doch die meisten davon hatten ihre Wurzel in der Kontrolle.) Wiederum haben – wie die Ältesten Israels in den Tagen Samuels – viele einfach die Strukturen geändert, statt mit den Angelegenheiten des Herzens zu verfahren.

Das Herz ändern

Statt das System zu ändern, hat Jesus uns gelehrt, unsere Herzen zu ändern. Bei einem Mahl, als Seine Leute sich um die Ehrenplätze stritten, stellte Er ihre Herzen in einen starken Gegensatz zu einem Herzen der Ehre und Demut, das Gott widerspiegelt.

»Er sprach aber zu den Eingeladenen ein Gleichnis, als er bemerkte, wie sie die ersten Plätze wählten, und sagte zu ihnen: Wenn du von jemandem zur Hochzeit eingeladen wirst, so lege dich nicht auf den ersten Platz, damit nicht etwa ein Geehrterer als du von ihm eingeladen sei und der, welcher ihn und dich eingeladen hat, komme und zu dir spreche: Mach diesem Platz! Und dann wirst du anfangen, mit Schande den letzten Platz einzunehmen. Sondern wenn du eingeladen bist, so geh hin und lege dich auf den letzten Platz, damit, wenn der, welcher dich eingeladen hat, kommt, er zu dir spricht:

Freund, rücke höher hinauf! Dann wirst du Ehre haben vor allen, die mit dir zu Tisch liegen. Denn jeder, der sich selbst erhöht, wird erniedrigt werden, und wer sich selbst erniedrigt, wird erhöht werden.« (Lk. 13,7-11)

Als die Mutter der Söhne von Zebedäus zu Jesus kam und Ihn bat, ob ihre Söhne in Seinem Königreich nicht zu beiden Seiten von Ihm sitzen könnten, sagte Er, es sei nicht Seine Sache, die Ehrenplätze im Himmel zu verteilen, sondern »sie sind denen vorbehalten, die Mein Vater dafür vorgesehen hat« (Lk. 20,23). Die ganze Schrift hindurch sagt uns Gott, dass Er »den Hochmütigen widerstehe, den Demütigen aber Gnade schenke« (Jak. 4,6).

Ehre ist Demut in Aktion. Sie ist eine Sache des Herzens und erfordert eine ehrliche Einschätzung des Wertes anderer Menschen und auch eine Entscheidung, sich auf das zu konzentrieren, was über uns steht. Wie es ein Freund von mir ausgedrückt hat: »*Arroganz ist nicht, dass man zu viel von sich hält, sondern zu wenig von den anderen.*« Wenn wir die Gnade möchten, die Gott dem Demütigen schenkt, dann müssen wir die Weisheit Gottes in die Praxis umsetzen. »Wenn jemand der Erste sein will, soll er der Letzte von allen und aller Diener sein« (Mk. 9,35).

Dieses Prinzip ist im Königreich Gottes grundlegend. Gott ist ein Gott der Ehre, und der einzige Kontext, in dem Ehre funktioniert, ist derjenige, wo es Stufen der Ehre gibt. Dies erlaubt uns, andere höher zu achten als uns selbst, und indem wir dies tun, erlauben wir Gott, uns zu ehren. Weil Jesus möchte, dass wir Ehre bekommen, lehrt Er uns, wie wir uns demütigen und anderen Ehre erweisen sollen. Aus diesem Grund sagte Jesus, als die Mutter von Jakobus und Johannes Ihn um die Ehrenplätze bat, nicht: »O, im Himmel sitzt jeder in gleichem Abstand zu Mir«. Beim Mahl versuchte Er nicht, die Tatsache zu verdrängen, dass es am Tisch verschiedene Stufen der Ehre gibt.

Gott beschreibt Leute oft mit den Worten »der Geringste« und »der Größte«. Die Herrschaft des Himmels gleicht einem viereckigen Tisch. Bei dieser Struktur erkennen wir, dass es Leute gibt, die über andere gesetzt sind, und dass sie etwas haben, das wir brauchen. Genauso wie Elisa merkte, dass er Elias Mantel benötigte, so können wir viel von denen empfangen, die über uns hinausgekommen sind. Um von ihnen ein Erbe und eine Erteilung zu empfangen, benötigen wir Glauben und eine Erwartung, dass sie uns wirklich viel zu geben haben. Wir zeigen dies dadurch, dass wir sie ehren. Das Leben strömt in unsere Herzen, wenn wir sie ehren.

Gott hat Seine Struktur der Leiterschaft mit Stufen der Ehre angeordnet, weil, wie ich gesagt habe, die Ehre den Fluss des Lebens in Gottes Königreich erleichtert. Wenn wir einfach die Struktur ändern, gelingt es uns nicht nur, nicht die Fragen unseres Herzens zu klären, sondern wir hindern uns auch daran, den Zufluss des Lebens von einer geistlichen Leiterschaft zu empfangen. Die Prinzipien des Königreiches Gottes zu tadeln und sie preiszugeben, schadet uns bloß und hält Seine Segnungen von uns fern.

Später werden wir noch mehr über die Leiterschaftstruktur sagen, die Gott für Seinen Leib vorgesehen hat, doch der entscheidende Punkt ist der, dass sie auf Stufen der Ehre aufgebaut ist, die es dem Leben erlauben, dass es jedem Glied zufließt, und zwar in dem Maße, wie jede Person die Ehre verleiht und empfängt, wie es angemessen ist.

Eine königliche Kultur pflegen

Da die Ehre ein solch wichtiger Katalysator für das Leben ist, sollten wir eine Einstellung in uns und eine Kultur um uns herum pflegen, die sie fördert. Adel wächst auf dem Boden der Ehre. Uns gegenseitig ehren zu lernen, ist für unser Wachstum in Gott entscheidend.

Eine arme Frau lehrte uns über die extravagant-verschwenderische Manifestation der Ehre, als sie das Alabastergefäß zerbrach und das teure Parfüm über den Kopf von Jesus ausschüttete. Die Jünger waren entrüstet. Sie sagten: »Dieses Parfüm hätte teuer verkauft und (der Erlös) den Armen gegeben werden können.« (Mt. 26,9) Jesus erinnerte sie daran, dass sie die Armen ja jederzeit bei sich hätten, dass Er sie jedoch bald verlassen werde. Dann machte Jesus eine tiefgründige Bemerkung in Bezug auf diese Frau. Er sagte: »Wahrlich, ich sage euch: Wo dieses Evangelium gepredigt werden wird in der ganzen Welt, wird auch von dem geredet werden, was sie getan hat, zu ihrem Gedächtnis.« (Mt. 26,13)

Leute mit einer Armutsmentalität verstehen zu geben, wo eine Not vorliegt, doch denen etwas zu geben, die es gar nicht nötig haben, scheint ihnen die reinste Verschwendung zu sein. Jesus stellte klar, dass das Königtum ein völlig anderes Wertesystem kennt. Fürsten geben, um den Bedürftigen zu helfen *und um Menschen zu ehren.*

Dieses Prinzip der Ehre zeigt sich jedes Mal, wenn wir anbeten. Wir beten Gott nicht an, weil Er unsere Ermunterung oder irgend etwas anderes von uns braucht. Selbst wenn Er Lobpreis und Anbetung verdient, beten wir Ihn doch aus einem ehrfürchtigen Ehrgefühl heraus an und geben Ihm das Lob, das Er gar nicht braucht.

Genauso ist es, wenn Könige, Präsidenten und Premierminister einander Geschenke machen; sie werden sich bewusst davor hüten, Gaben zu schenken, die sie nötig haben. Geben, um irgendein Bedürfnis in einem anderen Leiter zu decken, würde in diesem einen verletzlichen Punkt freilegen, was ihn bloßstellen und praktisch beschämen würde. Mit anderen Worten: Wenn wir einem Leiter etwas geben, was er benötigt, sagen wir damit, dass wir in seinem Leben einen Mangel entdeckt haben. Wenn wir das Bedürfnis befriedigen, sagen wir damit im Grunde: »Wir haben etwas, das du nicht hast«. *Darum tauschen große Leiter oft Geschenke aus, die luxuriös sind, um damit einander ganz besonders zu ehren.*

Die Jünger hatten keine Sicht der Ehre in ihrem Herzen, und daher entstellte dies ihr Verständnis von Verantwortung. Sie betrachteten das, was die Frau für Jesus getan hatte, als eine Verschwendung. Jesus aber sagte, ihre überschwängliche Ehrerbietung würde sie berühmt machen. *Ehre verändert die Art, wie wir den König sehen und auch die Art, wie wir mit Seinen Söhnen und Töchtern umgehen.*

Evangelisation durch Ehre

Die Ehre ist auch ein machtvolles Werkzeug für die Evangelisation. Wir haben nur so viel Einfluss auf das Leben anderer, wie wir ihnen Wert beimessen. Wenn wir für andere in unserem Herzen

Ehrerbietung hegen, nimmt unser eigener Wert in ihren Augen zu, und wir erhalten eine Stellung des Einflusses auf ihr Leben. Natürlich ist es so, dass, wenn wir andere ehren, um Einfluss zu gewinnen, die Ehre dann aufhört, Ehre zu sein. Ehre muss zuerst in unserem Herzen sein, und sie muss frei und ohne Hintergedanken erteilt werden. Wenn wir Leuten ein Kompliment aussprechen, ohne Ehrerbietung für sie in unseren Herzen zu haben, empfinden sie unsere Komplimente wie banale Schmeicheleien. Amerikaner sind es gewohnt, dass ihnen bei Geschäften Honig um den Bart geschmiert wird von Leuten, die versuchen, sie zu manipulieren, damit sie ja etwas kaufen. Sie durchschauen ihre Unlauterkeit sehr klar. Doch wenn wir echte Ehrerbietung in unserem Herzen tragen, können die Leute das spüren und ihr Respekt uns gegenüber wächst.

Wenn wir richten und Gruppen mit Etiketten belegen, dann handeln wir uns gewöhnlich Schmach ein. Diskriminierung ist ein wichtiges Thema in unserer Gesellschaft. In diesem Sinne sind wir eine Kultur, die sich um Ehre und Respekt kümmert, aber weil wir uns mehr darauf konzentriert haben, Respekt zu bekommen als selbst zu geben, konnte die Ehre sich nicht fest etablieren. Ehrerbietung enthält die Fähigkeit, die individuellen Charakteristika der Menschen zu erkennen und die Fähigkeit ihrer freien Wahl zu respektieren. Ermächtigung bedeutet, den Leuten das zu geben, was sie nötig haben, um eine gesunde Entscheidung zu treffen.

Leider hat sich die Gemeinde darin schuldig gemacht, dass sie alles beurteilt und mit Etiketten versieht, was den Herrn nicht kennt. Die Folge ist, dass das einzige, was wir an Leuten sehen, die Tatsache ist, dass sie Gott nicht kennen. Wir springen dann da rein und sprechen diese Not mit unserem »Evangeliums-Paket« an, doch stoßen wir die Leute damit nur ab, weil sie das Gefühl haben, wir würden sie bloß als Leidende betrachten und ihren individuellen Wert völlig übersehen. Wenn sie erst einmal glauben, dass wir sie als Menschen nicht wirklich schätzen, dann glauben sie auf keinen Fall, dass wir sie lieben, und sie werden sich unserem Angebot gegenüber misstrauisch verhalten. *Viele Evangelisten haben die Glaubwürdigkeit der Gemeinde zerstört, weil sie darin versagt haben, Ehre zu erweisen, was uns im Gegenzug einzig das Recht gibt, jemanden wirklich anzusprechen.*

Worauf ich hinaus will, ist dies: Wir haben unsere Propagandaschilder bei Demonstrationen herumgetragen, haben an den Straßenecken jeder größeren Stadt in Amerika Drohbotschaften voller Höllenfeuer und Schwefel gepredigt, und haben im Namen Gottes bedeutende Gesellschaften boykottiert. *Wir haben ganz einfach die schlichte Wahrheit der Ehre ignoriert, die in den Tagen Josefs und Daniels ganze Königreiche transformiert hat.* Weil Daniel und Josef dem heidnischen König gegenüber, dem sie dienten, Ehre erwiesen, anerkannten sowohl der Pharao als auch Nebukadnezar schließlich die Hand Gottes auf ihrem Leben.

In unserer Bethel-Gemeinde haben wir darauf hingearbeitet, jedermann in unserer Stadt zu ehren, ungeachtet seiner religiösen Überzeugung. Ein Beispiel für unsere Bemühungen, Menschen zu ehren, ist die Art, wie wir der Indianergemeinschaft gezeigt haben, dass wir sie schätzen. Vor ein paar Jahren hatten wir einen Gottesdienst, zu dem wir die Leiter des örtlichen amerikanischen Eingeborenenstammes einluden, sie möchten doch in unsere Gemeinde kommen, damit wir für die Art und Weise Buße tun könnten, wie unsere Vorväter gegen ihr Volk gesündigt haben. Die meisten Leute in unserem örtlichen Stamm kennen den lebendigen Gott noch nicht, aber sie waren tief bewegt durch unsere ernsthafte Liebe für sie. Nach einer gewissen Zeit fing der Herr an, zu uns zu reden, wie wir Frucht aus unserer Buße hervorbringen können. Wir luden die Leiter des Stammes wieder in unsere Gemeinde ein und offerierten ihnen – um ihnen Ehre zu erweisen – ein monatliches Ehrenhonorar in Höhe von 500 Dollar. Wir schlossen einen Bund mit ihnen, dass wir ihnen dieses Geld weiter geben würden, solange wir Leiter der Bethel-Gemeinde blieben.

Der örtliche Stamm ist (seither) bei verschiedenen Gelegenheiten in unsere Gemeinde gekommen, um uns mit seinen Gaben zu beehren. Wir haben eine starke Beziehung zu ihnen entwickelt, und *Gott bewegt sich innerhalb ihres Stammes!* Wir sehen aus erster Hand, wie Gott bewirkt hat, dass Leben durch unsere Ehrerbietung fließt.

Leben fließt durch Ehrerbietung. Ich bete, dass wir ein Verständnis gewinnen, wie wir Gott und alle Menschen in dieser Welt ehren können, ungeachtet des Alters, des religiösen Hintergrundes oder ihrer Überzeugung.

Königswürde bedeutet sterben, um zusammen zu sein

Judas wollte Intimität ohne den Bund; das ist der Grund, warum er die Abendmahlsgemeinschaft verließ und danach Jesus mit einem Kuss verriet.

In eine Familie hineingeboren

Bei einigen mag das Wort »Königswürde« Bilder von einstigen Königen hervorrufen, die ihren endlosen Reichtum und ihre Macht dazu benutzten, um sich in ihren Harems voller Konkubinen zu vergnügen. Konkubinen oder Mätressen lebten mit dem König zusammen, ohne ein Bündnis eingegangen zu sein. Darum trugen ihre Kinder weder den Namen des Königs, noch bekamen diese irgendein Erbe.

Unser König hat keine Mätressen! Er ist ein gerechter und heiliger König, der Seinen Söhnen und Töchtern beibringt, dass Leidenschaft nur innerhalb der Grenzen der Reinheit zum Ausdruck gebracht werden darf und dass Kinder die Frucht einer Bundesbeziehung sein sollen.

Leute, die in der Finsternis verloren sind, brauchen mehr als nur eine Begegnung mit der Macht Gottes, damit echte und bleibende Veränderungen in ihrem Leben stattfinden. Sie benötigen eine Beziehung zum Herrn und zu Seinem Volk. Die Macht Gottes befreit uns aus den Klauen des Feindes, zerstört die Krankheit der Sünde und versetzt uns als ein neugeborenes Kind Gottes in das Reich Seines geliebten Sohnes. Die Erfahrung der Wiedergeburt ist nur der Anfang eines Lebens als neue Schöpfung und dieses Leben braucht Ernährung und Pflege von der Familie Gottes, um heranwachsen zu können. Offensichtlich gilt dasselbe auch für die natürliche Geburt und deshalb hatte Gott schon ganz am Anfang der

Zeit beabsichtigt, dass die Kinder die Frucht einer liebevollen, leidenschaftlichen Beziehung zwischen Mann und Frau sein sollten.

Die Bibel sagt: »Adam erkannte Eva, seine Frau; und sie wurde schwanger und gebar Kain« (1. Mose 4,1). Das Wort »erkannte« bedeutet im Hebräischen nicht nur den Geschlechtsakt. Die Bibel setzt voraus, dass wir verstehen, dass Kain nicht durch eine unbefleckte Empfängnis zustande kam. Vielmehr ist das Wort »erkannte« das hebräische Wort »jada«. Und das bedeutet, eine tiefe und enge Beziehung zu jemandem haben. Gott sagt hier also, dass Adam eine tiefe, persönliche Beziehung zu Eva gehabt habe, und aus dieser Position der Intimität wurde Kain empfangen.

Gott baute den Blutbund in die Natur selbst ein. Jahrelang waren sich die Wissenschaftler im Unklaren darüber, welche Rolle das Jungfernhäutchen im Körper einer Frau spiele. Es schien keinen physikalischen Grund zu geben, dass es vorhanden sein sollte. Wenn es durchbrochen wird, heilt es nicht wie jeder andere Teil des Körpers. Eines Tages ging mir auf, dass Gott wollte, dass nur Kinder geboren werden sollten, die einer Bundesbeziehung zwischen einem Mann und einer Frau entstammten; deshalb sorgte er für das Blut, so dass der Bund geschlossen werden konnte, bevor die Kinder empfangen wurden.

In unserer Gesellschaft ist es üblich geworden, dass Kinder aus einem einmaligen nächtlichen Abenteuer oder einer kurz aufwallenden Leidenschaft hervorgehen. Noch schlimmer, einige Kinder sind sogar das Ergebnis einer Vergewaltigung. Eine Vergewaltigung geschieht dann, wenn eine Person einer anderen ihren Willen aufzwingt. Wir leben in einer Kultur, die Intimität ohne Verantwortung will, Vergnügen ohne Bündnis. Wir werden uns in Kürze die Frucht dieses Verlangens näher ansehen, doch möchte ich hervorheben, dass unwissentlich große Teile der Gemeinde von dieser Gesinnung beeinflusst worden sind. Woche für Woche sehen wir, wie Menschen nach vorne kommen, um Jesus anzunehmen. Doch wo befinden sie sich danach? Die meisten von ihnen werden, kaum haben sie unter Buße geweint, in einen Kampf ums Überleben gestürzt.

Nichts von dem spiegelt in irgend einer Weise Gottes Plan wieder, der für neue Gläubige nicht bloß vorsieht, dass sie beklatscht werden, wenn sie zur Bekehrung nach vorne kommen, sondern vielmehr, dass sie von einer Familie aufgenommen werden, die sie persönlich ernähren und anleiten wird. Die weltliche Kultur hat dazu beigetragen, in Teilen der Gemeinde eine seltsame Mentalität zu schaffen. Wir halten nichts von Leuten, die bloß aus einer »leidenschaftlichen Nacht« heraus geboren werden, nur um dieselben nach ihrer Bekehrung alleine stehen zu lassen mit einem Gebet, das sie nicht verstehen, und einer Bibel, die sie nicht lesen können.

Meine eigenen Bündnisse

Ich werde die Nacht nie vergessen, als Kathy und ich den Herrn annahmen. Ich war zu jenem Zeitpunkt 18, und Kathy 15 Jahre alt.

Ich hatte schon drei Jahre früher eine Begegnung, die mich auf eine Reise schickte, um Gott zu finden. Meine Mutter erkrankte sehr stark an einer Psoriasis, und ihr ganzer Körper war von einem Ausschlag überdeckt. Was die ganze Sache noch schlimmer machte, war der Umstand, dass fast ein Jahr lang ein Herumtreiber Tag und Nacht durch unsere Fenster blickte und uns terrorisierte. Eines Nachts warf ich sogar ein Geschoss nach ihm, als ich erwachte und feststellte, dass er durch mein Zimmerfenster hereinstieg.

Die Polizei war mehrere Male in der Woche in unserem Haus. Meine Mutter schlief auf der Couch mit einer Flinte neben sich. Oft wachte ich mitten in der Nacht auf und hörte meine Mutter schreien, während sie darum rang, es überhaupt noch auszuhalten. Das war alles sehr aufreibend für einen 15-jährigen Jungen, welcher der älteste von drei Kindern war. Wir wuchsen nicht in einem gläubigen Haus auf und deshalb wusste ich nicht recht, ob es überhaupt einen Gott gab. In einer Sommernacht, ungefähr um drei Uhr morgens, wurde der Druck für mich zu stark. Ich setzte mich auf, vor das Kopfende meines Bettes. Es war stockdunkel und ich konnte hören, wie meine Mutter im Wohnzimmer still vor sich hinweinte.

Ich rief in meiner Verzweiflung aus: »Wenn es einen Gott gibt, und wenn du meine Mutter heilst, will ich herausfinden, wer du bist, und ich werde dir für den Rest meines Lebens dienen!«

Eine hörbare Stimme antwortete: »Mein Name ist Jesus Christus, und du bekommst, wonach du verlangt hast.«

Am nächsten Morgen wachte meine Mutter vollständig geheilt auf. Ihre Psoriasis war weg! Nach wenigen Tagen erwischte die Polizei den Herumtreiber und das Leben begann sich zu verändern.

Ungefähr eine Woche verging und ich lag um Mitternacht in meinem Bett und dachte über diese erstaunlichen Ereignisse nach, als die Stimme aufs Neue sprach. Sie sagte: »Mein Name ist Jesus Christus. Du hast gesagt, wenn ich deine Mutter heile, würdest du mir dienen, und ich warte!«

Ich fing überall an, nach Gott zu suchen. Ich ging in verschiedene Kirchen und stand während des Gottesdienstes ganz hinten und wartete, um festzustellen, ob Gott da sei. Oft verließ ich enttäuscht das Gebäude, indem ich zu mir sagte: »Der Gott, der zu mir gesprochen hat, ist nicht hier.« Drei Jahre später schließlich wurden Kathy und ich in die Glaubensgemeinschaft eines Freundes eingeladen. Es war eine Hausgemeinschaft, vollgepackt mit jungen Leuten. Sie waren alle von Jesus begeistert. Wir traten ein und setzten uns ungefähr mit hundert anderen Jugendlichen auf den Boden. Die Anbetungszeit begann und jedermann fing an, leidenschaftlich, mit erhobenen Händen, zu singen. Als die Musik sich legte, erließ der Leiter eine Einladung an alle, die Christus annehmen wollten. Kathy und ich erhoben unsere Hände und sprachen ein Gebet, in welchem wir den Herrn baten, uns unsere Sünden zu vergeben und in unser Leben zu kommen.

Wir merkten es damals noch nicht, aber was als nächstes geschah, veränderte unser Leben für immer. Nachdem die Versammlung zu Ende war, trat der Leiter zu uns und stellte sich vor. Er erklärte, was es bedeutete, gerettet zu werden, dass wir neugeborene Babys im Königreich Gottes seien und dass wir es nötig hätten, von geistlichen Vätern betreut zu werden. Dann stellte er uns drei jungen Männern vor und fragte uns, welcher von ihnen für uns ein geistlicher Vater sein sollte. Ich merkte nicht, dass geistliche Vaterschaft in der Gemeinde nicht normal war, denn ich hatte in Sachen Gemeinde noch keine große Erfahrung. Wir pickten uns einen Mann namens Art Kipperman heraus, der etwa drei Jahre lang unser »Senior« war. Er und seine Frau Cathy wurden so zu unseren geistlichen Eltern. Es war großartig, jemanden zu haben, der unser Mentor war und der in unser Leben hineinsprechen würde. Von jenem Zeitpunkt an hatten wir eine gute Beziehung zu ihnen.

Ein paar Jahre später zogen wir zu den Trinity Alps ins nördliche Kalifornien. Dort lebten wir ungefähr ein Jahr lang ohne die Unterstützung eines geistlichen Vaters oder einer geistlichen Mutter, die mit uns zusammenlebten. Ich hatte Hunger danach, geistlich ernährt zu werden, und fühlte mich verloren. Deshalb rief ich zu Gott, er möge mir einen geistlichen Vater senden.

Zu jener Zeit arbeitete ich als Mechaniker in einer Reparaturwerkstatt. Eines Tages, während ich auf einem Rollbrett unter einem grünen Jeep lag, sprach der Herr zu mir und sagte: »Der Mann, dem dieser Jeep gehört, wird dein geistlicher Vater sein.« Ich hatte an jenem Tag ernstlich über die Leere in meinem Leben gebetet, aber den Mann, dem der Jeep gehörte, kannte ich nicht einmal.

Als der betreffende Kunde kam, um sein Fahrzeug abzuholen, nahm ich das Geld entgegen und erklärte ihm den Arbeitsablauf. Ich war sehr nervös. Er war ungefähr zwanzig Jahre älter als ich und schien sehr warmherzig und liebevoll zu sein. Ich begleitete ihn zu seinem Fahrzeug und versuchte noch immer, den Mut zusammenzunehmen, um ihm zu sagen, was Gott zu mir gesprochen hatte. Er stieg in den Jeep und rollte das Fenster hinunter, während ich sozusagen noch über meine Worte stolperte.

Schließlich brach es aus mir hervor: »Gott hat mir gesagt, der Mann, dem dieser Jeep gehört, würde mein geistlicher Vater werden!« (Ich musste gegen die Tränen ankämpfen.) Er stellte den Motor wieder ab und öffnete die Tür seines Wagens. Er stand auf, schlang seine Arme um mich und sagte: »Es wäre für mich eine Ehre, dein geistlicher Vater zu sein.« Der Name dieses Mannes ist Bill Derryberry, und er wurde mehr als zwanzig Jahre lang mein Mentor. Seine Liebe und Disziplin haben mein Leben verändert und ich stehe für immer in seiner Schuld.

Die Liebe, die Bill und ich füreinander haben, hat dazu geführt, dass viele Leute ins Königreich Gottes hineingeboren wurden, durch Bills Ermutigung in meinem eigenen Leben und die ansteckende Natur der Liebe, wenn diese durch jemanden zum Ausdruck gebracht wird. Auf dieselbe Weise ist es Gottes Wunsch, dass Braut und Bräutigam in einer solchen leidenschaftlichen Liebe zueinander stehen und Kinder das natürliche Ergebnis davon sind. Schon allein die Gegenwart unserer Kinder erinnert uns an die Bundesliebe, die wir miteinander teilen. Wenn Kinder in Liebe statt in ichbezogener Wollust empfangen werden, ist es das natürliche Ergebnis, dass Kinder und deren Eltern eine unverbrüchliche, unveränderliche und ewige Bindung haben. Die Herzen ihrer Kinder werden so zu Tafeln, auf die Männer und Frauen ihre Liebesbriefe aneinander schreiben. Das Ergebnis dieser Art von Beziehung ist, dass sich die Kinder sicher fühlen, dass sie wohlgeraten und ein gesundes Selbstwertgefühl besitzen, weil ihre Eltern sie schätzen.

Wenn die Gemeinde Jesu zu einer Familie statt zu einem Harem wird, dann kommen die Leute nicht einfach in die Gemeinde, nein, sie werden zur Gemeinde. Sie ist dann nicht mehr der Ort, zu dem sie hingehen, sondern ein Stamm, in dem sie leben, ein Volk, für das sie verantwortlich sind, und eine Familie, die sich in guten und schlechten Zeiten, bei Krankheit und Gesundheit gegenseitig nährt, bis der Tod sie scheidet. Sie werden die Gemeinde nicht wechseln, nur weil der Gottesdienst nicht so toll ist wie in Joes Superkirche die Straße weiter unten. Sie werden sich einer Familie verpflichtet wissen, wo sie die Stimme ihres Hirten hören in den Menschen, die sie anführen.

Ein Bund bedeutet auch, dass Menschen zu einer Gemeinschaft gehören, um Mittragende zu sein und nicht bloß Konsumenten. Ein Bund nimmt Leitern den Druck, zu funktionieren, weil ihre Herde nicht gekommen ist, um sich unterhalten zu lassen, sondern um zum Dienst angeleitet zu werden.

Die vaterlose Generation

Wir leben in der möglicherweise vaterlosesten Generation der Weltgeschichte. Das ist zum Teil deshalb so, weil die Leute eher für bloßes Zusammenleben und Scheidung sind, als für verpflichtende Beziehungen (wie die der Ehe). Selbst Menschen, die in Amerika heiraten, geht es mehr darum, schnell zu Geld zu kommen, als eine Familie zu ernähren. Doch es besteht eine Verheißung aus viel früherer Zeit, die ein Prophet am besten in seiner Zukunftsvision artikuliert:

»*Siehe, ich sende euch Elia, den Propheten, ehe der Tag des Herrn kommt, der große und furchtbare. Und er wird das Herz der Väter zu den Kindern und das Herz der Kinder zu ihren Vätern wenden, damit ich nicht komme und das Land mit dem Bann schlage.*« (Mal. 3,23.24)

Vor über 2000 Jahren wusste der Prophet Maleachi von der Bedeutung, dass in den letzten Tagen Väter und Söhne wieder vereinigt werden sollen. Er erkannte die Wiederherstellung der Bundesbeziehungen als die Kraft, die den Fluch über unserem Land brechen wird. Diese Erweckung der letzten Tage wird man sowohl in der natürlichen als auch in der geistlichen Familie antreffen.

Flüche sind die machtvollen und schmerzlichen Kosten für die Abwesenheit und die Zerbrochenheit von Bündnissen. Ich kenne dies aus erster Hand, wie ich es im ersten Kapitel berichtet habe. Nach dem Tod meines Vaters gebar meine Mutter meinen kleinen Bruder Kelly, den Sohn meines ersten Stiefvaters. Ihre Ehe fiel auseinander, als Kelly fünf Jahre alt war. Nach ihrer Scheidung meldete sich Kellys Vater einmal pro Monat betrunken an, um seine Besuchsrechte einzufordern.

Er sagte etwa: »Ich werde Kelly heute abend um fünf Uhr abholen.« Kelly war jedes Mal so begeistert, seinen Vater wiederzusehen, dass er schon früh am Morgen zu packen begann. Er nahm dann sein Köfferchen und setzte sich vor die Haustür, meistens eine oder zwei Stunden zu früh. Da saß er Stunde um Stunde, ob die heiße Sonne ihn verbrannte oder er im kalten Winter fror. Er wartete draußen – bis spät in die Nacht.

Schließlich ging ich dann hinaus und sagte: »Kelly, warum kommst du nicht herein? Dein Vater wird nicht mehr kommen.« Doch er sagte nur: »Mein Vater wird kommen. Ich weiß, dass er kommen wird.«

Gewöhnlich schlief er etwa um Mitternacht auf seinem kleinen Köfferchen ein. Ich hob ihn auf und brachte ihn zu Bett. Dieses

Muster wiederholte sich viele Jahre lang, was zu tiefen Wunden und zu einem gebrochenen Herzen führte. Aus schierer Not werden Kinder, die in einer solchen Umgebung überleben, unabhängig und rebellisch, weil sie gelernt haben, dass man Menschen nicht trauen kann, besonders denen nicht, die Autorität über sie haben.

Es gibt so viele Kellys in der Welt, welche entweder außerhalb des Bundes geboren wurden oder die die Erfahrung machen, dass ihre Eltern den Bund durch Scheidung brechen. Es gibt viele andere Kinder, die Mütter und Väter haben, welche die Elternschaft als ein Hobby betreiben oder als Nebenjob betrachten, weil sie dem »Erfolg« nachjagen. Wenn im Leben von Kindern liebevolle Beziehungen fehlen, steht auf ihren Herzen eine andere Botschaft geschrieben, und diese heißt nicht Liebe, sondern Ablehnung und Vernachlässigung. Diese Dinge ritzen sich durch rücksichtslose und einsame Nächte tief in ihre zarten, kleinen Herzen hinein.

Derselbe Zustand herrscht im Königreich vor. Wie mein kleiner Bruder, der seinen Vater vermisste, haben etliche Gemeinden Kindern zur Geburt verholfen und sie vaterlos zurückgelassen. Sie versuchten dann, allein zu überleben. Doch Jesus hat nie vorgesehen, dass wir Bekehrte machen, sondern Jünger. Das Wort »Jünger« bedeutet eigentlich »Schüler, Lernender«. Schon die Natur eines Jüngers erfordert, dass er jemanden benötigt, der ihn belehrt.

Was geschieht mit neuen Gläubigen, die keine Eltern haben? Die meisten gehen in die Welt zurück, aus der sie kamen. Später, wenn jemand versucht, sie für Christus zurückzugewinnen, ist dies beinahe aussichtslos. Sie denken: »Das habe ich schon einmal probiert, und es hat nicht funktioniert.« Tatsache ist, dass das, was sie erlebt haben, wenig mit dem Evangelium zu tun hat. Das Evangelium bedeutet »Gute Nachricht«. Ein großer Teil des »Guten«, das in dieser »Nachricht« steckt, besteht darin, dass wir dazu bestimmt sind, in eine Familie hineingeboren zu werden, die sich um uns kümmert, und nicht nur dazu, von fanatischen Leuten beeinflusst zu werden, denen es nur darum ging, Seelen zu gewinnen, anstatt geistliche Söhne und Töchter zu adoptieren.

Ähnlich wie eine Frau, die von einem Rendezvous schwanger wird, führen wir Menschen zu Christus, ohne eine Beziehung zu ihnen aufzubauen oder zu planen, ihnen als Eltern zu dienen. Das geschieht oft in unseren Gottesdiensten. Wir lassen die Musik die richtige Atmosphäre für eine geistliche »Romanze« schaffen. Der Prediger ist geübt in seinen werbenden Worten, weil er sie schon so oft zuvor gesprochen hat; die Leidenschaft wird größer und ein Kind wird empfangen. Manchmal gleicht es eher einer erzwungenen Vergewaltigung, da wir Leute ins Königreich »hineinerschrecken«, indem wir ihnen all die schlimmen Dinge aufzählen, die ihnen zustoßen werden, wenn sie nicht nach vorne gehen oder sogleich die Hand aufheben. Die Art, wie in vielen Kreisen die Evangelisation gelehrt wird, erinnert mich eher an eine Verkaufspraxis als an eine Geburtshilfestation. Diese Geschwister kümmern sich mehr darum, jemanden dazu zu bringen, ein Gebet zu sprechen, als darum, Vorbereitungen zu treffen, dass Kinder geboren werden. Wenn auf diese Weise Kinder empfangen werden, dann sind dies Bastarde (vgl. Hebr. 12,8). Sie wissen ja nicht einmal, wer ihr Vater ist. In unserem Rauschzustand sagten wir ihnen, wir würden sie lieben. Doch allzuoft zeigen wir ihnen das nie. Allzuoft geht ihnen niemand nach und kümmert sich um sie. Wir können nicht zulassen, dass diese Perversion des Evangeliums andauert. Wir müssen aufstehen und Väter und Mütter werden, die sich um sie kümmern. Die Kellys dieser Welt warten auf jemanden, der ein geistlicher Vater oder eine geistliche Mutter ist.

In den letzten hundert Jahren sind wir durch die Geburt der Pfingstbewegung Zeugen geworden vom Dienst des Heiligen Geistes in und durch die Gemeinde. In den späten 60er und 70er Jahren sahen wir, wie die Jesus-People-Bewegung die Hippiekultur vollkommen veränderte und viele unserer Städte transformierte. *Diese letzte Erweckung nun wird durch Propheten initiiert werden und den Dienst der geistlichen Vaterschaft betonen. Sie wird durch eine vollständige Reformation und Wiederherstellung der Vater- und Sohnschaft gekennzeichnet sein.* Indem sie die Familieneinheit revolutionieren wird, wird sie letztlich auch unsere Kultur transformieren.

Der wahre Bund

Die Vaterschaft beginnt mit der Heirat. Und die Heirat wird durch einen Bund vollzogen. Ein Bund besteht aus drei Aspekten. Zuerst bedeutet er eine Übereinkunft, die nur durch den Tod gebrochen werden kann. Zweitens ist die Natur eines Bundes derart, dass diejenigen, die ihn eingehen, sich selbst gegenüber sterben um ihres Bündnispartners willen. Und schließlich geben Leute, die ein Bündnis eingegangen sind, einander das Recht, ihre Entscheidungen zu beeinflussen. Mit anderen Worten: Der Fokus jedes Mitglieds des Bundes ist folgender: »Ich befinde mich in dieser Beziehung wegen dem, was ich in sie einbringen kann und nicht, was ich von ihr bekommen kann.«

In einer wilden Ehe heißt es: »Ich bin diese Beziehung eingegangen, weil ich etwas von dir bekommen kann. Darum halte ich diese Beziehung nur so lange aufrecht, wie es mir gefällt.« Leute, die zusammenleben, ohne verheiratet zu sein, entschuldigen sich oft dadurch, dass sie sagen, die Ehe sei ja bloß ein Stück Papier. Die Wahrheit an der Sache ist jedoch, dass der bewusste Verzicht auf eine feste Bindung im Partner die Angst auslöst, er könnte sie verlassen, was sie dann dazu treibt, alles zu tun, was in ihrer Macht steht, um ihrem Partner zu gefallen. In ihrer Ko-Abhängigkeit will das Paar keine Abmachung treffen, die für immer gilt, weil dies das Element der Unsicherheit beseitigen würde, das sie benötigen, um ihren Partner unter dem Druck zu halten, sich gut zu stellen.

Diejenigen, die bloß zusammenleben, finden es sehr schwierig, eine Entscheidung zu treffen, jemandem gegenüber für immer verpflichtet zu sein, weil sie praktisch keine Kontrolle darüber haben, wie jemand sie in der Zukunft behandeln wird. In einer Bundesbeziehung ist es leichter, eine lebenslange Verpflichtung einzugehen, weil »ich sie mit der Absicht eingehe, mich in die Beziehung einzubringen und weil ich die vollständige Kontrolle über mein Verhalten besitze«.

Gott ist ein Wesen, das Bündnisse eingeht. Er schloss mit dem Menschen einen Bund, der auf der Fähigkeit des Menschen beruhte, gerecht zu sein, indem er Regeln befolgte (der Alte Bund). Später wollte Gott den Bund ändern, den er mit dem Menschen geschlossen hatte, doch ein Bund wird erst durch den Tod beendet. Daher musste Gott als Jesus Christus sterben, damit er die Übereinkunft ändern konnte, wie Paulus dies im Römer- und Galaterbrief beschreibt.

Obwohl viele Christen in einer Gemeindekultur aufwuchsen, die einer wilden Ehe gleicht, wo die Menschen keinerlei Verpflichtungen eingingen, behielten die Leiter sie unter Kontrolle (oder sie versuchten, den Leuten zu gefallen), es gab keine echte Jüngerschaft. Doch die Wahrheit ist, dass wir in eine Bundesbeziehung mit Gott und Seinem Volk eintreten, wenn wir Christus annehmen. Die Wassertaufe ist die prophetische Handlung, die diesen Bund initiiert. Wenn wir in der Taufe im Wasser untertauchen, ist dies eine prophetische Erklärung, dass wir mit Christus in Seinem Tod begraben sind. Wenn wir aus dem Wasser hervorkommen, demonstrieren wir damit, dass unser jetziges Leben nun in Christus besteht, der uns aus den Toten auferweckt hat (vgl. Röm. 6,3-11). »Nicht mehr ich lebe, sondern Christus lebt in mir« (Gal. 2,20).

Einen Bund mit Gott eingehen und ihn einhalten ist das Kennzeichen eines echten Jüngers. Jesus hatte 12 Apostel. Mehrere Male sagte Er, einer von ihnen würde ihn verraten. Es stört mich ein bisschen, dass die elf anderen, die mit Ihm dreieinhalb Jahre lang zusammen lebten, schliefen, aßen und dienten, immer noch nicht merkten, dass Judas ein Verräter war. Judas musste imstande gewesen sein, wie jeder der anderen Jünger Kranke zu heilen und Dämonen auszutreiben, weil sonst sein Mangel an Kraft ein todsicheres Zeichen dafür gewesen wäre, dass er ein Verräter war. Dann, an jenem Abend des Passahfestes, sagte Jesus sinngemäß: »Lasst uns jetzt einen Bund schließen!« Er nahm das Brot und sagte: »Das ist mein Leib, der für euch gebrochen wird« (Lk. 22,19). Sobald Judas merkte, dass ein Bund erforderlich war, flog seine Deckung auf.

Judas war ein falscher Apostel. Er verriet Jesus mit einem Kuss, weil er Intimität ohne Bundesverpflichtung wollte (vgl. Lk. 22,47). Er hielt eine Beziehung zu Jesus aufrecht, weil er daraus gewinnen konnte. Als ihm dämmerte, dass Jesus von ihm verlangte, sich um Christi willen als Opfer hinzugeben, verkaufte er, was ihm an Kapital in Christus noch übrig geblieben war, für dreißig Silberdrachmen. Er wollte keine Beziehung eingehen, die ihn etwas kostete.

Die Natur von falschen Aposteln und falschen Leitern ist die, dass sie keine echten Väter sind. Sie leben mit dem Leib in einer »wilden Ehe« zusammen und versprechen sich Vorteile daraus. Die Kinder, die sie hervorbringen, sind Zufallsprodukte. Sie hatten nie die Absicht, für sie zu sorgen. Wenn sie dann bei ihrer eigenen Sünde ertappt werden, versuchen sie, eine eigene Erlösung zu bewirken (Judas z.B. erhängte sich), statt das anzunehmen, was Christus für sie getan hat.

Wie ich schon erwähnte, ist dieser Judas-Geist in unserer Kultur sehr vorherrschend. Er hat begonnen, die Gesinnung unseres Landes zu beherrschen und er drückt sich auf so viele verschiedene Arten aus, sowohl innerhalb als auch außerhalb der Gemeinde. Es ist so wichtig, dass wir uns als Prinzen und Prinzessinnen weigern, dem Geist unserer Tage zu erlauben, uns zu beeinflussen; stattdessen sollten wir im rechten Geist vorgehen.

Vor vielen Jahren überführte mich der Herr hinsichtlich der Haltung solch einer geistlich »wilden Ehe«, die ich gegenüber Bill Johnson hatte. Bill war über ein Vierteljahrhundert mein Senior-Leiter und Pastor. Er ist einer der erstaunlichsten Männer, die ich je kennengelernt habe, und ich empfinde einen tiefen Respekt für ihn. Eines Nachts offenbarte mir der Herr mein Herz gegenüber Bill. Obwohl ich ihm gut gedient und mein Bestes für ihn getan hatte, hatte ich nie die Absicht, für immer bei ihm zu bleiben. Ich wollte der (starke) Mann, der Boss, der Kerl Nummer 1 sein, und benutzte Bill, dahin zu gelangen. Der Herr sagte zu mir: »Du redest ständig von einem Bund, doch bist du nie einen mit deinem Senior-Vater eingegangen! Du dienst ihm, um davon zu profitieren und nicht zu seinem Wohl. Ich will, dass du dich hingibst, für den Rest deines Lebens ihm zu dienen.«

Wow! Ich war erledigt. Mir ging auf, wie wenig ich mich jemandem unterordnen wollte. All meine Vertrauens-Themen kamen an die Oberfläche. Glaubte ich wirklich, dass, wenn ich mein Leben hingeben würde, um Bill zu dienen, er die Beziehung erwidern würde? Und, was noch wichtiger war, vertraute ich wirklich, dass Jesus mir das Verlangen meines Herzens geben würde, während ich der Diener eines anderen Mannes war? Konnte ich mit Bill leben, wenn ich Anerkennung für Dinge bekam, die ich tat, weil die Leute sahen, dass es »Bills Gemeinde« war? Wollte ich wirklich mein ganzes Leben damit verbringen, im Schatten eines berühmten Mannes zu leben? Mein falsches Herz wurde demaskiert. Igitt, igitt, igitt!

Die Überzeugung wuchs von Tag zu Tag, bis ich es schließlich nicht mehr länger aushielt. Ich konnte nicht einfach eine Botschaft haben – ich musste die Botschaft *sein*. Ich musste in meinem Leben eine Veränderung vornehmen, aber es war ein Kampf.

Gerade auf dem Höhepunkt meiner Anspannung führten Bill und ich im kalifornischen Orangeville gemeinsam eine Männerfreizeit durch. Ich war hartnäckig, und was die Sache noch schlimmer machte: Wir fuhren den ganzen Weg miteinander im selben Wagen dorthin. Unterwegs redeten wir kaum miteinander, was für Bill eigentlich recht typisch ist (er ist sehr ruhig), doch für mich ein kleineres Wunder war. Ich fürchtete mich zu sprechen, weil ich mir nicht sicher war, was dann meinem Mund entfuhr. Schließlich hielt ich es nicht mehr länger aus. Bill war am Lenkrad, und ich blickte zu ihm hinüber und stieß hervor: »Ich gehe den Bund ein, für den Rest meines Lebens dir zu dienen. Eines der wichtigsten Ziele meines Lebens ist es, von diesem Tag an sicherzustellen, dass du all das vollbringen kannst, was Gott dir mit deinem Leben zu tun aufgetragen hat, und ich werde bei dir bleiben, bis ich sterbe.«

Ich glaubte, ich würde sterben, weil ich eine so tiefe Offenbarung von dem hatte, was ich soeben getan hatte, und ich bin ein Mensch, der sein Wort hält. Bill warf mir einen verstohlenen Blick zu und sagte: »Danke«. Ich denke, Bill glaubte, ich hätte etwas in Worte gefasst, das ich stets in meinem Herzen mit mir getragen hatte, weil ich ihm schon so lange gedient hatte. Aber das war nicht der Fall. Jene Worte haben mein Leben verändert. Ich bin seit damals zu einer ganz neuen Ebene in Gott gelangt. Mein Dienst explodierte förmlich und meine Finanzen haben sich mehr als verdoppelt. Tatsächlich ist dieses Buch das Ergebnis davon, dass Bill mich ermutigt und gefördert hat. Er rief sogar den Verleger an und leitete es in die Wege, dass sie mein Manuskript lasen.

Dieser Übergang vom Konkubinat einer »wilden Ehe« zum Bündnis muss stattfinden, damit die Gemeinde aufs Neue »die Familie Gottes« sein kann. Das Kennzeichen einer echten Königswürde ist die Fähigkeit, sein Leben im Bunde mit anderen hinzugeben, zugunsten des Königreiches Gottes. Wenn die Gemeinde wirklich eine Familie wird und Söhne und Töchter »in die Welt setzt«, indem sie den Bund zum Ausdruck bringt, den wir mit dem (himmlischen) Bräutigam eingegangen sind, werden die Fundamente unserer Städte erschüttert. Das wird einen dramatischen Gegensatz hervorrufen zwischen der Lust der Welt und der Liebe Gottes! Schließlich wird die Welt bekommen, wonach sie sich sehnt ... die übernatürliche, bedingungslose Liebe des Vaters, der uns als Söhne und Töchter liebt. Es ist langsam an der Zeit, dass wir ihnen das Wahre geben!

Die Erlasse des Königs verteidigen

Königliche Menschen haben ein machtvolles Empfinden für Gerechtigkeit in der Tiefe ihrer Seele, das sie zum Handeln drängt, wenn sie Ungerechtigkeit begegnen.

Helden der Gerechtigkeit

Wir haben gesehen, wie Gott uns zur Herrlichkeit berufen hat, und wie echte Demut und Ehre wesentliche Attribute dafür sind, diese Herrlichkeit angemessen zu repräsentieren. Demut und Ehre werden dadurch unterstützt, dass wir ein verständnisvolles Herz der Bundesliebe für Gott und füreinander aufrechterhalten. Bill Johnson sagt: »Ihr könnt sagen, was eine bestimmte Person liebt, anhand dessen, was sie hasst.« Gott liebt Seine Kinder. Er ist eifersüchtig um ihretwillen und Er hasst alles, was die Liebe verletzt. Er nennt das Ungerechtigkeit. Während wir in Seinem Herzen wachsen, füreinander und für die Welt, beginnen wir als Königskinder einen Hass auf die Ungerechtigkeit zu entwickeln und ein tief verwurzeltes Verlangen, sie beseitigt zu sehen.

Wir wollen das Bedürfnis nach Gerechtigkeit an ein paar Charakteren betrachten, die wir bereits vorher studiert haben. Wenn ihr euch erinnert: Mose wusste stets, dass er ein Hebräer war, obwohl er als Prinz im Haus des Pharaos aufwuchs. Er wurde in einer Umgebung aufgezogen, wo er den Kontrast zwischen seiner Situation und derjenigen seines Volkes stets vor Augen hatte. Eines Tages sah er, wie zwei seiner Brüder von einem Ägypter misshandelt wurden. Da schritt er zur Tat (vgl. 2. Mose 2,11-12). Was veranlasste Mose dazu, seine Brüder zu verteidigen? Warum machte er es sich nicht einfach im Palast gemütlich und schaute sich Filme an? Warum vermasseln sich Leute, die »es geschafft haben«, ihr bequemes Leben, indem sie sich für irgendeine arme Seele stark machen, der Unrecht geschieht?

Die meisten Menschen kennen den Unterschied zwischen richtig und falsch. Doch königliche Menschen haben ein machtvolles Empfinden für Gerechtigkeit in der Tiefe ihrer Seele, das sie zum Handeln drängt, wenn sie etwas sehen, das nicht in Ordnung ist. Auf dieselbe Weise, wie es Mose nicht ertragen konnte, nichts zu unternehmen, als er Zeuge wurde, wie sein Bruder misshandelt wurde, werden die Söhne und Töchter des Königs dazu gedrängt, Ungerechtigkeit richtig zu stellen, Böses zu vernichten, und dafür zu sorgen, dass die Gerechtigkeit in der Welt die Oberhand gewinnt.

Wir können in Apostelgeschichte 17 sehen, wie dieses Gerechtigkeitsgefühl königliche Menschen zum Handeln drängt, als der Apostel Paulus in Athen eintraf. Anfänglich war es seine Absicht, etwas auszuspannen und auf Silas und Timotheus zu warten, doch als er feststellte, dass die Stadt falsche Götter verehrte, wurde er innerlich erregt. In Vers 16 heißt es, sein Geist sei »herausgefordert worden, als er die Götzenbilder der Athener betrachtete«. Er fing an, auf dem Marktplatz zu lehren und gewann genügend Aufmerksamkeit, dass die Leute ihn aufforderten, auf dem Areopag zu predigen, wo alle führenden Lehrer und Philosophen jener Tage redeten. Sein Trachten nach Gerechtigkeit endete damit, dass es ihm eine Plattform einbrachte, von der aus er der ganzen Stadt etwas über Jesus sagen konnte.

Während Paulus durch das aufgewühlt wurde, was sich in Athen abspielte, war Gideon ein Mann, der durch das aufgewühlt wurde, was sich in Israel *nicht* abspielte! Bevor wir uns Gideon in Richter 6 vornehmen, möchte ich das historische Umfeld beschreiben. Die Midianiter, die Amalekiter und die Armeen des Ostens unterdrückten sein Land. Der Herr hatte bereits einen Propheten geschickt, um die Israeliten an ihre Geschichte mit dem Gott des Himmels zu erinnern, und wie Er sie aus der ägyptischen Bedrückung befreite, indem Er machtvolle Zeichen und Wunder wirkte.

Unglücklicherweise war für Israel bisher noch keine solche Befreiung eingetreten. Als Folge davon treffen wir Gideon dabei an, wie er sich in einer Weinkelter versteckte, wo er versuchte, die

Weizenernte vor dem Feind zu verbergen, der zur Erntezeit kam, um die Felder zu zerstören. Ein Engel des Herrn trat mit folgender großer Ankündigung zu ihm: »Der Herr ist mit dir, du tapferer Kriegsheld!« Gideons Reaktion war verblüffend. Er sagte: »O, mein Herr, wenn der Herr mit uns ist, warum ist uns denn das alles passiert? Und wo sind all Seine Wunder, von denen unsere Väter uns berichtet haben, indem sie sagten: ‚Brachte nicht der Herr uns aus Ägypten heraus?' Doch nun hat der Herr uns preisgegeben und uns in die Hände der Midianiter ausgeliefert.« (Ri. 6,13)

Gideon war es müde, sich in der Weinkelter zu verstecken und Weizen ausdreschen zu müssen. (Bist du es je müde und leid geworden?) Er hatte die Erinnerung des Propheten an all das gehört, was Israel Gott tun sah, und er wollte wissen, warum ein solch gewaltiger Graben bestand zwischen dem wunderhaften Wirken in der Vergangenheit und Israels äußerster Unfähigkeit, die gegenwärtigen Umstände zu ändern. Wie wir wollte auch er wissen, warum eine solche Diskrepanz bestand zwischen dem, was Gottes Wort sagt, was sein würde, und dem, was er tatsächlich erlebte. Eine königliche Gesinnung kann mit dieser Unstimmigkeit im Herzen nicht leben. Es gibt eine Leidenschaft, die in unserem Herzen verborgen liegt, die uns veranlasst, uns zu erheben und die Ungerechtigkeit unserer Tage zu konfrontieren. Dieselbe Leidenschaft kochte auch unter der Oberfläche von Gideons Seele und wartete bloß auf eine Gelegenheit und eine Ermutigung von Seiten des Herrn, um zu handeln.

Es ist großartig, sich im Palast zu tummeln und das Privileg zu genießen, ein Königskind zu sein, doch je mehr wir in unserer königlichen Identität wandeln, desto mehr stellen wir fest, dass sich in uns etwas aufbäumt, wenn wir mit Ungerechtigkeit konfrontiert werden. Für viele von uns ist das Bedürfnis nach Gerechtigkeit durch einen falschen Glauben lahmgelegt worden, den wir uns inmitten von ungeklärten Ungerechtigkeiten, die wir erlebten, zugelegt haben. Doch wenn wir Gottes Treue in unserem eigenen Leben begegnen, werden wir zum Handeln herausgefordert.

Wir sehen, wie Sauls königliche Identität hervortrat, als er im 1. Buch Samuel mit Ungerechtigkeit konfrontiert wurde. Saul war der gesalbte König von Israel, doch unmittelbar nach seiner Salbungszeremonie ging er, statt Israel anzuführen, zu dem zurück, was ihm vertraut war, und arbeitete wieder auf seinem Bauernhof. Schließlich war er in armen Verhältnissen aufgewachsen und nicht als Prinz. Er wusste nicht, wie man herrscht. Israel hatte noch nie einen König gehabt, und so gab es auch keine Vorbilder, die ihn in seiner neuen Stellung anleiten konnten. Es dauerte nicht lange, bis er von den Ältesten der Stadt Jabesch in Gilead hörte, die berichteten, wie man ihnen drohte, sie zu töten oder aber ihr rechtes Auge an die Ammoniter zu verlieren, wenn sie mit ihnen einen Friedensbund schlössen (1. Sam. 11,1-5). Was der Prophet Samuel im Leben von Saul begonnen hatte, indem er ihn zum König salbte, gelangte plötzlich zur Reife, als er auf Ungerechtigkeit stieß. Hier ist der biblische Bericht von dem, was geschah:

»*Und Nahasch, der Ammoniter, zog herauf und belagerte Jabesch in Gilead. Und alle Männer von Jabesch sagten zu Nahasch: Schließe einen Bund mit uns, so wollen wir dir dienstbar sein! Aber Nahasch, der Ammoniter, antwortete ihnen: Unter der Bedingung will ich einen Bund mit euch schließen, dass ich euch allen das rechte Auge aussteche und damit Schmach über ganz Israel bringe. Da sagten die Ältesten von Jabesch zu ihm: Lass uns sieben Tage Zeit, damit wir Boten in das ganze Gebiet Israels senden! Und wenn dann niemand da ist, der uns rettet, so wollen wir zu dir hinausgehen.*

Da kamen die Boten nach Gibea-Saul und sagten diese Worte vor den Ohren des Volkes. Und das ganze Volk erhob seine Stimme und weinte. Und siehe, da kam Saul vom Feld hinter den Rindern her. Und Saul fragte: Was ist mit dem Volk, dass sie weinen? Und sie berichteten ihm die Worte der Männer von Jabesch. Da geriet der Geist Gottes über Saul, als er diese Worte hörte, und sein Zorn entbrannte sehr. Und er nahm ein Gespann Rinder und zerstückelte sie und sandte davon durch Boten in das ganze Gebiet Israels und ließ sagen: Wer nicht hinter Saul und hinter Samuel auszieht, dessen Rindern wird es ebenso ergehen! Da fiel der Schrecken des Herrn auf das Volk, und sie zogen aus wie ein Mann.« (1. Sam. 11,1-7)

Viele im Leib Christi befinden sich im selben Zustand wie Saul, bevor er mit Ungerechtigkeit konfrontiert wurde. Wir wurden als Könige und Priester gesalbt, uns wurde aufgetragen, die Nationen zu Jüngern zu machen, und wir wurden mit der Weisheit, Kraft und Autorität von Gott Selbst ausgestattet. Und doch folgen wir irgendeinem dummen Ochsen rund um den Bauernhof, kehren zu unseren alten Gewohnheiten zurück und konzentrieren uns aufs Überleben, obwohl wir doch berufen wurden, Leute für das Königreich anzuleiten und zu beeinflussen.

Ungerechtigkeit hat jedoch eine Art, den königlichen Ruf in unserem Leben hervorzurufen. Wir können stets sagen, wie viel von unserer fürstlichen Identität sich wirklich in unserem Wandel ausdrückt, und zwar durch unsere Reaktion auf Ungerechtigkeit: Entweder wird unser Geist in uns provoziert, indem er uns zum Handeln antreibt, oder wir rennen davon und suchen uns eine Zuflucht.

Eine Gerechtigkeit der Wiederherstellung

Es ist für die königliche Familie (für uns) das Natürlichste von der Welt, sich um Gerechtigkeit zu bemühen. Der Psalmist schrieb: »Gerechtigkeit und Recht sind die Grundlagen seines Thrones« (Ps. 97,2b). Diejenigen, die mit Seinem Thron in ihrem Herzen leben, werden dazu bewegt, Gerechtigkeit und Recht in jede Situation hineinzubringen.

Unser älterer Bruder, Jesus, kam auf die Erde, um mit der Sünde zu verfahren, der Wurzel der Ungerechtigkeit, und zwar ein für alle Mal am Kreuz. Er lebte uns modellhaft vor, wie das Hervorbringen von Gerechtigkeit aussieht. Interessanterweise ging Er nicht umher und strafte die Leute wegen ihrer Sünden. Viele Leute glauben, Gerechtigkeit sehe so aus, dass Menschen die Strafe bekommen, die sie verdienen. Das ist jedoch nur eine Seite der Gerechtigkeit und es ist wichtig, zu erkennen, dass sich dieser Punkt bereits erledigt hat. Jesus selbst erfüllte die Forderung der Gerechtigkeit, indem Er die Strafe für unsere Sünden am Kreuz ertrug. Er nahm auf Sich, was wir verdienten, und durch Glauben haben wir nun Zugang zu dem Leben, das Er verdient hat.

Jesus beschrieb die Gerechtigkeit, die Er zu erfüllen kam, in Lukas 4,18-19:

»Der Geist des Herrn ist auf mir, weil er mich gesalbt hat, Armen gute Botschaft zu verkündigen; er hat mich gesandt, Gefangenen Freiheit auszurufen und Blinden, dass sie wieder sehen, Zerschlagene in Freiheit hinauszusenden, auszurufen ein angenehmes Jahr des Herrn.«

Die Gerechtigkeit Jesu ist eine Gerechtigkeit der Wiederherstellung. Sie gibt den Leuten das zurück, was ihnen die Sünde genommen hatte. Wenn die Bibel sagt: »Der Lohn der Sünde ist der Tod«, dann spricht sie nicht einfach davon, dass unser Körper aufhört zu funktionieren und in den Boden gelegt wird. Der Tod ist der geistliche Zustand, wenn man von Gott getrennt ist, und der Tod des Körpers ist das Ergebnis dieser Trennung. Die Bibel sagt uns, wir seien bereits tot in Sünde, schon wenn wir in diese Welt hineingeboren werden. Dieser Tod ist während unseres ganzen Lebens auf Erden in uns und um uns herum. Er beeinflusst nicht nur unser letztliches Ende, sondern unsere ganze Lebensqualität auf diesem Planeten.

Die Sünde verursacht für uns auf jedem Gebiet unseres Lebens alle möglichen Probleme. Sie beeinflusst unsere Gesundheit, unsere Beziehungen, unsere Finanzen, unser Denken und unsere Gefühle. Das Erstaunliche ist, dass der Tod Jesu es für uns nicht nur möglich machte, in den Himmel zu kommen, wenn wir sterben, sondern auch, mit allen Wohltaten einer wiederhergestellten Beziehung zu unserem Vater hier und jetzt zu leben. Er ermöglichte es, dass jede Auswirkung der Sünde in unserem Leben umgekehrt wird. Weil Er die Strafe für unsere Sünde auf sich nahm, müssen wir nicht mit Krankheit, Armut, zerbrochenen Beziehungen, emotionalem Schmerz oder gedanklichen Qualen leben. All das wurde durch das Blut Jesu zugedeckt und wirkungslos gemacht.

Wir sind Partner Gottes, um Gerechtigkeit auf die Erde zu bringen. Sie kehrt jede Auswirkung von Sünde und Tod im Leben von Menschen um, weil sie die Gerechtigkeit der Wiederherstellung ist. Wie Paulus stellen wir die Erkenntnis des einen wahren Gottes wieder her. Wie Gideon stellen wir die übernatürlichen Zeichen Gottes wieder her. Wir geben dem Körper, der Seele und dem Geist von Menschen die Gesundheit zurück. Wir stellen Beziehungen und Familien wieder her. Wir stellen den finanziellen Erfolg wieder her. Wir stellen die Moral in der Regierung wieder her. Wir stellen die Heiligkeit in der Kunst wieder her. Wir stellen das Land wieder her, und vieles mehr.

Noch immer haben wir nicht gesehen, dass alle Wirkungen der Sünde in der Welt um uns her umgekehrt wurden, weil man die Kraft des Kreuzes nur durch Glauben erreichen kann. Der Glaube sieht das vollendete Werk des Kreuzes in der Ewigkeit und kämpft dafür, es in der Geschichte freigesetzt zu sehen. Wir müssen darum kämpfen, weil es Widerstand gibt. Dieser Widerstand beruht auf der Tatsache, dass, wie 2. Kor. 4,3-4 sagt, »unser Evangelium ... denen verhüllt ist, die verloren gehen, deren Sinn der Gott dieser Welt geblendet hat, die nicht glauben, so dass das Licht des Evangeliums von der Herrlichkeit Christi, der das Bild Gottes ist, ihnen nicht aufleuchtet.« Wir haben einen Feind, der kommt, um zu stehlen, zu töten und zu zerstören. Er wirkt durch Verführung, und diejenigen, die seinen Lügen Glauben schenken, verleihen ihm und seinem Königreich der Finsternis die Macht, Sünde und Tod in ihrem Leben zu halten.

Die Wahrheit ist, dass Christus den Feind ein für alle Mal am Kreuz besiegt und entwaffnet hat (Kol. 2,15). Gott hat ihn als schuldig verurteilt und die Autorität, die er bei Adam missbraucht hat, auf Jesus Christus, den zweiten Menschen, übertragen. Unsere Aufgabe als »kleine Christusse« ist die eines Polizisten, der diesem Urteil in jeder Situation, in die wir geraten, Nachdruck verschafft. Gott schuf eine Welt, in der unsere Stimme zählt und wo unsere Zustimmung zu dem, was Er tut, notwendig ist, um Seine Kraft in die Welt hinein freizusetzen. Er tat dies, um unseren freien Willen nicht zu verletzen und um unsere Fähigkeit, Ihn von ganzem Herzen zu lieben, nicht zu beschädigen.

Jesus zeigte uns, was geschehen kann, wenn eine Person vollständig mit dem Willen des Vaters übereinstimmt. Sein Dienst bewirkte nicht, dass die ganze Welt in Seiner Lebenszeit evangelisiert oder gerettet wurde. Stattdessen rüstete Er eine kleine Gruppe von Jüngern aus, um Gerechtigkeit in jede Situation hineinzubringen, in der Er sich mit ihnen befand. Dann machte Er durch Seinen Tod diese Kraft für jeden zugänglich, der glauben würde. Er richtete es so ein, dass die Erkenntnis der Herrlichkeit des Herrn die Erde nur bedecken kann, wenn jeder Gläubige die Verantwortung überall, wo er ist, auf sich nimmt, um »Recht zu üben, Güte zu lieben und demütig zu wandeln mit seinem Gott« (Micha 6,8).

Jesaja 59-61 redet von der Gerechtigkeit, die Gott durch Christus auf die Erde gebracht hat, und von dem, was Er ebenso noch durch Seinen Leib auszubreiten gedenkt.

Wahre geistliche Kraft

Leider sehen viele in der Gemeinde, wenn sie die Welt betrachten, das Königreich des Feindes von einem defensiven Standpunkt aus. Viele von uns in der Gemeinde lassen sich durch die Goliaths unserer Tage einschüchtern: von den Riesen des Verbrechens, der Pornographie, der falschen Religion und anderer Übel, welche die Armeen des lebendigen Gottes verspotten. So versuchen wir einfach, durchzuhalten, bis uns die Entrückung einmal aus der Kriegszone herausholt. Unser Verlangen, etwas gegen die Ungerechtigkeit zu unternehmen, wird von unserer Angst begraben.

Einer der Gründe, weshalb viele Christen sich angesichts der Ungerechtigkeit ohnmächtig vorkommen, ist der, dass es ihnen an Schulung in ihrer Identität und Fähigkeit fehlt, den geistlichen Kampf zu führen. Aber auch der Weg, auf dem das Königreich Gottes errichtet wird, muss ebenfalls verstanden werden. Jesus sagte in Luk. 11,19 zu den Pharisäern: »Doch wenn ich die Dämonen mit dem Finger Gottes austreibe, dann ist das Reich Gottes in der Tat zu euch gekommen.« Wenn das Königreich Gottes kommt, tritt es stets an die Stelle des Königreichs der Finsternis.

Wie Epheser 6,12 uns ermahnt: »Denn wir kämpfen nicht gegen Fleisch und Blut, sondern gegen Fürstentümer und Gewalten, gegen die Herrscher der Finsternis dieses Zeitalters, gegen die geistlichen Mächte der Bosheit in himmlischen Regionen.« Dies bedeutet, dass, während unsere nationale Regierung der Ungerechtigkeit mittels Gerichtsverfahren auf den Leib rückt und einen physischen Krieg führt, sich die Gemeinde an die Wurzeln der Ungerechtigkeit im geistlichen Bereich heranmacht. Wenn wir die Dunkelheit unserer Städte und unserer Nation betrachten, verstehen wir, dass die Kriminellen bloß hinter Schloss und Riegel zu sperren die Gerechtigkeit noch nicht zufriedenstellt. Gerechtigkeit kommt erst dann, wenn das Königreich Gottes die geistlichen Mächte der Bosheit in den himmlischen Regionen vertreibt.

Die Welt wartet darauf, echte geistliche Kraft zu erleben, und solange die Gemeinde sich nicht erhebt, um die Macht des Königreiches zu demonstrieren, bleibt sie unter der Macht der Finsternis gefangen. Die Gemeinde muss zulassen, dass Gott uns für die Konfrontation mit dem Reich der Finsternis positioniert, wie Er dies tat, als Er Elia zu Isebel und Mose zu Pharao schickte. Beide Männer demonstrierten die Macht Gottes in Israel auf eine solche Weise, dass die Menschen gezwungen waren anzuerkennen, dass Jahwe der wahre Gott war, und dass Er diejenigen rechtfertigen wird, die Ihm die Treue halten.

Elia, gefolgt von seinem Diener Elisa, verwüstete die Mächte der Finsternis und richtete in den Königreichen des Bösen verheerende Schäden an. Als Gott anlässlich einer dramatischen Konfrontation auf dem Berg Karmel auf großartige Weise Feuer auf den Altar fallen ließ, überwältige er 850 falsche Propheten von Baal und Aschera. Keiner dieser Männer übte Toleranz gegenüber dem zerstörerischen Verhalten der bösen Könige, sondern man führte vielmehr viele der Gerechtigkeit zu. Sie weckten die Toten auf, heilten die Kranken, vernichteten falsche Propheten und erlebten, wie in ihrem ganzen Land Erweckung ausbrach. Sie wurden von vielen gefürchtet und von allen respektiert. Sie führten ihren Wandel in großer Reinheit und Gott war ihr Freund.

Es ist Zeit für den Leib Christi, sich zu erheben und sein Erbe zu empfangen! Wir müssen uns der Selbstzufriedenheit entledigen und die alten Grenzlinien der Heiligkeit und die Machterweise großer Kraft wiederherstellen. Wir können uns nicht mit anschaulichen Predigten, großartiger Musik und auf Suchende ausgerichteten Gottesdiensten abfinden. Wir sind dazu berufen worden, die Mächte der Finsternis zu vernichten und unsere ruinierten Städte wiederherzustellen.

Die Bosheit nimmt rund um uns herum weiter zu, schlägt Wurzeln im Leben derer, die wir lieben, und nagt am eigentlichen Fundament unseres Landes. Satanismus breitet sich aus wie ein Buschfeuer. Spiritistische Medien lachen der Gemeinde ins Gesicht, wenn sie die Macht der dunklen Seite demonstrieren. Ehebruch zerstört unsere Familien und Gewalt unsere Kinder. Krebs und andere gefürchtete Krankheiten nehmen so vielen das Leben. Und doch tönen noch immer die Worte unseres Herrn Jesus durch die Hallen der Geschichte: »Diese Zeichen werden denen folgen, die glauben«, und »ihr werdet noch größere (Werke) tun, denn ich gehe zum Vater« (Mk. 16,17-18; Joh. 14,12).

In den Tagen des Mose demonstrierte Gott Seine Macht gegenüber dem Pharao. Der Pharao ging zum Gegenangriff über, indem er seine Zauberer die Wunder Gottes nachäffen ließ. Dann aber vollbrachte der Gott des Himmels, der alle Macht besitzt, außerordentliche Wunder, sodass selbst die Zauberer sagen mussten: »Das muss Gott sein. Solche Wunder bringen wir nicht zustande« (2. Mose 8,19; paraphrasiert). Schließlich wurde der Pharao durch die Macht Gottes überwältigt und ließ das Volk ziehen.

Der Pharao ist ein sinnbildliches Beispiel für Satan, der gezwungen wird, seine dämonischen Festungen über unseren Städten loszulassen, wenn Gott Seine starke Gewalt durch Seine Gemeinde demonstriert. Wir befinden uns mitten in der größten Erweckung der Menschheitsgeschichte. Aber es bleibt eine Diskrepanz zwischen dem, was sein sollte, und dem, was sein wird. Diese Diskrepanz liegt an uns! Was werden wir sein? *Wir sind die Brücke zwischen der Weltgeschichte und Seiner Geschichte.* Wir sind die Söhne der Propheten! Die Kranken, die Dämonisierten, die Armen, die Blinden, die Lahmen und die Verlorenen warten alle darauf, zu sehen, was wir gelernt haben. Wir können es uns nicht leisten, sie zu enttäuschen!

Persönliche Bevollmächtigung

Einer der Wege, wie wir die Finsternis vertreiben und das Königreich Gottes an dessen Stelle setzen, ist der, dass jeder von uns als Sein Kind die Gaben anwendet, mit denen er ausgerüstet wurde. Wir sind uns nicht immer bewusst, dass diese Gaben nicht einfach

Werkzeuge sind, um den Leib Christi zu stärken, sondern ebenso Waffen, um einen Krieg zu führen. Im Dezember 1999 führte der Herr mich in eine Auseinandersetzung, die offenbar machte, wie die prophetische Gabe, die Er mir gab, die Kraft hatte, einen Kampf zu führen. Die äußerste Knechtschaft, in der die Welt lebt, wurde durch diese Erfahrung in mein Herz getrieben. Sie überzeugte mich, dass sie nur durch die pure Kraft Gottes erledigt wird, wenn sie so demonstriert wird, wie dies durch Mose und Elia geschah.

Ich wurde eingeladen, an einer staatlichen Universität über das Thema »Das Christentum und das Übernatürliche« zu sprechen. Ein Pastor aus jener Gegend, der eine Gemeinde in der Nähe des Universitätsgeländes betreute, hatte angefangen, an der Universität eine Klasse darin zu unterrichten, die Studenten der Kraft Gottes auszusetzen. Verschiedene Studenten unserer eigenen Schule für den geistlichen Dienst und einige Mitglieder unseres Stabes waren an jenem Tag auch dabei.

Die Luft war voller Erregung, als wir auf den Campus zuschritten. Auf dem Weg dahin beschrieb mir der Pastor die Klasse: »Es werden 21 Studenten in der Klasse sein. Zehn davon sind Christen, drei von ihnen befassen sich mit Zauberei und der Rest von ihnen gehört irgendwelchen Religionen an, deren Namen du möglicherweise nicht einmal aussprechen kannst.« Es war gut, dass ich bis zu diesem Augenblick nicht wusste, auf was ich mich da eingelassen hatte, denn hätte ich es gewusst, hätte ich wahrscheinlich gar nicht zugestimmt. Es war mir nicht klar, dass ich davor stand, zu einer Klasse voller intelligenter Collegestudenten zu sprechen, von denen einige sich mit Zauberei beschäftigten. Meine Erfahrung einer höheren Schulbildung bestand darin, den Fachunterricht zu besuchen und mit »Hammerologie« abzuschließen. Ich bin nie über die High School hinausgekommen. Furcht begann mein Herz zu erfüllen, als wir den Campus erreichten.

Als wir gerade durch die Hintertür eintraten, hörte ich den Herrn zu mir sagen: »Heute werde ich dick auftragen!« »Dick auftragen?«, dachte ich. »Steht denn das in der Bibel? Herr, bist das wirklich du?«, fragte ich. Bevor ich noch eine Antwort erhielt, wurde ich der Klasse vorgestellt.

Ich fing an, den Studenten aus meinem Leben zu erzählen, wie der Herr mich aus einem dreieinhalb Jahre andauernden Nervenzusammenbruch befreit hatte. Auch wenn ich während dieser drei Jahre ein Christ gewesen war, zitterte ich Tag für Tag so schlimm, dass ich kein Glas Wasser zu meinem Gesicht brachte, ohne dafür beide Hände zu benutzen. Nachts schwitzte ich so heftig, dass das Bett völlig durchnässt war. Kathy musste oft zwei oder drei Mal nachts aufstehen und die Leintücher wechseln. Das letzte Jahr meines Zusammenbruchs war die reinste Hölle. Dämonen suchten mich heim und quälten mich so sehr, dass ich schließlich dämonisch besetzt wurde. Doch schließlich befreite mich der Herr. Während ich meine Geschichte erzählte, hingen die Studenten an jedem meiner Worte.

Der Campusführer von Wicca, einer Form von Zauberei, saß auch in der Klasse. Plötzlich gab der Herr mir ein prophetisches Wort für ihn.

Ich fragte ihn: »Würden Sie bitte aufstehen?« Nur ungern und fast trotzig erhob er sich. Ich fuhr fort: »Der Herr zeigte mir, dass Sie zur Politik berufen sind. Gott hat Sie mit der Fähigkeit ausgerüstet, politische Dinge zu verstehen. Das war schon in Ihrem Herzen, seit Sie ein kleiner Junge waren. Kommen Sie nach vorne und lassen Sie mich für Sie beten.«

Er setzte sich wieder und sagte: »Das kommt nicht in Frage!« Mein Ängstlichkeitspegel nahm wieder zu, aber ich entschloss mich dazu, mich zusammenzunehmen und fortzufahren.

Ich redete noch etwas weiter und dann gab der Pastor mir ein Zeichen, abzuschließen. Als ich mich anschickte, die Klasse zu verlassen, drängten sich die Studenten um mich und fingen an, mir alle möglichen Fragen zu stellen.

Eine junge Dame aus dem hinteren Teil des Raumes sagte: »Ich sollte mit Ihnen reden.«

»Sind sie eine Christin?«, fragte ich.

»Nein«, sagte sie, »aber ich weiß, dass ich mit Ihnen reden sollte.« Sie drängelte sich durch die Menge an die Vorderseite des Raumes.

Ich sagte zu ihr: »Ihre Mutter war ein Medium, nicht wahr?«

»Ja«, antwortete sie.

Ich fuhr fort: »Nun glauben Sie, Sie seien auch ein Medium, aber im Grunde sind Sie berufen, eine Prophetin zu sein.«

»Das stimmt!«, rief sie aus.

»Ein böser Geist war beauftragt, Sie zu töten, seit Sie geboren sind, und tatsächlich starben Sie beinahe bei der Geburt«, fuhr ich fort.

Sie sah schockiert aus. »Ja!« rief sie aus. »Ja! Ja! Genauso war es! Ich starb beinahe bei der Geburt und es gibt einen Dämon, der versucht hat, mich zu töten, seit ich geboren bin. Erst kürzlich kam er nachts in mein Zimmer und versuchte, mich zu überrennen« (ich kann mir zwar nicht vorstellen, wie das ausgesehen hätte ...) »aber ich stellte mich auf mein Bett und sagte: ‚Das Blut Jesu macht mich frei!', und er verließ mich.«

Offensichtlich hatte die Klasse in eben dieser Woche die Kraft des Blutes Christi studiert. Aus irgendeinem Grund, obwohl sie keine Christin war, verließ sie der Dämon.

Der Pastor sah, dass eine andere Klasse versuchte, den Saal zu betreten, und so sagte er: »Kommt, wir müssen hier verschwinden.«

Ich sagte zu der Frau: »Möchten Sie von diesem bösen Geist ganz frei werden?«

»Ja«, antwortete sie. Während wir das Zimmer verließen, nahm ich ihre Hände in der Absicht, für sie zu beten.

Ich sagte: »Im Namen ...«, doch bevor ich noch »Jesus« herausbrachte, fiel sie zu Boden, direkt vor dem Eingang, mit einer hochgradigen dämonischen Manifestation, die wie ein starker epileptischer Anfall aussah! Ich war wie betäubt. Die Studenten standen sprachlos da.

Plötzlich hörte ich aufs Neue, wie die Stimme des Herrn zu mir sprach: »Ich trage heute dick auf!«

Der Pastor blickte mich an, als wollte er sagen: »So tu doch etwas!« Ich war in der Vergangenheit schon an vielen Befreiungen beteiligt (einschließlich meiner eigenen), aber ich war mir nicht sicher, was in diesem Fall das Richtige war.

Ich beugte mich nach vorne und sagte: »Verlass diese Frau augenblicklich im Namen Jesu!« Auf der Stelle war sie befreit. (Diese Universitätsdämonen sind pfiffiger als diejenigen, mit denen ich zuvor zu tun gehabt hatte.) Sie fing an, sich in einem tranceähnlichen Zustand auf dem Boden zu wälzen und lachte lauthals. Es war jene Art von Lachen, die dich ebenfalls zum Lachen bringt.

Der Pastor sagte: »Wir müssen sie von hier fortschaffen!« So trugen wir sie in den Gang. Die Leute blieben stehen und schauten zu, wie sie sich herumwälzte und lachte. Es war so laut im Gang, dass wir uns entschlossen, sie durch die Hintertür der Universität hinauszutragen. Sie fuhr fort, unkontrolliert zu lachen, während sie sich draußen auf dem Boden wälzte. Sie hatte keine Ahnung, wo sie sich befand. Noch mehr Leute versammelten sich. Ich wusste immer noch nicht, was ich tun sollte, aber ich beobachtete, dass viele Leute, bei denen es sich hauptsächlich um eine unerrettete Schar handelte, Manifestationen erlebten, wie etwa ein Zucken oder etwas, das wie ein elektrischer Strom durch ihren Körper fuhr. Ich hatte dies zuvor schon gesehen, wenn der Heilige Geist Menschen machtvoll anrührte, im Gemeindeumfeld, doch die meisten dieser Leute hier waren keine Christen und hier handelte es sich nicht um die Gemeinde!

Kurz danach zeigte ich auf einen jungen Mann in der Menge und fragte ihn: »Möchten Sie auch etwas davon?«

»Ja ... Nein ... Ich weiß nicht!«, sagte er.

»Nimm es!« sagte ich. Sogleich fiel er zu Boden, wälzte sich herum und lachte. Ich fing an, auf andere zu zeigen und dasselbe zu sagen. In wenigen Augenblicken lagen verschiedene Leute am Boden und lachten lauthals, während andere erstaunt zuschauten.

In etwa 45 Meter Entfernung standen ein junger Mann und eine Frau, Händchen haltend, und lehnten sich an die Mauer. Ich rief zu dem jungen Mann hinüber: »Sind Sie ein Christ?« Er blickte schockiert drein.

»Nein!«, sagte er, während er versuchte, sich in der Mauer zu verkriechen.

»Aber deine Freundin ist Christin«, sprach ich. »Sie hat auf Sie gewartet, dass Sie sich bekehren, damit sie Sie heiraten kann!« Sie fiel zu Boden, packte ihn an einem Bein, rufend und schreiend.

Als ich auf ihn zuschritt, sagte ich: »Ihre Eltern müssen Christen sein, denn ich sah, wie Ihr Vater sie hochhob und Sie dem Herrn weihte, als Sie geboren wurden.«

»Ja«, sagte er, »beide Eltern sind Christen. Ich bin der einzige von ihren fünf Kindern, der nicht errettet ist.« Nun stand ich direkt vor ihm. Seine Freundin packte unsere beiden Beine und fing an, laut für seine Errettung zu beten.

Ich fragte ihn: »Wie heißen Sie?«

Er sagte: »Ich heiße Joshua.«

»Joshua!«, sagte ich. »Joshua bedeutet Erretter! Beten Sie mit mir!«, fuhr ich fort. Er nahm an diesem Tag Jesus an.

Am folgenden Tag rannte der junge Mann, an den ich in der Klasse das Wort gerichtet hatte, er sei eigentlich ein Politiker, im Gang der Universität auf mich zu. Er sagte: »Erinnern Sie sich, was Sie gestern über das Politikersein zu mir gesagt haben?«

»Ja«, sagte ich.

»Nun, ich wurde so nervös, dass ich vergaß, dass ich ja politische Wissenschaft studierte. Ich wollte schon immer ein Politiker sein.«

Wow! Einer der Anführer der Zauberei gestand mir, dass der Gott des Himmels einen Plan für sein Leben hatte.

Falsche Manifestationen

Dies ist bloß eine der Geschichten, die ich erlebte, während ich meine Gabe anwandte, Ungerechtigkeit zu beseitigen. Überall in Amerika machte ich ähnliche Erfahrungen. Ich kann Menschen nicht verstehen, die glauben, die Amerikaner hätten keinen Hunger nach Gott. Wo immer ich hinkomme, treffe ich Leute, die ausgehungert sind und sich nach einer geistlichen Erweckung sehnen, und *wir haben die Fähigkeit, ihnen ein Evangelium der Kraft vorzustellen.*

Ich bin überzeugt, dass viele, die in Zauberei verstrickt sind, die »unbezahlten Rechnungen« der Gemeinde sind. *Eine große Zahl dieser Leute hat geistliche Realitäten erlebt und hat sich an die Gemeinde gewandt, um eine Erklärung für diese Dimension des Lebens zu bekommen, aber sie stießen nur auf eine kraftlose Religion.* Es ist traurig aber wahr, dass die meisten Menschen keine Ahnung haben, ob Gott Sich in der Gemeinde gezeigt hat oder nicht, weil so wenig vom modernen Christentum eine Intervention des Himmels ist. *Jesus hatte nie die Absicht, dass die Menschen an ein Evangelium glauben sollen, dem es an Kraft fehlt.* Darum sagte Er: »Wenn ich nicht die Werke meines Vaters tue, so glaubt mir nicht« (Joh. 10,37). Die Leute, die in der Gemeinde keine Kraft vorfinden, besuchen dann eine Séance oder eine okkulte Veranstaltung und finden dort die verfälschte Kraft des Feindes. Auch wenn es sich um die finstere Seite handelt, ist sie dennoch real, und die Leute wenden sich an sie. Wenn sie in der Gemeinde keine übernatürliche Kraft finden können, gehen sie traurigerweise dorthin, wo sie sie finden können. Sprüche 27,7 sagt: »Einer hungrigen Seele ist alles Bittere süß.«

In der Bethel-Gemeinde, wie in vielen anderen Gemeinden, die in dieser Stunde entstehen, sehen wir jede Woche in unseren Gottesdiensten Wunder der Heilung, der Errettung und Befreiung. Neulich war eine 20jährige Schülerin unserer »Schule für den Dienst« namens Lacey in einem unserer Buchläden am Ort. Sie beobachtete einen jungen Mann, der in schwarzer Kleidung an einem Tisch in ihrer Nähe saß. Er hatte lange schwarze Fingernägel und sah ziemlich gruselig aus. Um die Sache noch schlimmer zu machen, bewegte er, mit seinen Gedanken, eine Gabel auf dem Tisch. Lacey setzte sich ihm gegenüber hin und beobachtete ihn eine Weile. Dann fragte ihn diese süße, wunderschöne junge Dame: »Möchten Sie echte Kraft erleben?«

»Was wollen Sie damit sagen?«, erwiderte er.

»Kommen Sie mit mir in die Gemeinde«, sagte sie, »und ich werde Ihnen die Kraft Gottes zeigen.« Sie setzte ihn in ihren Mustang und fuhr ihn zur Gemeinde. Sie trafen etwas später ein und die Leute waren bereits mit Anbetung beschäftigt, als sie den Gottesdienstraum betraten. Lacey ging direkt nach vorne, wo ich saß und sagte zu mir in einem lauten Flüsterton: »Hallo, Papa, ich habe einen Zauberer in die Gemeinde gebracht. Er ist hinten und schwebt frei in der Luft. Ich sagte ihm, du würdest ihm die echte Kraft Gottes zeigen! Komm nach hinten und bete mit ihm!«

»Okay«, erwiderte ich, »ich werde in wenigen Minuten hinten sein.«

Ein paar Sekunden vergingen, da rannte ein weiteres Gemeindemitglied nach vorne und stieß hervor: »Da hinten ist ein Zauberer! Er schwebt frei in der Luft!«

»Ich weiß«, sagte ich. Noch einige Male mehr wurde mir von dem jungen Mann berichtet, und schließlich kam ich zu ihm nach hinten. Ich fragte ihn, ob ich für ihn beten könne. Obwohl er unwillig schien, erlaubte er es mir. Ich legte meine Hände auf seine Schultern und betete ein einfaches Gebet, indem ich den Heiligen Geist bat zu kommen und ihm zu zeigen, dass Gott eine Realität sei. Plötzlich glitt er der Mauer entlang nach unten und landete auf seinem Rücken. Ich trat zu ihm am Boden und umarmte ihn. Er war steif wie ein Brett. Vor meinem geistigen Auge fing der Herr an, mir sein Leben durch Bilder zu zeigen. Ich sah den Missbrauch durch seine Mutter und seinen Vater. Dann zeigte mir der Herr ganz bestimmte Ereignisse, die sich in seinem Leben zugetragen hatten. Er entspannte sich und weinte leise.

Er wurde in Zauberei verwickelt, um sich vor seinen Eltern, die ihn missbrauchten, zu schützen. Es war klar, dass der Herr einige seiner tiefsten Wunden behandelte. Lacey fuhr ihn in ihrem Mustang zurück und brachte ihn nach Hause, was, wie sich herausstellte, unter einer Brücke war. Auf dem Nachhauseweg sagte er zu ihr: »Ihr Typen habt ein Medium in eurer Gemeinde.«

»Nein«, antwortete Lacey, »das war die Kraft Gottes, von der ich dir erzählt habe.«

»Das ist abgefahren!«, sagte er. Jener junge Mann wird nie mehr derselbe sein nach all dem, was er in jener Nach erlebt hat.

Die Waffen unseres Kampfes

Die Menschen in den Begegnungen, von denen ich eben berichtet habe, erlebten die Vernichtung der Knechtschaft des Teufels in ihrem Leben und die überlegene Kraft des Königreiches Gottes wurde ihnen demonstriert. So sieht die Gerechtigkeit Gottes aus. Der Feind ist bereits gerichtet, für schuldig befunden und durch den Sieg des Kreuzes zu einer kraftlosen Existenz verurteilt. Wenn wir seinen Zugriff auf das Leben eines Einzelnen angehen, verschaffen wir lediglich der Entscheidung Nachdruck, die bereits im Himmel getroffen worden ist.

Beachte, dass, während dem Feind und seinem Königreich in diesen Begegnungen Gewalt angetan wurde, die Leute, die von ihm geplagt wurden, Freude, Friede und Heilung erlebten. Und ich betete und prophezeite bloß. Als Christen kämpfen wir unseren »Kampf«, indem wir Dinge tun, die gar nicht nach Kämpfen aussehen. Wir prophezeien Segen und sprechen Gottes Bestimmung über Menschen und Städte aus. Wir lieben Leute auf aufopfernde Weise und segnen sie, wenn sie uns verfluchen. Wir beten, dass der Himmel auf die Erde herabkommen möge.

Gott verwandelt selbst Lobpreis und Anbetung in Kampf. Der Psalmist beschreibt dies in Psalm 149,6-8:

»Lobeserhebungen Gottes seien in ihrer Kehle und ein zweischneidiges Schwert in ihrer Hand, um Rache zu üben an den Nationen, Bestrafungen an den Völkerschaften; ihre Könige zu binden mit Ketten und ihre Edlen mit eisernen Fesseln, um an ihnen auszuüben das geschriebene Gericht! Das ist die Ehre aller seiner Frommen. Lobt den Herrn!«

Psalm 8,2 sagt: »Aus dem Mund der Kinder und Säuglinge hast du Macht (Preis) gegründet um deiner Bedränger willen, um den Feind und den Rachgierigen zum Schweigen zu bringen.« Unsere Lobpreisworte bringen den Feind zum Schweigen. Sie binden ihn und vollstrecken das geschriebene Gericht über ihn.

Ich bete darum, dass wir alle die Kraft Gottes entdecken, die Gott in unsere Hände gelegt hat, um Gerechtigkeit einzuführen, wo immer wir hinkommen. Wie der Apostel Paulus verhieß: »Die Waffen unseres Kampfes sind nicht fleischlich, sondern mächtig für Gott zur Zerstörung von Festungen.« (2. Kor. 10,4) Wenn wir die Zerbrochenen und Verletzten sehen und das Bedürfnis nach Gerechtigkeit sich in uns regt, haben wir alle Kraft, die wir benötigen, um zu handeln.

Weil das Herbeiführen von Gerechtigkeit erfordert, dass wir den Feind konfrontieren, müssen wir großen Mut haben. Während wir im nächsten Kapitel geschichtliche Berichte von vielen Männern und Frauen mit Mut betrachten werden, müssen wir erkennen, dass ihr Mut den königlichen Standard festlegt. Wir müssen unsere Begabung annehmen und voranschreiten in die Hallen der Geschichte, die erst noch geschrieben werden muss!

Die Hunde des Untergangs stehen an der Tür unserer Bestimmung

*Ein Feigling stirbt tausend Tode,
doch ein tapferer Mann stirbt nur einmal.*

Sterben, um Geschichte zu machen

Es war ein typisch heißer Augustabend im kalifornischen Redding. Carolyn hielt bei einem Bekleidungsgeschäft im Ort, um noch ein paar Dinge zu besorgen, bevor sie nach Hause wollte. Sie fand einen freien Parkplatz und steuerte ihr Auto dort hinein. Nachdem sie den Wagen an seinen Platz gebracht hatte, stellte sie den Motor ab. Als sie hinübergriff, um das Seitenfenster auf der Beifahrerseite zu schließen, kam ein junger Mann Anfang 20 auf die Fahrerseite und schrie: »Raus aus dem Wagen!« In diesem Augenblick merkte sie, dass sein Arm im Wageninnern war und dass er ihr eine Pistole gegen die Rippen hielt.

Carolyn, die eher eine ruhige, bescheidene Frau Mitte 50 ist, sagte: »Schau mal, du willst dieses Auto doch gar nicht. Es läuft nicht so gut, hat kaum noch Benzin, und die Klimaanlage funktioniert auch nicht.« Dann machte sie eine Handbewegung Richtung Pistole und sagte: »Was ist denn DAS?« »Meine Pistole!«, sagte er. Da sie fühlte, wie die Kühnheit des Herrn in ihr zunahm, blickte sie ihm direkt in die Augen und fragte: »Was willst du denn damit anfangen?« Plötzlich entspannte sich sein ganzer Körper und er seufzte: »Nichts«.

»Wir müssen reden«, sagte Carolyn freundlich. »Du bist aufgeregt. Gott möchte, dass du zuhörst, was ich dir zu sagen habe.« Er nickte und steckte seine Waffe, die gar nicht geladen war, in seine Tasche zurück. Der Möchtegern-Dieb kniete sich neben den Wagen, während Carolyn anfing, ihm zuzureden, wie eine Mutter mit ihrem Sohn reden würde, wie sehr der Himmlische Vater ihn liebte. Er taute auf, schüttete sein Herz aus und teilte ihr die Probleme und Schwierigkeiten in seinem Leben mit. Sie fragte ihn, ob er auch schon an Selbstmord gedacht habe. Er gestand ihr, er habe diesen Morgen einen Brief an seine Eltern geschrieben, in dem er ihnen mitteilte, er würde sich das Leben nehmen. Sie redete beinahe eine Stunde lang mit ihm. Während sie ihre Hand auf sein gesenktes Haupt legte, betete sie für ihn und spürte, wie eine unbeschreibliche Liebe durch ihren Geist in ihn hineinströmte. So erstaunlich das auch klingen mag, es war schwierig für die zwei, sich voneinander zu verabschieden. Beide wollten bei dieser Begegnung eingetaucht bleiben in die Gegenwart Gottes, die keiner von beiden je vergessen wird.

Getarnt als gewöhnliche Hausfrau ist Carolyn eine Prinzessin, die sich geweigert hat, sich von einem Gangster einschüchtern zu lassen, und stattdessen veränderte sie den Kurs des Lebens eines jungen Mannes radikal!

Die Angst vor dem Tod verlieren

Die Leute lieben es, Geschichten über alltägliches Heldentum zu hören, doch die meisten von uns zweifeln, ob wir imstande gewesen wären, so kühn zu reagieren. Es gibt genügend andere Geschichten, wo Leute Bösem begegnen und nichts unternehmen. Sie sind mehr darum bemüht, ihr eigenes Leben zu retten, als dazu bereit, ein Opfer zu bringen.

Diese Überlebensmentalität hat im Herz und im Sinn von Söhnen und Töchtern des Königs keinen Platz. Jesus sagte: »Denn wer sein Leben retten möchte, wird es verlieren, doch wer um meinetwillen sein Leben verliert, wird es finden.« (Mt. 16,25) Die Mentalität des Überlebens ist ein fragwürdiger Grundwert, der den Einfluss unseres Lebens auf das Hier und Jetzt einschränkt, und der uns der historischen Heldentaten beraubt, die Gott für jeden von uns bestimmt hat.

Unsere Überlebensmentalität sollte bei unserer Taufe erledigt sein. Jesus sagte: »Wenn jemand mir nachfolgen will, der soll sich selbst verleugnen, sein Kreuz auf sich nehmen und mir dann nachfolgen.« (Mt. 16,24) Das Auferstehungsleben liegt auf der anderen Seite der Kreuzigung. Um Jünger Christi zu sein, müssen wir mit dem Tod radikal verfahren. Wir tun dies, indem wir unser Kreuz aufnehmen und Jesus ins Taufwasser zur Kreuzigung nachfolgen.

»Oder wisst ihr etwa nicht, dass wir alle, die wir in Christus Jesus hineingetauft wurden, (im Grunde genommen) in Seinen Tod hineingetauft worden sind? Durch die Taufe in Seinen Tod hinein sind wir nämlich (auch) mit Ihm zusammen begraben worden mit dem Ziel, dass, genauso wie Christus um der Herrlichkeit des Vaters willen aus den Toten auferweckt wurde, auch wir (mit Ihm auferweckt worden sind und) eine völlig neuartige Art von Leben führen können. Wenn wir nämlich (mit Ihm) in die gleiche Gestalt von Tod zusammengepflanzt worden sind, wie sie Sein Tod hatte, so wird das mit uns auch in der Auferstehung genauso sein.« (Röm. 6,3-5, *Haller*)

Wenn wir unser Kreuz ins Taufwasser hinabtragen, wird der Tod, welcher der letzte Feind unserer Seele ist, vernichtet, und wir fangen an, das Auferstehungsleben zu erleben. Der Verfasser des Hebräerbriefes sagte es am besten:

»Da nun die Kinder an Fleisch und Blut Anteil haben, ist er gleichermaßen dessen teilhaftig geworden, damit er durch den Tod den außer Wirksamkeit setzte, der die Macht des Todes hatte, nämlich den Teufel, und alle diejenigen befreite, die durch Todesfurcht ihr ganzes Leben hindurch in Knechtschaft gehalten wurden.« (Hebr. 2,14-15)

Stell dir mal vor, was eine ganze Armee lebendiger »toter« Menschen verrichten kann, wenn sie nicht mehr durch das Grab eingeschüchtert werden können, weil sie von der Kühnheit Gottes erfüllt sind! *Königliche Leute leben aus der Perspektive der Ewigkeit her, und darum betrachten sie den physischen Tod nicht als ein Ende, sondern als einen Eintritt in eine neue Dimension in Gott.*

Wenn wir einem Gläubigen begegnen, der die Gabe des Lebens liebt und den Tod nicht fürchtet, sind wir jemandem begegnet, der frei ist, wirklich zu leben. Ich sah dies aus erster Hand bei meinem Freund, Bob Perry. Im Jahr 2000 wurde ich ziemlich krank. Es bestand die Möglichkeit, dass ich eine schwere, lebensbedrohliche

Krankheit hatte und dies lähmte mich mit der Angst vor dem Tod. Eines Tages rief ich Bob an, der mehrere Jahre zuvor Nierenkrebs überstanden hatte, nachdem die Ärzte ihm gesagt hatten, er werde dies wahrscheinlich nicht überleben.

Ich fragte ihn: »Hattest du je Angst zu sterben?«
»Nein!«, sagte er.
»Warum nicht?«, fragte ich.
»*Du kannst mir mit dem Himmel keine Angst einjagen!*«, rief er aus.

Dem Tod trotzen

Ich bin davon überzeugt, dass echter Mut nur in denen hervorgebracht werden kann, die die Angst vor dem Tod überwunden haben. Es gibt eine Menge Nachahmer – Leute, die von außen tapfer aussehen, inwendig jedoch verängstigte kleine Kinder sind. Einige der am härtesten aussehenden Leute in der Welt werden zuweilen richtig erschüttert. Nur Leute, die mit dem Tod abgeschlossen haben, sind gefährlich. Man kann sie nicht aufhalten, weil es nichts mehr gibt, mit dem man sie bedrohen kann.

Jason McNutt ist ein Student der »Bethel-Schule für den übernatürlichen Dienst« und er verkörpert diese Haltung. Jason ging nach Peru, um auf den Straßen zu dienen, als ihm ein Mann in den Weg trat und eine Pistole hervorzog. Er zielte damit auf seinen Kopf und sagte: »Halt's Maul! Hör auf zu predigen oder ich leg dich um!« Jason sah ihm direkt in die Augen und antwortete: »Nur zu, erschieß mich! Ich bin hierher gekommen, um zu sterben!« Der Mann rannte davon!

Weigere dich einfach, dich durch die Elemente einschüchtern zu lassen

Ein weiterer Student, Bobby Brown, weigerte sich einfach, sich durch die Elemente (die Mächte) dieser Welt einschüchtern zu lassen; stattdessen nutzte er diesen Augenblick, um Geschichte zu machen. Er beteiligte sich mit etwa 60 Studenten an einer Reise unserer Schule des Dienstes nach Tijuana in Mexiko. Der Polizeichef dieser Stadt war kurz zuvor dem Herrn begegnet und erteilte unserem Team die Erlaubnis, auf dem Platz an der Straße der Revolution in der Innenstadt zu predigen. Kaum hatten unsere Studenten die Lautsprecheranlagen aufgestellt, begann ein strömender Regen. Unsere Studenten bildeten einen Kreis, um zu beten und zu sehen, was jetzt zu tun sei. Plötzlich hatte Bobby den Eindruck, Gott gebe ihm den Auftrag, ans Mikrofon zu treten und eine Ankündigung zu machen. Er sprang auf die Bühne und rief aus: »Jesus liebt euch! Er wird dies sogleich beweisen, indem er dem Regen Einhalt gebietet!«

Er zeigte auf die Wolken und rief: »Regen, hör auf! Wolken, rollt zurück!« In einer einzigen Sekunde hörte der Regen auf und die Wolken rollten zurück. Die Leute waren verblüfft! Eine Dame im dritten Stock eines Wohnblocks rief auf Spanisch aus: »Ich möchte diesen Jesus annehmen!« Bobby führte sie über den Lautsprecher zu Christus. Sie erhob ihre Hände zum Himmel, um Gott zu danken. Im selben Augenblick kam die Kraft Gottes durch ihr Fenster herein und ließ sie zu Boden fallen!

Mut im Supermarkt

Meine Lieblingsgeschichte ist diejenige von Chad Demon. Chad hat erst vor kurzem geheiratet und dieses Jahr in unserer Schule den Abschluss gemacht. Vor wenigen Monaten ging er in einen Supermarkt am Ort, um einige Donuts zu kaufen. Während er in der Schlange vor der Kasse stand, bemerkte er, dass die Frau, die unmittelbar vor ihm stand, eine Hörhilfe trug. Chad stellte ihr ein paar Fragen und fand heraus, dass sie auf einem Ohr vollkommen taub, und auf dem anderen zu 50 Prozent taub war. Er fragte sie, ob er für sie beten dürfe, und mit ihrer Erlaubnis legte er seine Hände auf ihre Ohren und gebot ihnen, dass sie gesund werden sollten. Dann überzeugte er sie, ihre Hörhilfe herauszunehmen. Da entdeckte sie, dass sie geheilt war und wieder vollkommen hören konnte. Die Frau brach in Tränen aus und ebenso die Kassiererin, die das Ganze beobachtet hatte.

Chad fragte die Kassiererin, ob er das Mikrofon benutzen und andere Leute im Laden fragen könne, ob er für sie beten dürfte, da Gott ihm noch mehr Heilungen gezeigt habe, die er für andere

Leute tun wollte. Die Dame stimmte zu und reichte ihm das Mikrofon.

»Achtung, an alle, die hier gerade einkaufen! Eben hat Gott diese taube Frau geheilt.« Er reichte das Mikrofon an die Frau weiter, die geheilt worden war, und bat sie, den Leuten zu sagen, was Gott an ihr getan hatte. Unter Tränen teilte sie es mit und gab dann das Mikrofon an Chad zurück.

Chad sagte: »Gott hat mir gezeigt, dass jemand da ist, der eine beschädigte linke Hüfte hat, und dass Er diese Person heilen möchte. Wenn Sie das sind, dann kommen Sie doch zum Seitengang Nr. 12 und ich werde für Sie beten.« Dann gab er weitere Worte der Erkenntnis bezüglich Heilung weiter und innerhalb weniger Minuten versammelten sich mehrere Leute rund um den angegebenen Standort. Eine Frau fuhr in einem elektrischen Wägelchen daher und sagte: »Ich bin diejenige mit dem Hüftproblem. Morgen soll ich eine neue Hüfte bekommen.«

Chad betete für sie und forderte sie dann auf, die Heilung durch Gehen zu prüfen. Dies dauerte eine Weile, weil die Frau sich (zunächst) weigerte, aufzustehen und zu gehen. Schließlich stand sie trotzdem auf und fing gleich an zu rennen, wobei sie ausrief: »Ich bin geheilt, ich bin geheilt!«

Das Treffen endete damit, dass zwei weitere Leute geheilt wurden und mehrere den Herrn annahmen, nachdem Chad mitten im Geschäft die Botschaft der Heilung und Errettung verkündigt hatte.

Die meisten von uns möchten sehen, dass Gott Sich so bewegt, wie Er dies bei diesen Studenten getan hat. Aber solange wir nicht unsere Überlebensmentalität ablegen, haben wir nicht die Kraft und Kühnheit, die göttlichen Momente und Gelegenheiten zu ergreifen. Wenn wir uns fürchten, stehen wir an der Pforte unseres Lebens und werden nie mit den Großen rennen! Solange wir eine defensive Haltung einnehmen, übergeben wir eigentlich die Stellung des Einflusses und der Autorität, zu der Gott uns berufen hat, dem Feind. In dem Vakuum, das wir hinterlassen haben, werden sich andere, die einen Grund gefunden haben, für den es sich zu sterben lohnt, mit Einfluss und Kraft von der dunklen Seite erheben. *Dann wird unser großes Lebens-Abenteuer durch ein langweiliges und monotones Dasein ersetzt.* Furcht beraubt uns der Kraft, den guten Kampf zu kämpfen, zu dem Gott uns berufen hat. Sie wurde in der Gemeinde als »Verantwortung«, »Weisheit« und als eine Menge von anderen sogenannten geistlichen Worten getarnt, die die christliche Erfahrung schlicht darauf reduzieren, die Stellung zu halten. Die einzigen Überzeugungen, für die es sich zu leben lohnt, sind diejenigen, für die es sich auch lohnt zu sterben.

Radikale Muslime sprengen sich im Namen Allahs in die Luft. Die Welt kann sich nicht vorstellen, warum jemand so verrückt sein kann. Lasst es mich klarstellen: Diese radikalen Muslime sind Mörder, die das Leben von Unschuldigen rauben. Ich habe nichts mit ihrer Religion zu tun. Aber ich anerkenne die Tatsache, dass sie etwas haben, für das sie zu sterben bereit sind. Christen sollten eigentlich verstehen, was es heißt, das Leben für eine wahrhaftige Sache, für ein Land, für einen Bund oder für Überzeugungen hinzugeben, weil wir ja unser Leben bereits hingegeben haben, als wir Christus annahmen. Wenn wir nicht dieselbe Art von starker Leidenschaft und Mut haben, um für unsere Überzeugungen einzustehen, werden wir unseren rechtmäßigen Einfluss auf die Gesellschaft den Selbstmordattentätern überlassen.

Lieber im Glauben sterben als im Zweifel leben

Manchmal bringt der Mut einen sichtbaren Sieg ein, wie die Geschichte unserer Studenten zeigt, doch zuweilen sieht es nicht so aus, als würden die Situationen mit einem Sieg enden. *Leute im Königreich Gottes wissen, dass sie den Sieg bereits haben, und ob sie nun leben oder sterben, ist es doch ihr Job, fest auf dem Grund der Wahrheit des Evangeliums zu stehen.*

In unserer Bethel-Gemeinde erleben wir viele Wunder, aber auch Hunderte von Menschen, die jeden Monat geheilt werden. Wir haben eine Person des Leitungsstabes, die ein Team leitet, das den Auftrag hat, Zeugnisse aufzuzeichnen, sodass sie wiederholt werden können. Leider werden auch Menschen nicht geheilt, obwohl sie darum gerungen haben.

Karen Holt war Bill Johnsons persönliche Assistentin, als er vor zehn Jahren zu Bethel stieß. Ein Jahr nach Bills Ankunft wurde bei ihr Brustkrebs festgestellt. Sie verweigerte eine Behandlung, weil sie glaubte, dass Gott sie heilen würde. Viele Menschen wurden während der ganzen Zeit, da Karen krank war, von derselben Krankheit geheilt. Ihr Mann, der ebenfalls einer unserer Pastoren im Mitarbeiterstab war, ermutigte sie, sich behandeln zu lassen. Viele andere im Bethel-Team rieten Karen, medizinische Hilfe in Anspruch zu nehmen. Sie jedoch war davon überzeugt, Jesus werde sich um sie kümmern. Sie verbrachte eine Unmenge Zeit im Gebet, mit dem Lesen von Zeugnissen anderer, die von Krebs geheilt wurden, und sie flog im ganzen Land umher, um die mit dem größten Glauben erfüllten Christen aufzusuchen, damit sie für sie beteten. Ungefähr drei Jahre später starb sie. Wir alle waren entsetzt. Einige sagten, sie habe ihr Leben vergeudet, doch dem widerspreche ich. *Karen zog es vor, im Glauben zu sterben, anstatt im Zweifel zu leben. Karen starb so, wie sie lebte, indem sie Gott vertraute. Ihr Leben war keine Verschwendung für diejenigen, die durch sie beeinflusst wurden.*

Das Land der Freien und die Heimat der Tapferen

In den letzten paar Jahren sind im Irak-Krieg weit über 3000 amerikanische Männer und Frauen gestorben und noch viel mehr sind verwundet worden. Es ist traurig, jeden Tag von zahlreichen Leben zu hören, die weggenommen werden, doch die Wahrheit ist, dass jedermann eines Tages sterben wird. *Die entscheidende Frage, die wir uns stellen sollten, ist die, ob wir eigentlich wirklich leben oder nicht.* Wenn wir diese Welt verlassen, war unser Leben dann für irgendetwas von Bedeutung? Die größte Tragödie aber ist nicht, dass so viele sterben, um unsere Freiheit zu verteidigen, sondern dass Millionen von Menschen ohne irgendeinen Zweck leben!

Amerika ist das Land der Freien und die Heimat der Tapferen, doch was viele Leute vergessen haben, ist die Tatsache, dass wir, wären wir nicht die Heimat der Tapferen gewesen, nie zum Land der Freien geworden wären! Dieses Motto beschreibt weniger uns als vielmehr unsere Vorväter. George Washingtons Leben veranschaulicht diesen Königreichsmut. Er war davon überzeugt, dass er nicht sterben konnte, bevor er nicht die Berufung im Leben erfüllte, die, wie er glaubte, von seinem Schöpfer vorausbestimmt war.

Es gibt viele Berichte von George Washingtons Tapferkeit. Die amerikanischen Soldaten, die er anführte, waren für den Krieg schlecht vorbereitet und auch schlecht ausgerüstet. Ein Drittel von ihnen hatte weder Schuhe noch Hemden. Sie kämpften mit Jagdgewehren und hatten wenig Ausbildung. George, ganz ähnlich wie William Wallace im Film »Braveheart«, ritt an der Front seiner Truppen hin und her auf seinem riesigen weißen Pferd und ermahnte seine Männer. Doch seine Truppen zogen sich oft im Kampf zurück, weil sie Angst hatten.

In einem ganz speziellen Kampf sagte George seinen Männern, er würde ihnen in den Rücken schießen, wenn sie sich zurückzögen. Bald trafen sie auf die Briten und, ihrer Natur entsprechend, drehten die amerikanischen Soldaten um und rannten davon. George Washington ritt direkt in den schlimmsten Teil des Schlachtgewühls und rief: »Wenn ihr euch zurückzieht, werde ich euch in den Rücken schießen! Stoßt vor, Männer! Kehrt zurück oder ich werde euch erschießen!« Aber sie rannten alle davon und ließen George allein auf dem Schlachtfeld zurück. Washington war so zornig, dass er direkt ins Kampfgetümmel ritt, unmittelbar vor die britischen Soldaten. Er saß auf seinem Pferd und starrte sie an. Die ganze britische Armee entlud ihre Waffen gegen ihn. Doch auf wundersame Weise trafen sie nicht ein einziges Mal. Nachdem sie geschossen hatten, nahmen sie die Achtungstellung ein und applaudierten ihm.

In einer anderen Schlacht schossen die Briten zwei Pferde unter Washington weg. Als er ins Lager zurückkehrte, hatte er drei Einschusslöcher in seinem Mantel unter beiden Armen, aber er blieb ungetroffen. In der Tat glauben einige Historiker, dass die Unfähigkeit der Briten, Washington zu töten, der Hauptfaktor für ihre Kapitulation war. Ein Mann, der sich nicht davor fürchtete zu sterben, wurde für viele zur Ursache, dass sie in Freiheit leben konnten.

Echter Sieg

Irgendwie ist Gewalt eine bestimmte Lebensweise auf diesem Planeten. Jesus sagte: »Von den Tagen Johannes bis jetzt wird dem Reich Gottes Gewalt angetan, und Gewalttuende reißen es an sich.« (Mt. 11,12) Es ist offensichtlich, dass wir als Christen in einer Welt voller Gewalt leben, sowohl in der sichtbaren als auch in der unsichtbaren Welt. Deshalb ist es wichtig für uns zu verstehen, dass unsere Kämpfe die Manifestation Seines Sieges sein sollen. Als Jesus am Kreuz starb, gewann Er den höchsten Triumph. *Wir kämpfen nicht mehr um den Sieg, sondern wir kämpfen vom Sieg her! Dass wir siegen, steht bereits fest, wenn wir in die Schlacht treten.* Die größte Herausforderung besteht deshalb nicht so sehr im Kampf selbst, sondern darin, das Volk Gottes dazu zu bringen, sich den Kampfhandlungen anzuschließen. Wenn sich die königliche Armee weigert zu kämpfen und sich stattdessen vor dem Kampf drückt, werden sie oft in den Rücken geschossen, wo sie unbewaffnet sind. Beachtet, dass die »Waffenrüstung Gottes« im Epheserbrief keinen Schutz für den Rücken vorsieht. Wir sind für einen Rückzug nicht ausgerüstet.

»Die Hunde des Untergangs stehen an der Tür unserer Bestimmung!« Das, wovon wir glauben, es sei unser schrecklichster Stolperstein, ist in Wirklichkeit die Türe zu unserem größten Sieg. Unsere größte Bestimmung liegt auf der Gegenseite der Furcht. Der Mut ist die Fähigkeit, auch angesichts von starkem Widerstand voranzuschreiten, um diese Schätze zu gewinnen.

Die Zeugnisse der Vergangenheit wiedererzählen

Eine der Herausforderungen beim Bemühen, die Christen zu bewegen, sich im Kampf zu engagieren, ist ihre geringe Wertschätzung unserer Vorväter. Sie vertraten Werte, die sie dazu brachten, unsere Freiheit mit ihrem Leben zu erkaufen. Die Geschichte hilft uns dabei, dass wir uns mit Tugenden in Verbindung bringen, für die es sich lohnt zu sterben. Sie stehen hinter dem Vorhang der Zeit, aber sie sind unser Erbe. Oft sind sie in Worte wie »Ehre«, »Freiheit«, »Tapferkeit«, »Loyalität« und »Respekt« gekleidet. Unsere

Gründermütter und -väter behandelten diese *unsichtbaren Attribute* wie Länder, die geschützt, und wie Qualitäten, die an ihre Kinder weitergegeben werden müssen. Diese edlen Leute kämpften nicht so sehr, um das Land zu schützen, als vielmehr darum, die Prinzipien des Königreiches zu bewahren.

Wenn wir die historischen großen Taten Gottes vergessen, fangen wir an, mangels echter Fundamente zu schwanken. Dies führt oft dazu, dass wir uns in selbstsüchtiges Vergnügen als irgendein euphorisches Lebensziel zurückziehen, was dazu führt, dass wir Kriege verlieren, bevor wir dem Feind überhaupt begegnet sind. Vergnügen wird auf einem Schlachtfeld selten angetroffen. Der Psalmist brachte diese Sache auf den Punkt:

»Die Söhne Ephraims waren wie gerüstete Bogenschützen, die sich umwendeten am Tag der Schlacht. Sie bewahrten den Bund Gottes nicht und weigerten sich, nach seinem Gesetz zu wandeln.« (Ps. 78,9-11)

Indem wir Zeugnisse wiedererzählen, ehren wir die Vergangenheit und werden uns der alten Weg-Markierungen und Grenzen bewusst, die uns zu unserem Schutz auferlegt wurden. Durch Zeugnisse erfassen wir die Vision unserer Gründerväter und verstehen, wie wichtig es ist, diese Zeugnisse weiterzugeben.

Der Apostel Johannes schrieb: »Und sie haben ihn überwunden durch das Blut des Lammes und durch das Wort ihres Zeugnisses, und sie haben ihr Leben nicht geliebt bis zum Tod!« (Offb. 12,11). Die Elemente des Sieges werden uns in diesem Abschnitt aufs Neue aufgezählt. »Sie haben ihn überwunden durch das Blut des Lammes«: *Das bedeutet, dass wir von Seinem Sieg her leben und nicht versuchen, den Sieg zu erringen.* Christen sollten offensiv eingestellt sein. Wir sind am Ball. *Der Krieg ist bereits gewonnen und das einzige, was noch übrig bleibt, ist, die Schlachten zu führen, um den Sieg auch im physischen durchzusetzen und zu manifestieren.* Der Teufel ist bereits besiegt worden. Jesus hat ihm die Zähne aus dem Maul geschlagen. Was kann er euch da noch antun – etwa euch zu Tode kauen?

Das Wort ihres Zeugnisses: Zeugnisse erinnern uns an Gottes wiederholte große Taten, die Er zugunsten Seines Volkes vollbracht hat. »Das Zeugnis Jesu ist der Geist der prophetischen Rede.« (Offb. 19,10) Mit anderen Worten: Gottes wunderbare Taten der Vergangenheit legen das Fundament für Seine glorreichen Taten in unserer Zukunft.

Sie haben ihr Leben nicht geliebt bis zum Tod: Da ist sie wieder – die Kraft derer, die sich dem Tod widersetzen. Ich bin davon überzeugt, dass, wenn einmal die Furcht vor dem Tod in unserem Leben gebrochen ist, wir zu einer unaufhaltsamen Kraft werden, gegen die sich die Horden der Hölle nicht wehren können. *Wenn der Teufel die Fähigkeit verliert, uns mit dem Tod zu erschrecken, wird er in unserem Leben machtlos.*

Mit der Drachenfrau verfahren

Diese Offenbarung wurde mir vor etlichen Jahren bewusst gemacht. Wir gingen durch eine Zeit, die ich »das Tal der Todesschatten« nenne. Alles begann damit, dass eine Freundin von uns, Tracy Evans, eine Frau, welche man die »Drachenfrau« nannte (dies war eine andere Drachenfrau als diejenige in China), zu Christus führte.

Jane (nicht ihr eigentlicher Name) war eine Frau Mitte zwanzig, etwa 1,82 m groß, mit langem, strähnigem braunen Haar und einer blonden Strähne, die es durchzog. Sie war sehr muskulös, hatte einen harten Blick aus braunen Augen mit einem wetterharten Gesicht. Bevor sie nach Waterville kam, besuchte sie zwei Jahre lang Anton LaVeys satanistische Kirche in San Francisco. Die Drachenfrau, Jane, war dafür bekannt, dass sie Bars besuchte. Nachdem sie ein paar Drinks genommen hatte, benahm sie sich wie ein Tier, aß das zerbrochene Glas und schlug mehrere Männer in der Bar zusammen. Jedermann in unserer Umgebung hatte Angst vor ihr.

Tracy arbeitete in unserem kleinen, ländlichen Krankenhaus, als die Polizei Jane hereinbrachte und sie in die Gummizelle steckte. Sie kroch auf ihrem Bauch herum wie eine Schlange und fauchte wie eine Katze. Tracy führte sie in ihrer Gummizelle zu Christus. Später an jenem Abend kam Tracy zu unserem Haus und überredete uns, Jane eine Zeit lang in unser Haus aufzunehmen.

Dann fing das Drama an! Sie hatte Todesangst vor der Dunkelheit, also schlief sie bei vollem Licht auf der Couch. Mehrmals während der Nacht wachte sie auf, schrie und rief nach »Dämonen«, die hinter ihr her waren.

Wochenlang schlief ich sehr wenig. Zum Glück schliefen unsere drei kleinen Kinder im oberen Stock. Ich stand dann auf und betete mit ihr, und sie fiel gleich wieder in den Schlaf zurück, doch ich konnte stundenlang nicht mehr schlafen, weil mein Herz in meiner Brust hämmerte.

Was die Sache noch schlimmer machte, waren seltsame Dinge, die zusätzlich noch geschahen. Leute riefen uns mehrmals am Tag an, um uns zu sagen, Satan würde uns töten, unsere Kinder umbringen und uns andere entsetzliche Dinge antun. Die Anrufer kannten uns beim Namen und es klang stets so, als wäre im Hintergrund eine Séance im Gange. Oft, wenn sie uns anriefen, ging das Licht aus in unserem Haus und Bilder fielen von den Wänden. Mehrmals pro Woche war das Telefon plötzlich unterbrochen, während ich telefonierte.

Meine ganze Familie hatte die meisten Nächte Albträume und regelmäßig besuchte mich nachts ein großer Dämon mit hellen, rotglühenden Augen. Ich wachte aus schrecklichen Träumen auf und da stand das verdammte Ding an meinem Bettende. Das erschreckte mich fast zu Tode! Ich brach in kalten Schweiß aus und war von Furcht vollständig gelähmt.

Das ging volle sechs Monate so weiter! Wir hätten Jane am liebsten hinausgeworfen, doch sie wurde langsam befreit und meine Familie und ich wuchsen unglaublich im Herrn. Mitten in diesem ganzen dämonischen Chaos geschahen täglich Wunder. Zum Beispiel schnitt sich Shannon, meine Tochter, eines Tages in den Finger, und das Blut tropfte überall hin. Jane hielt ihre Hand unter den Wasserhahn, während Kathy ein Heftpflaster holte. Kathy betete für den Finger, bevor sie das Heftpflaster anbrachte; da schloss sich die Schnittwunde und wurde vor ihren Augen vollkommen geheilt. Jane flippte aus! Diese Zeit unseres Lebens war, als würden wir in einer Kriegszone leben, wo Himmel und Hölle heftig aufeinanderprallten. Weil wir in dieser Zeit durchhielten, wurde Jane befreit und entwickelte sich zu einer wunderbaren Frau. Traurigerweise entschloss sie sich einige Zeit später, in die Welt zurückzukehren.

Wie ihr euch vorstellen könnt, lehrte diese Zeit unsere Familie viel über den geistlichen Kampf und die verführerischen Wege des Teufels. Eine der machtvollsten Lektionen lernte ich während der Erfahrung mit dem »Dämon mit den rotglühenden Augen«. Immer wieder drang er nachts in mein Schlafzimmer herein und nichts, was ich tat, schien ihn zu vertreiben. Ich bedrohte ihn, betete über meinem Zimmer, salbte es mit Öl, las dem Dämon die einschlägigen Bibelstellen vor und betete Gott an, während er mir zuschaute und sich weigerte, den Raum zu verlassen. Er schien wahrzunehmen, dass ich vor ihm Angst hatte.

Bill Johnson sagt: »*Du hast nur Macht über den Sturm, in dem du Frieden hast.*« Diese Aussage bezieht sich auf die Geschichte, da Jesus während eines Sturms im Boot schlief. Jesus war aufgewacht und hatte den Wind mit den Worten bedroht: »Friede, sei still!« (Lk. 8,23-24). Der Herr sprach zu mir und sagte, ich würde nun »die Macht des Friedens« kennenlernen. Ich dachte an die Worte von Paulus an die Philipper: »… und euch in nichts von den Widersachern erschrecken lasst, was für sie ein Beweis des Verderbens ist, aber eures Heils, und das von Gott her« (Phil. 1,28). Es ist eben etwas dran am Mut, das den Feind dazu bringt, zu wissen, dass er bereits besiegt ist, weil der Mut immun ist gegen seine erstrangige Waffe, nämlich die Angst. Mut ist Friede im Sturm, die Unfähigkeit, durch den Feind beunruhigt zu werden. Wenn wir im Sturm schlafen oder angesichts der Schlacht ruhig bleiben können und mitten in einer Gegnerschaft nicht in Panik verfallen, haben wir dem Teufel das Rückgrat gebrochen!

In der darauffolgenden Nacht, nachdem der Herr mir dieses Wort über die Macht des Friedens gesagt hatte, kehrte der Dämon zurück. Mein Herz raste, mein Kopf drehte sich im Kreis und ich wollte davonrennen oder schreien. Aber Jesus hatte mir bereits eine Strategie für den Sieg gegeben. Ich blickte aus meiner Decke hervor, und da stand er. Seine riesigen Augen glühten rot, während er mich anstarrte. Ich schaute ihn an und sagte: »Ach, du bist es nur!« Dann drehte ich mich um und schlief wieder ein. Das war das Ende dieser Besuche. Von da an hörte ich auf, mich zu fürchten, und begann, dem Kampf ins Auge zu schauen. Wenn die dämonisierten Leute anriefen, ergriff ich den Hörer und redete von Gottes Liebe und Erbarmen für sie. Danach wussten sie nicht mehr, was sie mit mir anfangen sollten. Sie hängten einfach auf. Es dauerte nicht lange, bis all diese unheimlichen Dinge aufhörten. Mut, der sich durch Frieden manifestiert, ist eine machtvolle Waffe im Kampf. Schließlich ist es der Gott des Friedens, der Satan unter unseren Füße zertritt (vgl. Röm. 16,20).

Das Königreich hat keinen Platz für Feiglinge

Johannes schrieb: »Aber den Feigen ... ist ihr Teil in dem See, der mit Feuer und Schwefel brennt, das ist der zweite Tod« (Offb. 21,8). *Du kannst nicht Christ und gleichzeitig ein Feigling sein.* Mut ist eines der Kennzeichen des Königtums, das nicht unterschätzt werden darf. Mut kann man nicht nur in den großen Heldentaten sehen, die von Menschen bewundernd beklatscht werden. Vielmehr steckt der Mut in der Stille eines Lebens, das sich weigert, vor der Klärgrube der Finsternis in die Knie zu gehen, die täglich an unserer Seele zerrt. Betrachte einmal die Art von Mut, die ich bei einigen Leuten sehe, die ich kenne:

Mut sieht man in einem jungen, achtjährigen Knaben, der in einer von Drogen verseuchten Umgebung lebt. Er hat seinen Vater nie gesehen. Seine Mutter ist eine Prostituierte und drogenabhängig. Sein Haus ist voller Gewalt, Drogen, Sex und dem schlimmsten Schmutz, den Menschen überhaupt kennen, doch er steht jeden Sonntagmorgen auf, zieht seine besten Kleider an, die nicht besonders ansehnlich sind, und geht zum Gottesdienst. Seine Nachbarn spotten über ihn, wenn er an ihnen vorübergeht auf seinem Weg zur Gemeinde mit seiner kleinen, abgegriffenen Taschenbuchbibel, die ihm jemand geschenkt hat, aber er beachtet sie nicht, weil er einen Grund zum Leben gefunden hat.

Mut findet sich auch in einer jungen Dame, die schwanger wird und allein ist. Was als ihre erste Erfahrung, endlich einmal geliebt zu werden, begann, oder zumindest glaubte sie das, hat sich in Ungewissheit und Desillusionierung verwandelt. Da ist niemand, der sie unterstützt. Ihr Freund ist gegangen; ihre Eltern sind geschieden und jagen anderen Liebhabern nach, während sie sich aufs Neue allein auf der Straße befindet. Ihre Zukunft ist ein Rätsel und ihre Vergangenheit ein Elend, doch sie entschließt sich, sich über das alles zu erheben. Die Leute raten ihr, das Kind abzutreiben, doch sie heißt ihr neugeborenes Kind in der Welt willkommen und gibt ihm die Liebe, die sie selbst nie empfangen hat. Sie ist meine Heldin.

Mut kann man auch in einer Mutter mit drei Kindern sehen. Ihr Ehemann ist ein hasserfüllter und wütender Alkoholiker. Gewalt ist für sie zu einer Lebensweise geworden. Sie hat jahrelang versucht, die Ehe zu retten, doch er will keine Frau; er will eine Sklavin, die er durch Angst manipulieren kann, und Kinder, die er in Unterwürfigkeit quälen kann. Er gibt ihr kein Geld und erlaubt weder ihr noch den Kindern, ein eigenes Leben zu führen. Sie hat keine beruflichen Fähigkeiten, weil sie ihre Kinder nie in der Kampfzone mit ihrem unkontrollierten Vater alleine lassen wollte. Doch eines Tages entschließt sie sich, dass die Sache ein Ende haben müsse. Sie nimmt die Kinder und geht fort, ohne zu wissen, wohin sie gehen sollte, aber im vollen Bewusstsein, dass sie keinen weiteren Tag in diesem Sklavenlager bleiben könne. Er hatte ihr Leben oft bedroht, doch sie entscheidet sich für Kühnheit statt Angst und für Leben statt Tod. Sie will neu beginnen und Gott vertrauen, dass Er sie führt.

Mut wohnt in der jungen Frau, die eine High School besucht, wo die Zahl der sexuell noch »unberührten Mädchen« an zwei Händen abgezählt werden kann. Alle um sie herum »tun es«, und sie spürt den Gruppendruck und den Geschlechtstrieb in ihr, der sie besiegen will. Doch sie ist entschlossen, sich selbst für ihren Prinzen aufzuheben. Sie erkennt, dass der Wert ihrer Jungfräulichkeit im Kampf liegt, der benötigt wird, um vom Kampfplatz zur Flitterwochensuite zu gelangen, und sie ist fest entschlossen, das durchzustehen.

Die Geschichte wird von solchen Taten des Mutes geschrieben. Und keine ist besser als die andere. Wenn wir uns weigern, Kompromisse einzugehen, werden wir zu den Leuten, denen Gott es anvertrauen kann, dass sie Seine Herrlichkeit in die Welt hinaustragen.

Die Geschichte wird darüber entscheiden, ob wir, das Volk Gottes, uns mit Tapferkeit in diesem Zeitalter erheben, um die königlichen Attribute unseres heiligen Königs fortzusetzen, oder ob wir in Furcht in die Klärgrube der moralischen Korruption hinabsinken. Wenn wir versagen, werden auch diejenigen, die unsere Geschichte berichten, von der Tiefe der Verzweiflung erfasst werden. *Wenn es uns aber gelingt und wir uns über den Schlamm der Selbstgefälligkeit unserer Altersgenossen erheben, ist es sehr wohl möglich, dass wir ein Erbe hinterlassen, das ewig andauern wird. Wir können es uns nicht leisten, zu versagen! Wir müssen uns mit Wachsamkeit umkleiden, um die Tugenden zu schützen, die uns überliefert worden sind. Wenn so vieles auf dem Spiel steht, müssen wir die abenteuerlichste aller Schlachten gewinnen!*

Teil III

*Eine Einführung in die königliche
Autorität und Verantwortung*

In den vorherigen Kapiteln haben wir den Hof des Königs betreten und Sein königliches Volk beobachtet. Wir haben viel über die Berufung, das Verhalten und die Werte erfahren, und verstehen nun, warum all dies alles andere auf Erden übertrifft.

Jesus sagte: »Wem viel anvertraut wurde, von dem wird auch viel gefordert« (Lk. 12,48). Darum müssen wir die Verantwortung überdenken, die Gott Seinem Volk gegeben hat, und die Autorität, die mit dieser Verantwortung einhergeht, um Seine Mission zu erfüllen.

Einige mögen überrascht sein von der hohen Berufung, die auf uns ruht. Viele Jahre lang hat die Gemeinde die Berufung Gottes auf etwas reduziert, das durch Disziplin, Weisheit und Finanzen von Menschen erledigt werden kann. Der Grund liegt darin, dass es uns bei der Botschaft einer »unmöglichen Mission« (»Mission Impossible«) nicht wohl war, welche die Bibel sehr klar artikuliert. Deshalb streifen die Goliaths dieser Erde ungehindert durch unsere Städte und stehlen, töten und zerstören, wo immer sie hinkommen.

Die Kapitel, die du nun lesen wirst, sind wie ein Trompetenstoß, der die königliche Armee dazu aufruft, ihren Platz auf dem Schlachtfeld einzunehmen. Der Menschensohn erschien zu diesem Zweck – um die Werke des Teufels zu zerstören. Wir sind seine schlachterprobten Hände, die sich einem verletzten und sterbenden Volk entgegenstrecken. Wir wurden gesalbt und ausgerüstet, Riesen zu vernichten und die Grenzen des Königreiches auszudehnen, indem wir den Himmel dazu bringen, auf die Erde zu kommen!

Der Geheimdienst Seiner Majestät

*Jesus trug uns auf, alle Nationen zu Jüngern zu machen,
doch die Gemeinde hat Seinen großen Auftrag darauf reduziert,
in allen Nationen Jünger zu machen.*

Königliche Verantwortung und Autorität

Unsere Berufung zum Königtum bringt uns Autorität und viel Verantwortung ein. Jesus sagte: »Jedem aber, dem viel gegeben ist – viel wird von ihm verlangt werden; und wem man viel anvertraut hat, von dem wird man desto mehr fordern« (Lk. 12,48b). Autorität und Verantwortung gehen immer Hand in Hand, und wir müssen beide Aspekte unserer Berufung verstehen. Gott hat Seine Gemeinde mit Seiner Autorität über alles auf Erden ausgestattet, aber wir haben auch die Verantwortung, diese Autorität einzusetzen, um Seine Absichten zu verwirklichen.

Er hat uns beauftragt, die Nationen zu Jüngern zu machen. Es ist wichtig, dass wir unsere Berufsbeschreibung verstehen, damit wir den Willen des Vaters erfüllen können. Obwohl Jesus sagte, wir sollten *alle Nationen* zu Jüngern machen, haben die meisten Gemeinden unsere Berufung darauf reduziert, *in allen Nationen* Jünger zu machen.

So vieles von der Art, wie wir die Bibel lesen und interpretieren, ist durch eine Bettlermentalität beeinflusst worden. Wenn wir uns klein und machtlos fühlen, neigen wir dazu, das Wort Gottes zu etwas zu verdünnen, das wir in unserem schwachen Zustand erfüllen können; so fühlen wir uns nicht verurteilt, nicht das getan zu haben, was von uns gefordert wird. Wenn wir also anfangen, in ein königliches Priestertum verwandelt zu werden, müssen wir einen frischen Blick auf die Schrift werfen. Wir wollen mit diesen Worten Jesu beginnen:

»Mir ist gegeben alle Macht im Himmel und auf Erden. So geht nun hin und macht zu Jüngern alle Völker, und tauft sie auf den Namen des Vaters und des Sohnes und des Heiligen Geistes und lehrt sie alles halten, was ich euch befohlen habe. Und siehe, ich bin bei euch alle Tage bis an das Ende der Weltzeit. Amen.« (Mt. 28,18-20)

Es besteht ein offensichtlicher Unterschied zwischen dem Zu-Jüngern-Machen von einzelnen Leuten und von ganzen Nationen. Wir wissen, dass jeder, der zu Christus kommt, zum Jünger gemacht werden muss, wie wir das im Kapitel über den Bund dargelegt haben, aber den Missionsbefehl Jesu darauf zu reduzieren, bloß einzelne Leute zu Jüngern zu machen, ist ein vollständiges Missverständnis des Wortes Gottes. Beachte, dass Jesus das Jüngermachen mit *aller Vollmacht* im Himmel und auf Erden in Verbindung bringt, die vom Teufel auf Ihn übertragen wurde. *»Darum* macht alle Nationen zu Jüngern!« Damit wir den Missionsbefehl wirklich verstehen, müssen wir die Geschichte der Erde begreifen und – wie Gott vorhatte – die Welt regieren. Lasst uns ins 1. Buch Mose zurückkehren und sehen, wie die Erde hätte regiert werden sollen.

Zu Beginn der Schöpfung erhielten Adam und Eva die Autorität, über die Erde zu regieren. Sieh dir diesen Abschnitt im 1. Buch Mose an:

»Und Gott sprach: Lasst uns Menschen machen nach unserem Bild, uns ähnlich; die sollen herrschen über die Fische im Meer und über die Vögel des Himmels und über das Vieh und über die ganze Erde, auch über alles Gewürm, das auf der Erde kriecht! Und Gott schuf den Menschen in seinem Bild, im Bild Gottes schuf er ihn; als Mann und Frau schuf er sie. Und Gott segnete sie; und Gott sprach zu ihnen: Seid fruchtbar und mehrt euch und füllt die Erde und macht sie euch untertan und herrscht über die Fische im Meer und über die Vögel des Himmels und über alles Lebendige, das sich regt auf der Erde!« (1. Mose 1,26-28)

Wir können nur ahnen, wie unsere Welt aussehen würde, hätten Adam und Eva ihren Auftrag zu herrschen erfüllt. An einem bestimmten Punkt trat der Teufel in Gestalt einer Schlange auf sie zu und überzeugte sie davon, eher auf ihn als auf Gott zu hören. Als sie dem Teufel gehorchten, wurden sie zu seinen Sklaven und gezwungen, ihre Stellung der Autorität an ihn abzugeben. Seit dem Fall hat Satan, »der Gott dieser Welt«, die Erde beherrscht. Seine Worte an Jesus in der Wüste zeigen uns, dass er die Herrschaftsbereiche besaß, die zuvor dem Menschen gehört hatten: »Und der Teufel sprach zu ihm: Dir will ich alle diese Macht und ihre Herrlichkeit geben; *denn sie ist mir übergeben*, und ich gebe sie, wem ich will.« (Lk. 4,6)

Satan beherrschte den Menschen und kontrollierte die Nationen. Als Jesus am Kreuz starb, entriss Er dem Teufel die Schlüssel der Autorität (siehe Kol. 2,15; Offb. 1,18). Er gab Seine Herrschaft wieder zurück an die Menschheit und delegierte Seine Autorität an die Gemeinde. Darum beginnt ja Sein Missionsbefehl mit der Aussage: »Mir ist gegeben alle Autorität im Himmel und *auf Erden*«. Jesus stellte die Tatsache ans Licht, dass Satan weder im Himmel noch auf Erden irgendwelche Autorität besitzt.

Im Epheserbrief benutzt Paulus seine Belehrung dazu, um uns zu helfen, diese unglaubliche Realität zu verstehen. Die Berufung Gottes an die Heiligen ist so verblüffend, dass Paulus mitten in seinem Brief innehalten und für uns beten muss, damit wir erleuchtet würden, um es zu verstehen. Er schreibt:

»Die Augen eures Herzens sollen hell erleuchtet werden, damit ihr euch bewusst seid, 1. was für eine Hoffnung das ist, zu der ihr berufen und auch eingeladen wurdet, 2. welchen Reichtum an Herrlichkeit Sein Erbanteil unter den Heiligen darstellt, und 3. wie groß Seine Kraft ist, die über alles (vorstellbare) Maß hinausgeht und die Er bei uns, die wir zum Glauben gekommen sind, angesetzt hat und an uns wirksam werden ließ. (Alles geschah) entsprechend der Energie, die sich mit aller Kraft (wie im Sturm oder wie ein Pferd im Galopp) und mit unheimlicher Gewalt, wie nur Er sie hat, äußerte. Es ist dieselbe Energie, die Er auch in Christus freisetzte, als Er Ihn von den Toten auferweckte und Ihn zu seiner Rechten in den himmlischen Bereichen Platz nehmen ließ, hoch über jeder (Art von) Oberbefehl, Machthaber, Kraftentfaltung, Herrschaftsformen, und auch (hoch über) jeden Namen, der genannt werden

könnte, und zwar nicht nur in diesem Zeitalter, sondern auch in dem, das im Begriff steht, hereinzubrechen. Alles (ohne Ausnahme) hat er Ihm (Christus) zu Füßen gelegt; er hat Ihn also zum Haupt über alles gemacht und Ihn so der Gemeinde gegeben. Sie ist nämlich Seine Verkörperung, die Vollgestalt von dem, der alles in allen (sogar: in allem) ausfüllt.« (Eph. 1,18-23, Haller)

Wir wollen das nochmals lesen: »Er hat Ihn also zum Haupt über alles gemacht und Ihn so der Gemeinde gegeben!« Was für eine unglaubliche Feststellung! Kein Wunder, dass Paulus für uns gebetet hat, bevor er uns dies mitteilte. Die Gemeinde ist die Fülle Christi auf Erden. Wir sollen Seine Herrschaft über alle Mächte demonstrieren, ausgestattet durch denselben Geist, der Christus von den Toten auferweckt hat. Dieser Abschnitt erklärt, wie die vorrangigen Elemente der Autorität, Kraft und Rechtsprechung der Gemeinde übertragen wurden. Wir haben die Rechtsprechung, indem wir in Beziehung zu Christus stehen, der Seinen Thron »hoch über jede (Art von) Oberbefehl, Machthaber, Kraftentfaltung und Herrschaftsformen« eingenommen hat, und wir besitzen die Macht »der Kraft seiner Stärke, die er in Christus wirksam werden ließ, als er ihn von den Toten auferweckte«. Wie können wir da anders als alles besitzen, was wir benötigen, um den Missionsauftrag zu erfüllen?

Geboren, um über die Welten zu herrschen

Die Rückgewinnung der Autorität für die Menschheit durch Christus wurde im Buch Daniel vorausgesagt. Daniel hatte eine machtvolle Vision, die ihn erschütterte, und vieles davon wurde jahrelang missverstanden. Obwohl die Vision verschiedene Abschnitte hat, möchte ich den Abschnitt der Vision herausgreifen, der klar datiert ist. Ich werde dir zeigen, was ich damit meine, während du weiterliest. Hier sind die entsprechenden Verse:

»Ich schaute in Visionen der Nacht: Und siehe, mit den Wolken des Himmels kam einer wie der Sohn des Menschen. Und er kam zu dem Alten an Tagen, und man brachte ihn vor ihn. Und ihm wurde Herrschaft und Ehre und Königtum gegeben, und alle Völker, Nationen und Sprachen dienten ihm. Seine Herrschaft ist eine

ewige Herrschaft, die nicht vergeht, und sein Königtum so, dass es nicht zerstört wird.« (Dan. 7,13-14)

Nachdem Daniel diesen Teil der Vision empfangen hatte, kam ein Engel zu ihm und gab ihm folgende Interpretation:

»Mir, Daniel, wurde mein Geist tief in meinem Innern bekümmert, und die Visionen meines Hauptes erschreckten mich. Ich näherte mich einem von denen, die dastanden, und bat ihn um genaue Auskunft über dies alles. Und er sprach zu mir und ließ mich die Deutung der Sachen wissen ... Aber die Heiligen des Höchsten werden das Reich empfangen, und sie werden das Reich besitzen bis in Ewigkeit, ja bis in die Ewigkeit der Ewigkeiten.« (Dan. 7,15-16.18)

Es wäre gut, das ganze Kapitel zu lesen, um ein Gefühl für den Kontext dieser Schriftstellen zu bekommen, jedoch möchte ich die Aufmerksamkeit auf ein bestimmtes Detail lenken. Der »Menschensohn« in Daniels Vision wird durch den Engel besonders als die *Heiligen* interpretiert. In der Vision empfing der Menschensohn »Herrschaft, Herrlichkeit und ein Königreich«, und in der Interpretation empfangen die Heiligen »das Königreich«. Das ist so dramatisch – es sind nämlich die *Heiligen*, die Herrschaft, Herrlichkeit und ein ewiges Königreich empfangen!

Die Frage ist nun die: Wann wird die Herrschaft, die Herrlichkeit und ein Königreich den Heiligen gegeben? Lasst uns weiterlesen:

»Ich sah, wie dieses Horn gegen die Heiligen Krieg führte und sie besiegte, bis der, der alt an Tagen war, kam und das Gericht den Heiligen des Höchsten gegeben wurde und die Zeit anbrach, dass die Heiligen das Königreich in Besitz nahmen.« (Dan. 7,21-22)

Das Timing ist hier sehr spezifisch. Die beiden Dinge, die die Zeitlinie für die Heiligen, um zu herrschen, kennzeichnen, sind *das Urteil, das in den Gerichtshöfen des Himmels zugunsten der Heiligen gefällt wird, und die Heiligen, die ein Königreich empfangen.*

Paulus spricht von dieser Gerichtshofangelegenheit im Kolosserbrief. Hier sagt er uns, dass, als Jesus am Kreuz starb, etwas in den Gerichtshöfen des Himmels geschah. Erlasse, die gegen uns ausgesprochen wurden, wurden vernichtet, Schuldscheine wurden getilgt, und Herrscher und Autoritäten wurden entwaffnet. Dies ist dieselbe Gerichtshofangelegenheit, die Daniel viele Jahre vorher gesehen hatte. Paulus benutzt besonders Begriffe aus dem Umfeld der Rechtsprechung, die bestätigen, dass »das Gericht sich zum Urteil zusammenfand« und wir eine günstige Entscheidung erhielten, als Jesus am Kreuz für unsere Sünden starb.

Hier ist die Ankündigung vom himmlischen Gerichtshof:

»Durch die Taufe, (der ihr euch unterzogen habt), seid ihr mit Ihm zusammen begraben worden, und in Ihm seid ihr auch auferweckt worden durch den Glauben an das (ungeheure) Energiepotential, das Gott zur Verfügung steht und mit dem Er Ihn aus den Toten auferweckt hat. Auch ihr seid (muss ich euch das denn noch sagen?) vorher in den Übertretungen, die ihr im Zustand der Vorhaut eures Fleisches begangen habt, tot gewesen. Aber nun hat er euch mit Ihm zusammen lebendig gemacht und hat euch alle Übertretungen vergeben. Er hat das uns verurteilende Manuskript, in dem all unsere Delikte (lückenlos) verzeichnet waren und das auch alle Paragraphen (des Gesetzes) enthielt, aufgrund derer wir schuldig gesprochen werden, ausradiert und gelöscht. So hat Er dieses Hindernis entfernt, (das in der Mitte zwischen Gott und uns stand), und hat es mit Nägeln ans Kreuz geschlagen. (Zudem) hat Er die Oberbefehlshaber und die Inhaber von Autorität (im unsichtbaren Bereich) entwaffnet, d.h. Er hat sie ausgezogen (und ihnen ihre ganze militärische Ausrüstung weggenommen) und sie dann (erst noch) öffentlich zur Schau gestellt (und damit der Lächerlichkeit preisgegeben), so dass man (heute überall) frei darüber spricht! (Gott) hat sie in Ihm in einer triumphalen Show vorgeführt!« (Kol. 2,12-15, Haller)

Das zweite Zeichen der Zeit war dies, dass die Heiligen ein Königreich empfangen würden. Daher ist es wichtig, zu wissen, wann werden (oder wann haben) die Heiligen ein Königreich empfangen? Die folgende Schriftstelle gibt uns Einblick in dieses Geheimnis: In Matthäus 10,7 predigte Jesus das Königreich überall, wohin Er auch kam. Er sagte: »Das Königreich der Himmel ist nahe herbeigekommen.« Er lehrte uns, dass die Erfahrung der Wiedergeburt uns dazu brachte, »das Königreich zu sehen« (Joh. 3,3); dass wir, um in das Königreich zu gelangen, wie Kinder werden sollen (Mk. 10,15), und Er ermahnte uns, uns keine Sorgen darüber zu machen, was wir essen, wo wir wohnen und was wir anziehen sollen, sondern dass wir in allen Dingen zuerst nach dem Reich Gottes trachten sollen, und Er würde für uns sorgen (vgl. Mt. 6,27-34).

Jesus predigte den Leuten damals auch, indem Er sagte: »Es sind einige von denen, die hier stehen, die werden den Tod keinesfalls schmecken, bis sie den Sohn des Menschen haben kommen sehen in seinem Reich« (Mt. 16,28). Dann sandte Er Seine Jünger aus, »um das Reich Gottes zu verkündigen und zu heilen« (Lk. 9,2). Und am allerwichtigsten: Er sagte uns ganz unumwunden, Er habe uns das Reich gegeben: »Fürchte dich nicht, du kleine Herde! Denn es hat eurem Vater wohlgefallen, euch das Reich zu geben.« (Lk. 12,32)

Doch nun sollte der entscheidende Punkt für uns offensichtlich sein. Als wir Jesus als Herrn und Erlöser annahmen, wurde uns das Königreich anvertraut! Diese Realität wird durch die ganze Schrift hindurch beschrieben. Das Wort »Königreich« (bzw. im Deutschen meistens Reich) wird allein im Neuen Testament mehr als 150 mal verwendet. Die Apostel führten die Königreichsproklamation die ganze Apostelgeschichte und die Briefe hindurch fort. Wir kommen nicht davon los – *die Heiligen haben ein Königreich empfangen, in Erfüllung dessen, was Daniel vor langer Zeit in einer Vision gesehen hatte.*

Wow! Wenn das Urteil bereits zugunsten der Heiligen vollstreckt wurde und wir das Königreich empfangen haben, dann sollten wir uns auch den Rest dessen anschauen, was Daniel noch über die Zeit zu sagen hatte, in der wir leben:

»Und er wird Worte reden gegen den Höchsten und wird die Heiligen des Höchsten aufreiben; und er wird danach trachten, Festzeiten und Gesetz zu ändern, und sie werden in seine Hand gegeben werden für eine Zeit und zwei Zeiten und eine halbe Zeit. Aber das Gericht wird sich setzen; und man wird seine Herrschaft wegnehmen, um sie zu vernichten und zu zerstören bis zum Ende. Und das Reich und die Herrschaft und die Größe der Reiche unter dem ganzen Himmel wird dem Volk der Heiligen des Höchsten

gegeben werden. Sein Reich ist ein ewiges Reich, und alle Mächte werden ihm dienen und gehorchen.« (Dan. 7,25-27)

Die Heiligen wurden geboren, um jetzt mit Christus zu herrschen und zu regieren! Paulus erklärte, dass »diejenigen, die den Überfluss der Gnade und der Gabe der Gerechtigkeit empfangen haben, im Leben wie Könige herrschen durch den einen, Jesus Christus« (Röm. 5,17, *Haller*). Natürlich müssen wir auch verstehen, dass Gottes Vorstellung vom Herrschen ganz anders ist als jene der Welt. Jesus machte deutlich, dass Seine Leiter auf eine andere bevollmächtigende Weise regieren würden, die das Beste aus Menschen hervorholt.

Nationen für den Frieden schulen

Der Prophet Jesaja blickte in die Zukunft und sah die Herrschaft des Leibes Christi in den letzten Tagen. Hier ist das, was er in einer Vision sah:

»Und es wird geschehen am Ende der Tage, da wird der Berg des Hauses des Herrn feststehen als Haupt der Berge und erhaben sein über die Hügel; und alle Nationen werden zu ihm strömen. Und viele Völker werden hingehen und sagen: Kommt, lasst uns hinaufziehen zum Berg des Herrn, zum Haus des Gottes Jakobs, dass er uns aufgrund seiner Wege belehre und wir auf seinen Pfaden gehen! Denn von Zion wird Weisung ausgehen und das Wort des Herrn von Jerusalem. Und er wird richten zwischen den Nationen und für viele Völker Recht sprechen. Dann werden sie ihre Schwerter zu Pflugscharen umschmieden und ihre Speere zu Winzermessern. Nicht mehr wird Nation gegen Nation das Schwert erheben, und sie werden den Krieg nicht mehr lernen.« (Jes. 2,2-4)

Berge sind eine bildliche Ausdrucksweise der Propheten für »Autoritäten«, und »das Haus des Herrn« ist die Gemeinde. Jesaja sagte also, dass in den letzten Tagen die Gemeinde die wichtigste Autorität sein wird, die bestimmt, wie man das Leben führt und Entscheidungen trifft. Das wird dazu führen, dass die Nationen zu uns kommen und Gottes Wege lernen werden, wie dies die Königin von Saba in den Tagen Salomos tat. Waffenfabriken werden in Getreidesilos, in Automobilherstellungswerke und andere nutzbringende Hilfswerke umgewandelt, weil die Nationen nicht mehr gegeneinander kämpfen werden.

Die Erde wurde den Menschenkindern gegeben

Die Tatsache, dass die Gemeinde zu der ursprünglichen Position der Herrschaft des Menschen auf Erden zurückgeführt wurde, macht es nötig, dass wir lernen, die Verantwortung zu übernehmen, die mit unserer Autorität einhergeht. Was ist der Zweck unserer Herrschaft? Wir sind berufen, den ursprünglichen Auftrag auszuführen, der Adam und Eva erteilt wurde, aber die Aufgabe ist doch anders, weil wir uns nicht nur die Erde untertan machen müssen, sondern sie aus den Jahrhunderten der Zerstörung wiederherzustellen haben, die sie unter der Tyrannei des Teufels erlitten hat. Die Gemeinde ist berufen, jedes Werk des Teufels zu zerstören, wie Jesus dies beispielhaft tat, um die Nationen zu Jüngern zu machen, und die Welt zu lehren, den Geboten Christi zu gehorchen.

Diejenigen in der Gemeinde, die immer noch wie Bettler und Habenichtse denken, fühlen sich machtlos und so distanzieren sie sich oft von den Herausforderungen und Schwierigkeiten der Welt, manchmal ohne zu wissen, dass sie dies tun. Gewöhnlich entwickeln sie Lehren, die sie von jedweder Verantwortung für Dinge freisprechen, die falsch oder böse sind. Eines der größten Probleme, das ich mit Leuten habe, die Unglücksfälle als Gottes Gericht interpretieren oder die erklären, das Reich Gottes sei auch »noch nicht« da[4], so dass wir es einfach durchstehen müssen bis zum Tausendjährigen Reich, ist dies, dass eine solche Sichtweise Leute an einem Ort stehen lässt, wo sie bezüglich der Welt um sie herum nichts tun können oder sollen. Wie wir aus unserem Studium des Wortes sehen können, hat Gott uns dazu berufen, Seine Antwort auf die Probleme der Welt zu sein, und nicht, vor ihnen davonzurennen.

Oft fragen Leute: »Wenn doch Gott so gut ist, warum lässt er so viele schlechte Dinge in der Welt geschehen?« Doch die Frage ist nicht, warum lässt Gott zu, dass Schlechtes geschieht; die Frage

---

4 Gemeint ist die in der Reich-Gottes-Theologie vertretene eschatologische Spannung zwischen »Schon« und »Noch nicht« (Anm. d. Übers.)

lautet: »Warum lassen die Heiligen des Allerhöchsten zu, dass sie geschehen?« Der Psalmist schrieb: »Der Himmel ist der Himmel des Herrn, die Erde aber hat er den Menschenkindern gegeben.« (Ps. 115,16) *Den Heiligen wurde die Verantwortung für die Erde anvertraut! Wir müssen dies unbedingt verstehen.*

Jesus verstärkte diese Idee noch, als er uns lehrte zu beten. Wir wollen unsere königliche Brille aufsetzen und das Gebet des Herrn lesen:

»Unser Vater, der du bist in den Himmeln, geheiligt werde dein Name; dein Reich komme; dein Wille geschehe, wie im Himmel, so auch auf Erden! Unser tägliches Brot gib uns heute; und vergib uns unsere Schulden, wie auch wir unseren Schuldnern vergeben haben; und führe uns nicht in Versuchung, sondern rette uns von dem Bösen! Denn dein ist das Reich und die Kraft und die Herrlichkeit in Ewigkeit. Amen.« (Mt. 6,9-13)

Wir können aus diesen Versen verschiedene Dinge lernen. Das erste, was wir sehen, ist, dass der Herr möchte, dass Sein Wille auf der Erde genauso getan wird wie im Himmel. Das ist eine ungeheure Offenbarung. Wir sollen beten und Gott glauben, dass die Erde nach dem Himmel gestaltet wird, wie Bill Johnson in seinem Buch »Wenn der Himmel die Erde erobert« erklärt.

Wir empfangen auch Einblicke, *inwiefern* die Erde vom Himmel beeinflusst werden kann. Eines der Schlüsselworte, die Jesus in seinem Modellgebet benutzt, ist das Wort »unser«. Was bedeutet »unser« für uns? Lasst mich ein Beispiel dafür geben, was ich zu sagen versuche.

Es ist noch nicht lange her, als ich an einem Sonntagmorgen in unserer Gemeinde predigte. Während meiner Botschaft hielt ich einen Zeitungsartikel hoch, der in jener Woche über unsere Stadt geschrieben worden war. Der Artikel war voller schlechter Nachrichten. Ich sagte zu unserer Gemeinde: »Habt ihr bemerkt, dass Jesus uns in Seinem Gebet gelehrt hat, zu beten: »Unser Vater« und nicht »Mein Vater«? Erinnert ihr euch, dass er uns gelehrt hat, zu beten, dass die Erde wie der Himmel sein soll? Wie kann die Erde wie der Himmel werden?« Ich hielt den Artikel nochmals hoch und sagte: »Wie groß ist ‚unser'? Sind das ‚ich und meine drei' oder umfasst ‚unser' unsere ganze Stadt?«

Ich las noch etwas mehr vom Inhalt des Artikels, der angefüllt war mit alarmierenden Statistiken. Unsere Scheidungsrate war eine der höchsten im ganzen Land, Gewaltverbrechen nahmen zu und tödliche Krankheiten schnellten in die Höhe.

Dann sagte ich: »Ist das unser Problem oder ist die Tatsache, dass es nicht unser Problem ist, unser eigentliches Problem? *Was immer mir gehört, dafür übernehme ich die Verantwortung.* Lest ihr diesen Artikel und sagt zu euch selbst: ‚Diese armen Leute' oder werdet ihr ins Gebet getrieben und zum Handeln aufgerufen, wenn ihr über unsere Probleme informiert werdet?« Dann rief ich aus: »Dies muss uns etwas angehen, wenn wir erleben wollen, dass unsere Stadt vom Himmel erobert wird!«

Wenn Leute zu mir kommen und mir etwas sagen wollen, das in der Gemeinde anders werden soll, und sie ihre Ermahnung mit den Worten beginnen: »Die Gemeinde benötigt« oder »Deine Gemeinde benötigt«, dann weiß ich gleich, dass sie nicht Teil der Lösung sein werden. Sie haben sich in ihren Herzen bereits vom Problem distanziert, indem sie die Worte »die Gemeinde« oder »deine Gemeinde« verwenden. Wenn sie fragen: »Weißt du, was *unsere* Gemeinde benötigt?«, dann weiß ich, dass sie bereit sind, ein Teil der Lösung zu werden.

Leider ist häufig der Verzicht auf Seiten der Gemeinde, Verantwortung zu übernehmen, das Ergebnis des kulturellen Einflusses. Die amerikanische Kultur hat einen Individualismus, der nur sich selbst dient, bis zu einem Punkt gefördert, da das gemeinschaftliche Leben an allen Fronten angegriffen wird. Die meisten Bürger haben ein sehr geringes Bewusstsein davon, wie ihre Entscheidungen die Gesellschaft um sie herum beeinträchtigen. Wenn wir aufwachen und uns unser Gemeinwesen zu eigen machen, werden wir notwendigerweise mit dem Individualismus um uns herum und in uns konfrontiert werden. *Eine Möglichkeit, einen Eindruck von unserer eigentlichen Haltung in Bezug auf unsere Verantwortung zu gewinnen, ist die, dass wir uns fragen, ob wir jede Person, der wir begegnen, wie ein Familienmitglied behandeln.*

Jesus lehrte uns, ein gemeinschaftliches Gebet zu beten, das sich an »unseren Vater« richtet, was das Verlangen Gottes für Sein Volk offenbart, sich mit den Situationen seiner Nachbarn und der Gesellschaft zu identifizieren, als wären sie alle in der Familie Gottes.

Städte transformieren

Wir müssen zulassen, dass ein Gefühl von *Eigentum* die Art durchdringt, wie wir über unser Land und die Gesellschaft um uns herum denken. Wenn wir damit anfangen, uns mit der Zukunft unserer Städte zu identifizieren, werden wir anfangen, auf eine Weise zu beten, welche die geistliche Atmosphäre verändern und das Königreich des Himmels herbeiführen wird.

In den frühen Neunzigerjahren begannen meine Familie und ich, eine starke Last für Lewiston zu empfinden, eine kleine Stadt in den Bergen des nördlichen Kalifornien, etwa eine halbe Stunde von unserem Haus entfernt. Obwohl dies ein Gemeinwesen von weniger als Tausend Leuten war, wucherten Verbrechen, Drogen und Unmoral wild drauflos. Es war die schlimmste Stadt im Trinity-Bezirk. Das Department des Polizeichefs war ratlos, wie man das Problem lösen konnte, und die älteren Bewohner liefen Sturm, weil die kriminellen Aktivitäten ständig zunahmen.

Der Herr fing an, zu uns darüber zu sprechen, dass wir die Antwort für dieses Gemeinwesen werden sollen. Wir wussten eigentlich nicht, was wir tun sollten. Das Problem erschien uns ungeheuer, und, offen gestanden, wir fürchteten uns vor den gewalttätigen Mitbewohnern, die der eigentliche Kern der ganzen Angelegenheit waren.

Wir begannen damit, jede Woche einmal durch die Stadt zu marschieren und über den Häusern zu beten. Oft teilte der Herr uns mit, was im Innern der Häuser vor sich ging und zeigte uns so, wo die Festungen waren. So standen wir dann außerhalb jener Häuser und beteten im Stillen für sie. Oftmals erhielten wir prophetische Worte, welche die Antwort waren auf die Probleme, die wir im Geist sehen konnten. Wir prophezeiten, dass Leben in diese »Totengebeine« in jenen Häusern kommen werde.

Über ein Jahr lang beteten wir wöchentlich über der Stadt. Wir beteten nach Einbruch der Dunkelheit, damit wir uns nicht verdächtig machten und als religiös Ausgeflippte dastanden. *Schließlich taten wir dies ja nicht, um von den Menschen beachtet zu werden, sondern um von der Hölle zur Kenntnis genommen und vom Himmel anerkannt zu werden.* Wir verspürten eine solche Last für diese Leute, dass es uns veranlasste, oftmals trotz Regen und Schnee zu beten. Das Jahr über ließen wir keine Woche aus und waren entschlossen, dass wir erleben würden, wie das Königreich Gottes die Werke des Teufels in Lewiston zerstörte.

Am Ende dieses langen Jahres des Kampfes, in einer mondlosen und kalten Winternacht, trafen sich fünfzehn Leute, um durch den Ort zu marschieren und über der Stadt zu beten. Wir teilten uns in Zweiergruppen auf und marschierten einige Stunden lang betend durch die Stadtteile von Lewiston. Später trafen wir uns auf dem Kiesparkplatz einer alten, verwahrlosten Turnhalle. Die Turnhalle lag vor einem großen Feld, das von Unkraut überwuchert war. Wir hielten uns an den Händen und fingen an, für die Menschen in unserer Stadt zu beten. Innerhalb von Sekunden fing eine unglaublich laute Stimme, die einem das Blut in den Adern gerinnen ließ, mitten aus dem Feld heraus an zu heulen. Es klang wie die tiefe Stimme eines Mannes, der sich vor Schmerzen krümmte. Sie ließ unsere Haut erschaudern. Die Stimme hallte in jener dunklen, unheimlichen Nacht durch das Tal. Sobald wir mit Beten aufhörten, hörte auch die Stimme auf, doch wenn wir wieder zu beten anfingen, fing auch das Schreien wieder an. Wir entschlossen uns, noch eifriger zu beten, bis das Ganze für immer aufhören würde. Es verging eine lange Zeit, während wir diesen bösen Geist über der Stadt bekämpften, aber schließlich verlor die Stimme an Stärke, wurde sehr schwach und verstummte endlich. Es war eine seltsame Erfahrung, doch wir wussten, dass wir in dieser Nacht einen Durchbruch erzielt hatten.

Im Verlauf einer Woche rief das Trinity County Probation Departement bei uns an und fragte, ob wir bereit wären, mit ihnen in Lewiston zusammenzuarbeiten. Sie hatten ungefähr 35 Teenager zur Probe bei sich und hatten vor, deren Eltern zweimal pro Woche einen Monat lang zu unterrichten. Man wollte, dass wir uns um die Kinder kümmerten, während sie mit ihren Leuten die Elternschulung durchführten.

Wir waren etwas ängstlich, aber dennoch begeistert, mit den Teenagern in Lewiston zusammenarbeiten zu können. Die Stadtbehörde stellte uns die verwahrloste Turnhalle gratis zur Verfügung. Sie war in einem erbärmlichen Zustand, da sie seit Jahren nicht mehr benutzt worden war. Sie war undicht, wenn es regnete, und im Winter war sie eiskalt. Wir säuberten sie, so gut wir konnten. In den ersten paar Monaten ging es wild zu. Am ersten Abend musste ich vier Faustkämpfe unterbrechen, indem ich Kerle zu Boden schlug, um zu verhindern, dass sie sich gegenseitig umbrachten. Wir spielten gewöhnlich etwa eine Stunde lang Basket- oder Volleyball und machten dann eine Pause. In der Halbzeit hielt ich ihnen eine Botschaft, die von dem handelte, was sie gerade durchmachten. Die meisten meiner Botschaften gaben ihnen Werkzeuge in die Hand, um mit dem Leben zurechtzukommen, und ließen sie wissen, wie wertvoll sie für Gott waren.

Keiner musste in der Halle bleiben während der Botschaft. Doch die meisten von ihnen blieben. Nach und nach wurden wir eine große Familie. Wir trafen uns zweimal pro Woche fünf Jahre lang und zeigten diesen Kids unsere Liebe. Die Schar wuchs auf mehr als einhundert Jugendliche an. Mehrere Drogendealer mischten sich fast jeden Abend unter uns. Wir stellten Regeln auf, dass keine Drogen in und rund um die Turnhalle herum verkauft werden durften. Es war auch gegen die Regeln, Waffen in die Turnhalle mitzubringen. Nach ungefähr einem Jahr fingen sie an, großen Respekt vor uns zu haben. Sie hielten sich an die Regeln und überwachten sich sogar gegenseitig. Wenn ein Neuer in die Turnhalle kam und versuchte, Drogen zu verkaufen, gingen die älteren Kids auf ihn zu und machten ihm klar, dass die Turnhalle für den Drogenhandel tabu war.

Die Vertreter des Polizeichefs brachten unsere Jugendgruppe für eine Weile durcheinander, weil sie in die Turnhalle kamen und unsere Jugendlichen verhafteten, gegen die ein Haftbefehl vorlag. Schließlich konnte ich sie davon überzeugen, die Betreffenden woanders festzunehmen und uns zu erlauben, ihnen zuerst zu dienen.

Die Stadtbehörde war so gerührt durch das, was wir taten, dass sie uns zwei Auszeichnungen schenkte. Der Lions Club bezahlte alle Erfrischungen. Jedermann im Bezirk wusste, was wir taten, und unterstützte uns in jeder Hinsicht. Davon ausgenommen waren natürlich die religiösen Leute. Sie meinten, wir sollten die Kids mit der Bibel bombardieren und mit ihnen über ihr Fluchen reden und über andere äußerliche Probleme. Angeblich würden wir uns nicht um ihre Herzen kümmern.

In den folgenden fünf Jahren veränderte sich die ganze Stadt. Drogendealer wurden errettet und die meisten Jugendlichen fingen an, sich gegenseitig zu respektieren und nach moralischen Grundsätzen zu leben. Wir lehrten die Teenies, mit Konflikten umzugehen, so dass das Einander-Bekämpfen aufhörte und die ganze Stadt davon gereinigt wurde.

Wenn du heute durch Lewiston fährst, wirst du eine wunderschöne Gebirgsstadt vorfinden, die sich an die Trinity-Alpen anschmiegt. Die Häuser sind nett, die Hinterhöfe werden gepflegt, die Turnhalle ist renoviert und dort, wo das überwucherte Feld war, liegt jetzt ein großer Fußballplatz.

Man könnte dazu noch viel, viel mehr sagen und wenn wir alles erzählen wollten, würde dies den Rest des Buches füllen. Doch was wir vor allem durch diese Erfahrung lernten, war, dass wir im Leib Christi das besitzen, was nötig ist, damit unsere Städte umgewandelt werden. Wenn wir bereit sind, der Last unseres Herzens zu folgen, und Verantwortung für unsere Stadt übernehmen – und zwar mehr, als von uns erwartet wird –, wird Gott uns die Strategien und die Kraft geben, um zu erleben, wie ein Durchbruch geschieht.

Der Leib Christi ist ausgerüstet, das Königreich Gottes der Gerechtigkeit, des Friedens und der Freude überall hinzubringen, wo wir hinkommen. Wir haben Macht über den bösen Fürsten, der die Menschen gefangen hält. Wir haben eine Liebe, die die Leute veranlasst, zu erkennen, dass sich jemand um sie kümmert. Wir haben Gnade, die ihnen die Kraft gibt, sich zu ändern. Wir haben

Barmherzigkeit, die sie aufhebt, wenn sie fallen. Wir haben Mut, der sich der Gewalt entgegenstellt und Frieden bringt, und wir haben Weisheit, die den Menschen zeigt, wie sie leben können. Aber das Allerbeste ist: Wir haben einen unglaublichen Vater, der es versteht, die Herzen Seines Volkes zusammenschmelzen zu lassen. Wir haben die Antworten auf die Probleme der Welt und auf die Schliche des Feindes.

Johannes sagte: »Hierzu ist der Sohn Gottes geoffenbart worden, damit er die Werke des Teufels vernichte« (Joh. 3,8), und ein paar Verse später erklärte er: »Wie er ist, so sind auch wir in dieser Welt« (4,17b). Lasst uns nicht zurückbleiben, dass wir jedes Werk von Jesus imitieren, denn Er besitzt alle Autorität im Himmel und auf Erden und hat uns dazu beauftragt, Ihn in Seiner ganzen Fülle zu repräsentieren. Er war es, der verhieß, dass wir, Seine königliche Familie, sogar »größere Werke als diese« tun würden (Joh. 14,12).

Den Stab weitergeben
(von Bill Johnson)

»*Ein gerechter Mensch hinterlässt
seinen Kindeskindern ein Erbe.*« *(Sprüche 13,22)*

Königliche Familien geben sich große Mühe, ihre Familiengeschichte zu bewahren und weiterzuführen. Jeder Einzelne in einer Generation einer Königsfamilie versteht seine Identität nur, indem er sich selbst ans Ende einer langen Linie von Vorfahren setzt, die alle während ihrer Herrschaft bestimmte Leistungen vollbracht haben. Nur im Kontext dieser Geschichte sind Könige und Königinnen imstande, während ihrer eigenen Lebenszeit zu planen und Entscheidungen zu treffen, welche ihr königliches Vermächtnis weitertragen werden.

Als Gläubige wurden wir in Gottes reiche königliche Priesterschaft eingepfropft, und das Verständnis dieser Geschichte von Gottes Perspektive aus, ist ein wesentlicher Bestandteil davon, wenn wir definieren wollen, welches unsere königlichen Verpflichtungen sind. Die Bibel ist Gottes Geschichtsbuch. Sie offenbart nicht nur Seine Handlungen und Interventionen in der Geschichte der Menschheit, sondern auch, was sie bedeuten. Wenn sie von solchen studiert wird, die Ihn wirklich kennengelernt haben, offenbart sie von Anfang bis Ende einen klaren Plan, wie Gottes Königreich aufgerichtet werden soll.

Im 1. Buch Mose beauftragte Gott Adam und Eva im Garten Eden, fruchtbar zu sein, sich zu vermehren und sich die Erde zu unterwerfen. Mit andern Worten, sie sollten die Grenzen des Gartens, der die *Natur* von Gottes Königreich zum Ausdruck brachte, durch Fruchtbarkeit und Vermehrung von Generation zu Generation erweitern.

Die Natur des Königreiches Gottes besteht darin, dass es sich fortwährend vermehrt. In Jesaja 9,6 heißt es: »Die Mehrung der Herrschaft und des Friedens wird kein Ende haben«. Es ist so gedacht, dass das Königreich in uns sowohl individuell als auch gemeinschaftlich ständig fortschreitet, indem der Herr uns von »Gebot auf Gebot; Vorschrift auf Vorschrift« anleitet (Jes. 28,13), »von Herrlichkeit zu Herrlichkeit« (2. Kor. 3,18) und »aus Glauben zu Glauben« (Röm. 1,17).

Wenn man die Natur des Königreiches und Gottes ursprünglichen Auftrag an Adam und Eva voraussetzt, ist es klar, dass Gott beabsichtigte, dass Sein Königreich mit jeder folgenden Generation voranschreiten würde. Weil jede Generation an Zahl zunehmen würde, indem sie sich »vervielfachte«, würden mehr Menschen da sein, um der Herrschaft und Regierung Gottes auf Erden Nachdruck zu verleihen. Das Königreich nimmt zu, wenn Sein Volk zunimmt, denn »in der Menge des Volkes ist die Herrlichkeit eines Königs« (Spr. 14,28).

Erbschaft

Der Schlüsselbestandteil in diesem Prozess der Vermehrung ist die Erbschaft. Das Erbe ist das Bindeglied zwischen den Generationen. Es ist das, was jede Generation von der vorausgehenden übernimmt und was sie dann an die nächste weitergibt. Wenn eine Generation »fruchtbar ist und sich vermehrt hat«, beginnt die nächste Generation weit vor dem Ausgangspunkt, an dem sie sonst auf einem bestimmten Gebiet ihres Lebens hätte beginnen müssen. Zum Beispiel wird ein finanzielles Erbe ein junges Paar in die Lage versetzen, ein Haus oder ein Auto viel früher zu kaufen, als sie es sonst hätten kaufen können, hätten sie lediglich ihr eigenes Einkommen zur Verfügung gehabt.

Wenn wir als Gottes königliches Priestertum begreifen, dass Gott durch Erbschaft jede Generation befähigen möchte, Sein Königreich voranzubringen, müssen wir erkennen, wofür uns das verantwortlich macht. Eine Erbschaft erhalten wir gratis, wofür jemand anderes jedoch einen Preis bezahlt hat. Deshalb macht eine Erbschaft jede Generation verantwortlich, sowohl anzunehmen als auch zu ehren, was ihr von der vorausgehenden Generation hinterlassen wurde, um dann ihren eigenen Preis zu zahlen, um es anwachsen zu lassen, so dass die nächste Generation vor der ihren beginnen kann. Die Decke der einen Generation soll zum Fußboden der nächsten werden. Für unsere Lebenszeit macht dies erforderlich, dass wir im Bewusstsein handeln, dass unsere Handlungen die Generationen nach uns beeinflussen werden. Das ist genau die Wirkung, welche die Gerechtigkeit auf die Art und Weise haben wird, wie wir denken, denn »ein gerechter Mann hinterlässt seinen Kindeskindern ein Erbe«.

Offenbarung

Doch worin besteht das Erbe des Königreiches? Was empfangen wir aus unserer königlichen Geschichte und was können wir denen geben, die noch nach uns kommen? Nachdem Gott Seinen Bund mit dem Volk Israel am Sinai geschlossen hatte, machte Mose folgende Aussage: »Das Verborgene steht bei dem Herrn, unserem Gott; aber das Offenbare gilt uns und unseren Kindern für ewig, damit wir alle Worte dieses Gesetzes tun« (5. Mose 29.28). »Offenbarung« oder »das Offenbarte« ist das Erbe des Königreiches.

Die Bedeutung der Offenbarung aus der Perspektive Gottes ist so groß, dass die Bibel sogar sagt, wir würden ohne sie zugrunde gehen (vgl. Hos. 4,6). Offenbarung wird uns nicht gewährt, um uns klüger zu machen oder um uns bessere lehrmäßige Argumente zu liefern. Die Offenbarung ist in erster Linie dazu gedacht, uns zu einer göttlichen Begegnung zu führen, wo die Natur Gottes durch ein menschliches Erlebnis verstanden und demonstriert wird. *Wenn eine Offenbarung uns nicht zu einer Begegnung mit Gott führt, bewirkt sie nur, dass wir noch religiöser und arroganter werden, denn die Natur des Wissens besteht darin, dass sie uns aufbläht* (vgl. 1. Kor. 8,3). Wenn wir Erkenntnis besitzen, ohne Gott begegnet zu sein, dann kann unser Stolz uns sogar daran hindern, Gott zu begegnen. Diejenigen, die am meisten über Gott wussten in den Tagen Jesu, versagten darin, Seinen Sohn zu erkennen, der vor ihren Augen redete und Wunder vollbrachte. Jesus tadelte die Pharisäer diesbezüglich in Joh. 5,39.40 (*Haller*): »Ihr durchwühlt die

Schriften, weil ihr meint, in ihnen hättet ihr (das) Leben (kommender) Zeitalter (obwohl ihr es bisher noch nicht gefunden habt); (dabei) sind gerade sie es, die über Mich Zeugnis geben. Aber zu Mir wollt ihr ja (auf keinen Fall) kommen, sonst hättet ihr (nämlich) Leben erhalten.«

Persönliche Verwandlung

Offenbarung, die uns zu göttlichen Begegnungen führt, bewirkt einen Durchbruch, der eine persönliche Verwandlung verursacht. Offenbarung ist der Schlüssel zu geistlichem Wachstum, denn sie bringt uns dahin, wo wir von uns aus nicht hingelangen können. Wir erleben »Begegnungen«, weil wir »Wegweiser« benötigen, um dorthin zu kommen, wo wir zuvor noch nie waren. Ich benötige keine Wegweiser, wenn ich auf bekannten Straßen unterwegs bin, aber ich benötige Wegweiser, wenn ich dort unterwegs bin, wo ich noch nie zuvor war.

Das Zweite, was Offenbarung bewirkt, ist die Tatsache, dass sie das Aktionsfeld unseres Glaubens erweitert. In Hebräer 11,1 heißt es: »Der Glaube aber ist eine Verwirklichung dessen, was man hofft, und ein Überführtsein von Dingen, die man nicht sieht.« Praktisch gesehen ist der Glaube unser Verständnis von der Natur des unsichtbaren Bereichs und von der Art, wie wir erwarten, dass er den sichtbaren Bereich beeinflusst. *Wenn unser Verständnis von der Natur Gottes den Glauben einschließt, dass eine der »geheimnisvollen Arten«, auf die Er wirkt, die ist, dass Er Menschen krank werden lässt, um sie zu demütigen, werden wir kaum erwarten, dass Er sie heilen wird.* Doch wenn wir eine Offenbarung von der Natur Gottes als »der Sonne der Gerechtigkeit« haben, die aufgeht mit »Heilung in ihren Flügeln« (Spr. 13,22), und wenn wir sehen, dass Jesus ohne Ausnahme jede Person, die zu Ihm kam, heilte, wird unser Glaube in einem breiteren Raum operieren. Eine Person mit der erstgenannten Glaubensansicht wird wahrscheinlich nicht für die Kranken beten und wenn sie es tut, dann betet sie um Ausharren. *Eine Person mit Offenbarung jedoch ergreift Autorität über die Krankheit und gebietet dem Körper der kranken Person, geheilt zu werden »auf Erden wie im Himmel«.*

Wenn die Offenbarung tatsächlich als das Erbe des Königtums gedacht ist, dann ist klar, dass Gott mehr als nur dies beabsichtigt, dass bestimmte Informationen an die nächste Generation weitergegeben werden. Die Frucht der Offenbarung ist eine persönliche Verwandlung sowie übernatürliche Demonstrationen der Natur Gottes. Daher ist das Erbe der Information das Erbe von Vorbildern, von Helden, die selber zu einer Offenbarung von Gottes Natur *wurden*, und von Zeugnissen ihrer Lehren und Errungenschaften.

Das Zeugnis (Gottes) ist der Geist der prophetischen Rede

Wie also empfängt man nun diese Art von Erbschaft, wie benutzt man sie und wie arbeitet man damit, um sie für die nächste Generation zu vervielfachen? Wir haben bereits das Studium der Geschichte erwähnt. Für Gott ist die Geschichte Seines Volkes so wichtig, dass Er in Israels Kalender Zeiten des Gedächtnisses einbaute. Jedes ihrer Feste und jede ihrer Fastenzeiten kreiste um das Gedenken an bestimmte Handlungen und Gesetze Gottes. Wegen der Natur des Zeugnisses hatte die Erinnerung an die Vergangenheit den Zweck, in den Herzen jeder Generation eine Leidenschaft zu entfachen, den Gott ihrer Väter in ihren eigenen Tagen kennenzulernen.

Die Wurzel des Wortes »Zeugnis« ist ein Wort, das »etwas wieder tun« bedeutet. Jedes Mal, wenn wir die Geschichten von Gottes Eintreten in die menschliche Geschichte wiederholen, bitten wir Ihn darum, sich heute als derselbe Gott zu offenbaren. Aus diesem Grund können wir unser geistliches Erbe nicht wirklich empfangen, wenn wir bloß die Errungenschaften unserer Vorfahren beklatschen wollen. Wir ehren das Gedächtnis von Gottes Helden nicht, wenn wir bloß ihrer gedenken. Wir ehren ihr Gedächtnis nur dann, wenn wir sie nachahmen, indem wir den Gott kennenlernen, den sie kannten, und indem wir Ihn bitten, Sein Königreich in unseren Tagen herbeizuführen.

Die Tragödie der Erweckung

Wenn wir das Alte Testament studieren, stellen wir fest, dass jedes Mal, wenn die Israeliten darin versagten, das Buch des Gesetzes in ihrem Mund zu bewahren und ihre Geschichte mit Gott im Gedächtnis zu behalten, sie von Ihm abfielen. Als Folge davon fielen die geoffenbarten Erkenntnisse, die dazu gedacht waren, ihren Kindeskindern für immer zu gehören, – obwohl sie nicht verloren gegangen waren – der Vergessenheit anheim. Jede folgende Generation war sich ihres Erbes nicht mehr bewusst. Denn wenn wir eine Erbschaft haben, von der wir nichts wissen, machen wir keinen Gebrauch davon.

Trauriger weise ist die Geschichte christlicher Erweckungszeiten wie die Geschichte Israels. Die Geschichte zeigt, dass Erweckungen in der Regel zwei bis vier Jahre andauern. Viele haben daraus den Schluss gezogen, dass dieses Muster anzeigt, dass Erweckungen nur dazu gedacht waren, so lange anzudauern, um der Gemeinde eine Vitaminspritze in den Arm zu verpassen. *Doch wie wir gesehen haben, besteht die Natur des Königreiches im Voranschreiten und in der Zunahme. Der Herr hatte für Sein Volk nie vorgesehen, irgendeine Zeit lang ohne die Ausgießung des Heiligen Geistes zu existieren.* Diese Ausgießung war stets dazu gedacht, zuzunehmen, vom Pfingsttag an bis zu dem Tag, an dem Jesus wiederkommt.

Die Zunahme der Königsherrschaft Gottes in Form von Erweckung wird im Alten Testament beispielhaft durch Israels Eroberung des verheißenen Landes dargestellt. Als es den Jordan überquerte, sagte Gott dem Volk, dass das Land ihm gehöre. Es war jedoch noch immer vom Feind besetzt und genau das war Gottes Absicht. Hätte Gott die Feinde gleich am Anfang vollständig vertrieben, hätten die wilden Tiere das Land eingenommen. So drangen sie stufenweise ein, indem sie eine bestimmte Stadt durch eine himmlische Strategie einnahmen, das Land eroberten und dann zur nächsten Region weiterschritten, bis die Grenzen erreicht waren. In einer Erweckung werden Bereiche, in denen das Reich der Finsternis geherrscht hatte, durch die Königsherrschaft Gottes überwunden. Das Werk des Feindes, der stiehlt, schlachtet und umbringt, wird vernichtet, wenn Menschen das Werk des Kreuzes in Form von Heilung, Errettung und Befreiung erfahren. Die Frucht einer Erweckung ist, dass das Königreich Gottes in jedem Bereich der Gesellschaft zum Ausdruck gebracht wird.

Eine Erweckung kommt stets durch Erweckungsprediger zustande, durch Männer und Frauen Gottes, die derart von einer Leidenschaft für das Königreich Gottes ergriffen wurden und sich so dem König hingegeben haben, dass Er sie mit Autorität und Macht beauftragte, durch prophetische Offenbarung, Zeichen und Wunder das Königreich aufzurichten. Sie sind Pioniere und Bahnbrecher, die ihren Weg durchs Dickicht in feindliches Territorium schlagen und es für das Königreich beanspruchen. Sie sind gottgeschenkte Markierungspunkte für die menschliche Erfahrung, die klar als Frucht einer übernatürlichen Salbung erkennbar sind.

John Wesley zum Beispiel, brach in der Verkündigung des Wortes in den Bereich einer solchen Salbung ein, die so machtvoll war, dass er über eine Versammlung von Tausenden Menschen hinweg zu hören war. Die Macht Gottes fiel so stark, wenn er predigte, dass man ganz allgemein die Leute warnte, nicht auf Bäume hinaufzuklettern, um ihn sprechen zu hören. Unweigerlich ignorierten viele diese Warnung, und später konnte man die dumpfen Aufschläge hören, von denen, die unter der Kraft von den Bäumen fielen.

Maria Woodworth-Etter zog die Aufmerksamkeit der Zeitungen auf sich, als in den späten Jahren des 19. Jahrhunderts viele Menschen in ihren Versammlungen in Trance fielen und Visionen von Himmel und Hölle hatten. Auch hörte man Berichte von Leuten, die Hunderte von Meilen von ihrer Versammlung entfernt unter der Kraft Gottes zu Boden fielen. John G. Lake erlebte so viele Heilungen in seinen Versammlungen in Spokane, Washington, dass zu einem gewissen Zeitpunkt Spokane zur gesündesten Stadt in den Vereinigten Staaten erklärt wurde.

Doch so viele dieser Bewegungen, die mit diesen großen Männern und Frauen begannen, nahmen keineswegs an Kraft und Salbung zu, sondern erfuhren stattdessen bloß einen Niedergang. Es gibt möglicherweise eine ganze Anzahl Gründe dafür. Einer davon ist wohl der Folgende: Während die Kinder der Erweckung die Wunder Gottes anerkannten und beklatschten, die ihre Väter wirkten, waren sie dennoch nicht bereit, die Verspottung und Verfolgung zu ertragen, denen sich ihre Väter gegenübergesehen hatten.

Ein weiterer Grund ist der, dass sie das Prinzip der Erbschaft und die Natur des Königreiches nicht verstanden. *Als Folge davon bauten sie der Vergangenheit Denkmäler, statt zu erkennen, dass sie die Verantwortung hatten, das Erlebte für die nachfolgende Generation auf die nächste Stufe zu erheben.*

Unbesetzte Bereiche

Als die Israeliten aufhörten, das verheißene Land zu besetzen und darin voranzuschreiten, fingen die Feinde an, an den Grenzen des Landes einzudringen. Wenn die Bereiche Gottes, in die Menschen anlässlich einer Erweckung vorgedrungen waren, von der nachfolgenden Generation nicht besetzt und eingenommen werden, geschieht dasselbe. Lukas 11,24-26 beschreibt dieses Prinzip:

»*Wenn der unreine Geist von dem Menschen ausgefahren ist, durchzieht er dürre Gegenden und sucht Ruhe; und da er sie nicht findet, spricht er: Ich will in mein Haus zurückkehren, von wo ich ausgegangen bin; und wenn er kommt, findet er es gekehrt und geschmückt vor. Dann geht er hin und nimmt sieben andere Geister mit, böser als er selbst, und sie gehen hinein und wohnen dort; und das Letzte jenes Menschen wird schlimmer als das Erste.*«

Obwohl dieses Prinzip hier in Bezug auf eine Einzelperson gelehrt wird, gilt es ebenso für gemeinschaftliche Gruppen und Regionen. Das »Haus«, in das der böse Geist zurückkehrt, kann sowohl eine Einzelperson, eine Familie, eine Gemeinde, eine Bewegung, aber auch eine ganze Nation betreffen. Hier ist gemeint, dass im Königreich Gottes der einzig sichere Ort, an dem man sich befinden kann, der Ort der eigenen Besetzung und des Voranschreitens ist. In dem Augenblick, da wir eher daran arbeiten, das, was uns anvertraut worden ist, konsolidierend zu bewahren, anstatt es zu vermehren, fangen wir auch an, zu verlieren, was uns gegeben wurde. Das lehrt uns das Gleichnis von den anvertrauten Talenten. Derjenige, der nur bewahrte, was ihm gegeben worden war, endete damit, dass er genau das verlor, was ihm als Besitz anvertraut wurde. *Gott hat keinen Gefallen an der Haltung, bloß den Stand zu bewahren.*

Viele in der Gemeinde glauben, es sei das Hauptziel, den Feind dazu zu bringen, dass er geht. Doch wenn im geistlichen Bereich ein Vakuum entsteht, wird es sofort wieder ausgefüllt. Wenn wir es nicht mit der Kultur des Königreiches füllen, wird es aufs Neue besetzt werden, und oben zitierter Vers sagt uns, dass der letzte Zustand schlimmer sein wird als der erste. Wenn die eroberten Gebiete der vergangenen Generation unbesetzt bleiben, werden sie zur Plattform, von der aus der Feind die Siege der vergangenen Generation lächerlich macht. Aber noch schlimmer ist, dass dieses unbesetzte Territorium zum militärischen Lager wird, von dem aus der Feind einen Angriff gegen das Volk Gottes unternimmt, um ihre ererbten Siege aus ihrem Gedächtnis zu tilgen. Aus diesem Grunde gibt es heute Regionen, Städte, Familien und Dienste, die, obwohl sie einmal dem Königreich Gottes geweiht wurden, nun zu gegnerischen Festungen geworden sind.

Die geistlichen Abkömmlinge von John Wesley und der Heiligungsbewegung zum Beispiel sind nun gerade dabei, Homosexuelle als Pastoren zu ordinieren. Die Yale Universität, die einst ein Schulungszentrum für Erweckungsprediger war, propagiert heute eine Weltsicht, die dem Königreich Gottes völlig entgegengesetzt ist. Atlantic City, jetzt eine Hauptstadt des Glücksspiels, konnte einst ihre unerretteten Bewohner an zwei Händen abzählen.

Es ist das Versagen, das durch Erweckungspredigt gewonnene Territorium zu besetzen und darin voranzuschreiten, das jede Generation einer Erweckung von der Wohltat abgehalten hat, vom Empfang des geistlichen Erbes zu profitieren, das es ihr ermöglicht hätte, aufs Neue zu beginnen. Jede Generation einer Erweckung ist geistlich vaterlos und muss sich der vielfältigen Opposition des Feindes stellen in den Bereichen, die einst von der Gemeinde vertreten wurden. Gewöhnlich kommt eine Erweckung zu der Generation, welche die Einschüchterung des Feindes so satt hat, dass sie, wie Israel in den Tagen der Richter, zu Gott schreit, Er möge ihnen einen Retter senden. Und auch wenn die Erweckung dann eintrifft, ist sie nicht darauf vorbereitet, die nächste Generation dazu zu bringen, diese Erweckung zur nächsten Stufe zu führen. Eine vaterlose Generation weiß nicht, wie man Väter hervorbringt. *Die Tragödie der Erweckungen ist die, dass noch keine Generation den vollen Ertrag des geistlichen Erbes gesehen hat.*

Ausnahmen zur Regel

Es gibt für diese Tendenz der Geschichte zwei Ausnahmen, die ich erwähnen möchte, um einen Blick dessen zu erhaschen, was geschehen kann, wenn eine Erbschaft erfolgreich empfangen und weitergegeben wird. Es sind bei weitem nicht die einzigen. Der erste ist König Salomo. Weil sein Vater bei Gott ein solches Wohlgefallen gefunden hatte, bekam er die Verheißung, dass er stets einen seiner Nachkommen haben werde, der auf dem Thron sitzt. Diese Verheißung, zusammen mit dem Wort, dass Salomo sein Erbe sein werde, leitete David an, Salomo von Geburt auf in den Wegen Gottes zu unterrichten. Salomo benutzte sein Erbe an Weisheit, um ein Königreich aufzubauen, das bei weitem dasjenige seines Vaters übertraf. Ihre beiden Regierungszeiten gelten heute noch als das goldene Zeitalter Israels.

Das zweite Beispiel ist Martin Luther. Martin Luther hatte eine Offenbarung, dass der persönliche Glaube an Christus das Tor zur Errettung sei. Diese Lehre verursachte eine der größten Kirchenspaltungen in der Geschichte und stellte sich Jahrhunderten von Feindbesetzung in diesem Bereich der Offenbarung entgegen. In den Generationen, die auf Luther folgten, mussten Einzelne manchmal monatelang beten, bevor sie wirklich wussten, dass sie gerettet waren. Doch jetzt, da diese Offenbarung viele Generationen über gelehrt und demonstriert worden ist, ist sie so fest etabliert, dass die meisten Gläubigen davon überzeugt sind, dass jemand in wenigen Augenblicken nach der Annahme von Christus sich seines Heils gewiss sein kann. Diese Erwartung hat die Art, wie Evangelisten den Verlorenen dienen, total verändert.

Wenn ein bestimmter Bereich von Gott besetzt und in den folgenden Generationen vorangetrieben wird, wird ein Teil des Königreichs als die Wirklichkeit etabliert, welche die Menschen erben und in der sie leben können. Unglücklicherweise müssen große Teile der Gemeinde Kämpfe ausfechten, die bereits in früheren Generationen ausgefochten wurden, weil ohne ein erfolgreiches Übernehmen und Weitergeben des Erbes die Offenbarung nicht befestigt wurde. Um das Bild in Lukas 11 zu gebrauchen: Einige

Räume des Hauses wurden viele Male gefegt, aber weil sie nie möbliert wurden, können wir dennoch nicht darin leben. Ich glaube, dass, solange die Gemeinde keine Offenbarung von Gottes Plan für die Aufrichtung Seines Königreiches durch Erbschaft hat, sich dieser Kreislauf in der Geschichte weiter wiederholen wird.

Das Empfangen und Überlassen unseres Erbes

Auch wenn wir das im Sinn behalten, so will ich damit nicht sagen, dass sich die Natur Gottes und Seines Königreiches etwa geändert hätte. Es trifft noch immer zu, dass Seine Herrschaft zunimmt, und es ist noch immer wahr, dass die geoffenbarten Dinge Seinem Volk und den noch kommenden Generationen für immer gehören. Mehr als dass ich durch das Vergangene bekümmert wäre, bin ich tief beeindruckt von der Gelegenheit, die Gott unserer Generation gewährt hat, unser Erbe zu empfangen und den Lauf der Geschichte zu verändern, indem wir darauf hinwirken, eine Generation von Erweckungsvätern hervorzubringen.

Wie ich erwähnt habe: Wenn die »Dinge, die geoffenbart worden sind«, der nächsten Generation nicht gelehrt werden, sind sie nicht verloren, nur vergessen. *Ich glaube, dass so viele Mäntel (das biblische Symbol für Gottes Kraft und Autorität), die von Erweckungspredigern der vorausgehenden Generation getragen wurden, nicht verloren gegangen sind, sondern einfach dort liegen, wo sie abgelegt wurden.* Ihr könnt dies in der Schrift sehen. Elisa empfing erfolgreich den Mantel Elias und einen doppelten Anteil seines Geistes, doch starb er ohne Nachfolger. Und so haben wir diesen seltsamen Vers in 2. Könige 13,21: »Und es geschah, als sie einen Mann begruben, siehe, da sahen sie die Räuberschar, und sie warfen den Mann in das Grab Elischas. Als aber der Mann da hineinkam und die Gebeine Elischas berührte, da wurde er lebendig und stellte sich auf seine Füße«. Elisas Wundersalbung lag dort, wo sie abgelegt wurde, noch immer wirksam und intakt.

Andere Bereiche von Salbung und Offenbarung wurden verschüttet und müssen ausgegraben werden. Sie gleichen den Brunnen, die Jakob ausgraben musste, als er nach Kanaan zurückkehrte. Sie waren mit Schmutz angefüllt worden, was ein Sinnbild ist für die unerrettete Menschheit. Bewegungen Gottes wurden durch Menschen zum Stillstand gebracht, als sie anfingen, die Kontrolle zu übernehmen oder sich selbst die Ehre zu geben, wodurch sie den Heiligen Geist betrübten. Sie blockieren den Brunnen der Salbung mit dem Schmutz ihres Stolzes.

Die Offenbarungen und die Salbungen unserer Vorfahren liegen im Verborgenen und warten nur darauf, dass wir sie auffinden. Es ist Gott Selbst, der auf sie aufpasst. Wie wir in 5. Mose 29,28 sehen: »Das Verborgene steht bei dem Herrn, unserem Gott, aber das Offenbare gilt uns und unseren Kindern für ewig.« Die radikale Wendung im Denken jedoch, die Jesus brachte, war die, dass Gott Dinge nicht *vor* uns, sondern *für* uns verbirgt. Er sagte: »Uns wurde es gegeben, die Geheimnisse des Königreiches zu kennen.« Wir haben die Geheimnisse, weil wir den Heiligen Geist haben. Wie Jesus verheißen hat:

»Doch wenn Der kommt, (von Dem Ich zu euch gesprochen habe, nämlich) der Geist der Wahrheit, wird Er euch mit der vollständigen Wahrheit vertraut machen. Er wird nämlich nicht von Sich Selber reden. Im Gegenteil: Er wird all das sagen, was Er (von Mir und vom Vater) zu hören bekommen wird, und Er wird euch die Dinge mitteilen, die kommen werden. (Mit andern Worten:) Er wird Mich verherrlichen, denn was Er euch mitteilt, wird Er von Mir empfangen (und es einfach an euch weitergeben).« (Joh. 16,13-14, Haller)

Daher wird die alte Prophetie: »Was kein Auge gesehen und kein Ohr gehört hat und in keines Menschen Herz gekommen ist, was Gott denen bereitet hat, die ihn lieben« in 1. Korinther 2,10 so ergänzt: »Uns aber hat Gott es geoffenbart durch den Geist, …«

Gott verbirgt Dinge für uns, weil die Schrift sagt: »Gottes Ehre ist es, eine Sache zu verbergen, die Ehre der Könige aber, eine Sache zu erforschen.« (Spr. 25,1) Gott wird dadurch verherrlicht, dass Er nicht in deutlicher Sprache zu euch redet. Er wird im Grunde verherrlicht, indem Er durch Gleichnisse, Symbole und rätselhafte Sprüche redet. Und weil die Ehre eines Königs darin besteht, eine Sache zu erforschen, tritt das Königtum im Leben eines Gläubigen an die Oberfläche, wenn wir erkennen, dass wir einen rechtmäßigen Zugang zu verborgenen Dingen haben und anfangen, die

Entschlüsselung dieser Geheimnisse voranzutreiben. Diejenigen, die sich zurücklehnen und sagen: »Nun, was immer der Herr mir mitteilen möchte, das nehme ich gerne entgegen«, führen das Leben eines Bettlers in einem königlichen Palast.

Gott hat uns Zugang zu Geheimnissen in Bereichen der Politik, des Geschäftslebens, der Kreativität, in den Künsten und in jeder anderen Arena des menschlichen Lebens gewährt. Es gibt Bereiche, die sich eben jetzt Menschen öffnen, weil sie erkennen, dass sie sich daran machen sollten, zu erforschen, was Gott für sie verborgen hält. Es gibt Lösungen und Antworten für jedes Problem, dem sich die Welt gegenübersieht. Weil die Gläubigen nicht begreifen konnten, dass sie Zugang zu den Geheimnissen haben, gaben sie ihr Recht auf Autorität, für die Verwandlung zu kämpfen und zu beten, preis.

Dadurch, dass wir uns dem Eindruck hingegeben haben, es werde sowieso alles in einer Tragödie enden, erfüllen wir unsere eigenen »Prophetien«, indem wir nicht in das eintreten, wozu Gott uns berufen hat. Wir sind Leute, von denen erwartet wird, dass sie die lebendige Antwort auf die Schreie und Nöte der Gesellschaft sind. Es ist das Königtum in euch, das euch veranlasst, aufzustehen und zu einem Problem zu sagen: »Darauf gibt es eine Antwort!«

Nun, diejenigen, die dadurch Zugang zu Bereichen der Offenbarung und der Salbung gewinnen, indem sie in ihre königliche Berufung eintreten und die Dinge erforschen, die ihre Herzen gepackt haben, werden einen Markierungspunkt in ihrer menschlichen Erfahrung erleben, wie dies die Helden der Geschichte erlebten. Doch sie und das Volk Gottes müssen erkennen, dass diese Markierung nicht bloß eine Person ausrüsten soll, in diesem Bereich zu operieren, sondern diese Person soll ermächtigt werden, den Leib Christi auszurüsten, damit dieser in der Salbung wandeln kann und diese Markierung als die neue Norm für das Königreichsleben etablieren wird.

Bobby Connor sagte: »Gott ist nicht an irgendjemandem interessiert; er ist an Seinem Leib interessiert.«[5] *Wenn der Leib Christi in das Verständnis des Zwecks von Gottes Salbung hinüberwech-*

---

5 Wortspiel im Englischen: »God is not interested in *somebody*; He's interested in *His Body*."

selt, dann werden die Leiter nicht mehr ihr ganzes Leben damit verbringen, ihren Dienst aufzubauen, sondern werden sich darauf konzentrieren, die folgende Generation aufzurichten, damit sie in die nächste Stufe hineinwächst. Und der Leib Christi wird lernen, seine Leiter zu ehren und von ihnen zu empfangen, ohne in das alte Muster zu verfallen, sie entweder zu kritisieren oder sie so sehr als Idole zu verehren, dass sie nicht mehr länger als Standard dienen können, den man nachahmen sollte.

Unsere Väter ehren

Wir haben bereits gesehen, dass Ehre eines der entscheidenden Attribute von Männern und Frauen in Gottes königlicher Priesterschaft ist. Leben wird durch Ehre freigesetzt. Doch jemanden zu ehren ist im Wesentlichen die rechtmäßige Anerkennung derer, von denen wir unser Erbe empfangen haben. Das fünfte Gebot sagt: »Du sollst deinen Vater und deine Mutter ehren«. Ehre ist der Schlüssel zum Empfang unseres Erbes.

Wie aber sieht Ehre wirklich aus? Elisa demonstriert, was Ehre ist, als er um den doppelten Anteil vom Geist Elias bat. Elia verspricht, dass er ihn haben könne, wenn Elisa sehen könne, wie er hinauffahren wird. So einfach dies auch klingt, so erwies es sich dennoch als keine leichte Sache. Es gab in jeder Stadt Söhne von Propheten, die Elisa sagten, er solle nach Hause gehen. Sogar Elia selbst sagte ihm, er solle doch nach Hause gehen. Da kam ein feuriger Wagen im Sturzflug zwischen Elisa und Elia herab, während Elia von einem Wirbelwind weggetragen wurde. Doch Elisa lungerte nicht den ganzen Tag herum, denn er war entschlossen, Elia zuzusehen, wenn er weggehoben werden würde. Er hätte ihn nicht einmal ins Badezimmer gehen lassen, ohne ihm auf den Fersen zu bleiben. Dann, als der Mantel fiel, wandte er sich um und teilte den Fluss, den Elia früher geteilt hatte. Elisas Ehre bestand nicht in einem Wortschwall von Dankesworten, es war vielmehr ein resoluter Entschluss, zu bekommen, was sein geistlicher Vater zu geben hatte, und dann auch eine Kühnheit, um mutig anzuwenden, was er empfing.

Im Neuen Testament lässt Jesus die Einladung an jedermann ergehen, das zu empfangen, was Elisa empfangen hatte. Er sagte:

»Wer einen Propheten aufnimmt in eines Propheten Namen, wird eines Propheten Lohn empfangen« (Mt. 10,41). Wie wir bei Elisa sehen können, bedeutet, einen Propheten in eines Propheten Namen aufzunehmen, dass wir anerkennen: Wir haben eine Bedingung zu erfüllen, das Erbe an uns zu nehmen, das er uns zu geben hat, und es zu benutzen! *Der Herr nimmt es persönlich, wenn wir Christus in jemand anderem ehren.* Wenn wir einen Propheten im Namen eines Propheten ehren, haben wir Zugang zu dem Bereich, in dem diese Person lebt. Vielleicht werden wir nie Prophet genannt, aber irgendetwas springt in unser eigenes Leben über. Es gibt Mäntel, Bereiche Gottes, Offenbarungen und Stufen von Salbung, in denen sich der Betreffende bewegte und zu denen wir Zugang gewinnen, einfach indem wir ihn ehren.

Wir müssen unsere Gelegenheit und Verantwortung wahrnehmen, jene Männer und Frauen in der Geschichte zu ehren, die in verschiedene Bereiche Gottes durchgebrochen und im Königreich vorangeschritten sind, aber auch diejenigen zu ehren, die um uns herum sind. Damit sind nicht nur die mit großem Namen gemeint. Es ist die eigentliche Herausforderung, zu lernen, einander im Geist zu erkennen, sodass wir die Gaben und die Salbung bemerken, die Gott jedem der Glieder Seines Leibes verliehen hat. Der Herr Jesus sagte durch den Apostel Paulus, wir sollten uns in der Furcht Christi gegenseitig unterordnen. Das bedeutet, dass wir Christus in uns ehren sollen.

Im Grunde ist Christus und das, was Er für uns am Kreuz erkauft hat, dasjenige, was tatsächlich unser Erbe ausmacht. Die Offenbarung sagt uns schlicht, was vorhanden ist, und das befähigt uns, es zu benutzen. Ohne Offenbarung gleichen die Reichtümer von Golgatha Milliarden Euro, die auf unserem Bankkonto liegen und von denen wir keine Ahnung haben. Doch sogar dies ist ein armseliger Vergleich, denn mit Geld kann niemals unser Erbe aufgewogen werden. Epheser 2 teilt uns mit, dass es kommende Zeitalter benötigen wird, um die Reichtümer Seiner Gnade zu erforschen. Es gibt so vieles, was Gott *für* uns hat.

In einer Woche erreichten uns Berichte von zwei Frauen, die mit einem Down-Syndrom-Kind schwanger waren. Verschiedene Leute der Gemeinde beteten für sie und brachten Berichte darüber, dass beide eine andere Diagnose erhielten, als sie ein weiteres Mal beim Arzt waren. Sie wussten nicht, was geschehen war, aber beide Kinder hatten kein Down-Syndrom mehr.

Wir hatten eben erst eine andere Mutter, die vor kurzer Zeit zu uns kam, als wir in England dienten, die ein Kind unter dem Herzen trug. Der Arzt sagte ihr, das Kind sei tot, und fünf weitere Fachärzte kamen zu demselben Schluss: »Das Kind ist nicht nur tot; es gibt überhaupt kein Fruchtwasser. Wenn Sie uns nicht erlauben, das Kind zu entfernen, werden auch Sie sterben.« Sie kam zu einer Konferenz unserer Gemeinde, es wurde über ihr gebetet, und jetzt hat sie ein sehr glückliches, lebendiges Kind. Hätten wir zehn Millionen Dollar auf unserem Bankkonto, so würde das in einem solchen Fall nichts helfen, doch das Erbe, das wir haben, bringt so etwas zustande.

Das Thema des Erbes ist im Moment eines der drängendsten Dinge. Es hat in diesen Tagen im Leib Christi viele prophetische Worte gegeben, die von einem beschleunigten Wachstum sprechen. Ich glaube, dass Wachstum sich einstellen wird, wenn wir zu einem Verständnis des Erbes gelangen und anfangen, die vergangenen Generationen und auch uns gegenseitig zu ehren. Durch Ehre wird unsere Erbschaft von Mänteln und Bereichen der Offenbarung und der Salbung freigesetzt, um den Leib Christi auszurüsten, damit er das Reich Gottes in noch nie dagewesene Stufen und Bereiche emporheben kann. Doch wenn wir damit beginnen, unser Erbe zu empfangen, müssen wir die Lektion der Geschichte lernen und jetzt damit beginnen, unsere Position einzunehmen, um der nächsten Generation ein Erbe zu hinterlassen. Auch müssen wir die nächste Generation darin schulen, ebenso zu denken. Wir können nicht bloß Söhne der Erweckung erziehen; wir müssen auch Väter hervorbringen, die für die Generationen nach ihnen leben werden.

Unser endgültiges Privileg

Für mich persönlich schließt »Ehre der Vergangenheit« sowohl das Studium der Erweckungsgeschichte, als auch das Nähren meiner eigenen Leidenschaft, nach dem Beispiel derer zu wandeln, die vor mir gelebt haben, mit ein. Auch ergreife ich jede Gelegenheit, die sich mir bietet, damit Nachfahren von Erweckungspredigern für mich beten. Bei einer Gelegenheit hatte ich das Vorrecht, John Wimbers jüngste Schwiegertochter zu bitten, für mich zu beten, und ich war überwältigt von der Kraft und der Salbung, die dadurch freigesetzt wurde. Das bestätigte, dass ein Mensch eine Erteilung und Übertragung empfangen kann, indem er jemanden dadurch ehrt, dass er seiner Familie Ehre erweist.

Ich habe das einzigartige Privileg, ein Pastor der fünften Generation zu sein. Meine Kinder bilden die sechste Generation und ich bin so überwältigt und dankbar für meine Familie. Doch der brandneue Gläubige, der keine Geschichte mit Gott hat und nun herzutritt und »den Propheten in eines Propheten Namen« ehrt, tritt dasselbe Erbe an, das wir empfangen haben. Es war niemals so vorgesehen gewesen, dass es auf diejenigen in dieser höchst ungewöhnlichen, bevorzugten familiären Position, wie ich sie habe, beschränkt bleiben soll. Ich bin froh, es empfangen zu haben, aber ich muss es weitergeben und darf es nicht horten. Ich muss es so positionieren, dass es die alte Norm behält, und es dennoch zu einer neuen Norm erheben. So ist das Leben in der Königsherrschaft. Wenn ich Zugang dazu habe, dann gelangt jeder, der unter den Einfluss alles dessen kommt, was ich weitergeben kann, zu derselben Erbschaft.

Meine andere Verantwortung besteht darin, meine Kinder zu schulen, opferbereit zu leben, und zwar sowohl in natürlicher als auch in geistlicher Hinsicht. Ich gebe ihnen reichlich von dem, was ich vom Herrn empfangen habe, aber ich sage ihnen: »Wenn ihr euren eigenen Kindern etwas hinterlassen wollt, dann müsst ihr einen Preis zahlen, um das zu entwickeln, was ihr gratis bekommen habt.« Es ist Zeit für den Leib Christi, damit anzufangen, sich in eine Generation hineinzudenken, für sie zu planen und in sie zu säen, die wir nie sehen werden. Es ist Zeit, damit anzufangen, in unserem Denken, Planen und in unseren Gebeten eine Vision auf hundert Jahre hin aufzubauen. Es gibt so viele Dinge, wonach ich hungere, sie in unseren Tagen geschehen zu sehen. Ich habe so viele Dinge gesehen, von denen ich nie geträumt habe, sie je zu sehen, doch bin ich auch mit neuen Träumen schwanger und kann mich nicht mit dem zufrieden geben, wo ich mich im Augenblick befinde. Ich muss ständig die Position einnehmen, zu erobern und voranzuschreiten. Doch wenn ich all das nicht zu meiner Zeit erleben kann, so gebe ich alles, was ich habe, damit meine Kinder und meine Kindeskinder das erleben werden, und so werden auch sie dasselbe Herz für die folgenden Generationen haben.

Wissen wir eigentlich, warum wir von einer Wolke von Zeugen umgeben sind? Bei einem Staffellauf rennt der schnellste Läufer des Planeten den ersten Lauf des Rennens. Er kann den Stab dem zweitschnellsten Läufer des Planeten übergeben, der dann den Stab an den drittschnellsten Läufer des Planeten weitergibt. Doch jeder bekommt den Preis entsprechend dem, wie der letzte Lauf ausgetragen wird. Sie alle warten darauf zu sehen, was wir mit dem tun, was uns übergeben wurde.

Uns wurde ein Erbe von Generationen anvertraut. Uns wurde ein jahrhundertlanges Erbe von christlichen Mystikern, Erweckungspredigern, von solchen, die in Bereiche des Geistes vorgedrungen sind, übergeben, damit auch wir etwas als Erbe hinterlassen, das für jemand anderen bedeutsam wird. *Wenn wir die Gelegenheit wahrnehmen, die wir in dieser Stunde haben, sodass wir nach den Geheimnissen forschen, die für uns verborgen gehalten wurden, und wenn wir dies mit einem Herzen tun, diejenigen vor uns und neben uns zu ehren, so glaube ich, dass die Gemeinde eine Zeit erleben wird, wie sie sie noch nie gesehen hat.* Die Errichtung der Königsherrschaft Gottes muss bis zu einem solchen Maße zunehmen, dass das normale Christenleben in der Tat für jedermann in der Welt zum normalen Leben wird.

Mit himmlischen Verbündeten strategische Allianzen bilden

Den unsichtbaren Bereich beeinflussen

Geistliche Deckung ist für Gottes königliche Priesterschaft wesentlich, um den Segen zu erfahren, den Er ihr in Seiner Familie schenken möchte. Obwohl viele von uns mit der Frage der Unterordnung kämpfen, wegen des Missbrauchs von Autorität und der Rebellion unseres eigenen Herzens, wird sie uns doch durch die ganze Schrift hindurch geboten. Der Apostel hatte eine Menge zu sagen in Bezug auf Unterordnung unter Leiter, Ehegatten und untereinander im Leib Christi. Ich muss daher annehmen, dass er Erfahrung aus erster Hand besaß, weil er Leute beobachten konnte, die versuchten, ohne die geistliche Deckung zu leben und zu dienen, die aus der Unterordnung hervorgeht. Apostelgeschichte 19 kontrastiert bewusst den Dienst von Paulus mit dem von Exorzisten, die versuchten, ohne Deckung zu dienen.

»*Und Gott wirkte ungewöhnliche Wunder durch die Hände des Paulus, so dass sogar Schweißtücher oder Gürtel von seinem Leib zu den Kranken gebracht wurden und die Krankheiten von ihnen wichen und die bösen Geister von ihnen ausfuhren. Es versuchten aber etliche von den umherziehenden jüdischen Beschwörern, über denen, die böse Geister hatten, den Namen des Herrn Jesus zu nennen, indem sie sagten: Wir beschwören euch bei dem Jesus, den Paulus verkündigt! Es waren aber sieben Söhne eines jüdischen Hohenpriesters Skevas, die dies taten. Aber der böse Geist antwortete und sprach: Jesus kenne ich, und von Paulus weiß ich; aber wer seid ihr? Und der Mensch, in dem der böse Geist war, sprang auf sie los, und er überwältigte sie und zeigte ihnen dermaßen seine Kraft, dass sie entblößt und verwundet aus jenem Haus flohen.*« (Apg. 19,11-16)

Es ist erstaunlich, dass ein Apostel mit einem Schweißtuch mehr Macht besitzt als sieben Söhne eines Skeva mit dem richtigen Namen. Paulus hatte etwas, das sie nicht hatten – einen apostolischen Auftrag. Es gibt zwei Gründe, weshalb dies von Bedeutung ist: Als erstes war Paulus ein Apostel, weil er in Apostelgeschichte 13 durch den Heiligen Geist und durch andere Gemeindeleiter *beauftragt* worden war, einer zu sein. Er stand unter Autorität, und die Schrift lehrt uns, dass wir nur in dem Maße Autorität haben, in dem wir uns untergeordnet haben. Auch der römische Hauptmann in Lukas 7 zum Beispiel anerkannte, dass Jesus Autorität besaß, weil Er – wie er selbst – ein Mann war, der Autorität unterstand.

Der zweite Grund, weshalb Paulus Autorität besaß, war, dass er zum *Apostel* beauftragt war. Obwohl es andere Aufgaben und Ebenen der Leiterschaft in der Gemeinde gibt, werden Apostel und Propheten in besonderer Weise als das Fundament der Gemeinde bezeichnet (vgl. Eph. 2,20). Paulus wurde zu einem regierenden Leiter des Leibes Christi ernannt und als solcher wurde ihm ein viel weiterer Bereich von geistlichem Einfluss zugewiesen als den meisten von uns. Aufgrund dessen, wie Autorität funktioniert, können wir, wenn wir uns in Unterordnung unter einen apostolischen Leiter begeben und beauftragt werden, seiner Mission dienen und mit seiner Autorität operieren. Das ist möglicherweise die breiteste und grundlegendste Ebene unserer geistlichen Deckung.

Wie funktioniert geistliche Autorität? Wenn wir im Namen des Herrn beten, prophetisch reden und dienen, wissen wir, dass der Heilige Geist die letzte Quelle der Macht und Autorität ist. Auf dieselbe Weise, wie wir eingeladen werden, mit Ihm zusammenzuarbeiten, beauftragt Gott Engel, Seinen Willen auszuführen. In Hebräer 1,13 heißt es von den Engeln: »Sind sie nicht alle dienstbare Geister, ausgesandt zum Dienst um derer willen, welche das Heil erben sollen?« Die Engel sind da, um sicherzustellen, dass die Söhne und Töchter des Königs in ihre Bestimmung eingehen, und dass die Mission des Königreichs tatsächlich geschieht. Viele von uns erkennen jedoch nicht, dass wir eine Rolle spielen bei der Beauftragung der Engel. In Psalm 103,19-22 heißt es:

»Der Herr hat seinen Thron im Himmel gegründet, und seine Königsherrschaft regiert über alles. Lobt den Herrn, ihr seine Engel, ihr starken Helden, die ihr seinen Befehl ausführt, gehorsam der Stimme seines Wortes! Lobt den Herrn, alle seine Heerscharen, seine Diener, die ihr seinen Willen tut! Lobt den Herrn alle seine Werke, an allen Orten seiner Herrschaft! Lobe den Herrn, meine Seele!«

Die Engel hören auf die Stimme Seines Wortes, doch die Gemeinde ist Seine Stimme, die dieses Wort auf Erden proklamiert. Ich möchte darauf hinweisen, dass die Engel im Grunde ihren Auftrag von den Gebeten und prophetischen Äußerungen der Heiligen empfangen. Ich denke nicht, dass wir den Engeln sagen müssen, was sie tun sollen; ich glaube eher, dass wir einfach nur im Namen des Herrn beten und prophetisch zu reden brauchen. Sowie sie das Wort des Herrn hören, gehen sie los und vollbringen es. Doch wir können bloß dann ein Wort des Herrn aussprechen, das die Engel beauftragt, wenn wir selbst unter Autorität stehen und die Autorität besitzen, sie auszusenden. 1. Korinther 11,1-10 spricht davon in einer Ausführung hinsichtlich der geistlichen Deckung:

»Macht es mir nach, so wie ich es Christus nachgemacht habe. Das muss ich euch allerdings zugute halten (und es freut mich auch ganz besonders): Ihr habt euch alles (so) gemerkt, (wie) ich es euch vermittelt habe, und ihr habt euch an meine Anordnungen gehalten. Es ist jedoch mein (ausdrücklicher) Wille, dass ihr (folgendes) zur Kenntnis nehmt: Das Haupt von jedem Mann ist der Christus; der Mann (seinerseits) ist das Haupt der Frau, und das Haupt von Christus ist Gott selbst. Jeder Mann, der etwas auf dem Kopf trägt, wenn er betet oder prophetisch redet, gibt sein Haupt der Lächerlichkeit preis. (Bei der) Frau hingegen (ist es gerade umgekehrt): Jede, die (wie ein Mann) mit unbedecktem Kopf betet oder prophetisch redet, gibt ihr Haupt, (nämlich den Mann), der Lächerlichkeit preis. Sie könnte dann ebenso gut eine ‚Kahlgeschorene' sein. Weigert sich also eine Frau, ihren Kopf (während des Gottesdienstes) zuzudecken, (wie es die Sitte gebietet), so soll sie sich (konsequenterweise) auch gleich kahl scheren lassen. Da es aber für eine Frau nun einmal eine Schande ist, wenn sie ihr Haar abschneidet oder

sich kahl scheren lässt, soll sie (als Christin ihren Kopf) bedecken (um nicht in ein schiefes Licht zu geraten). Für den Mann besteht keinerlei Verpflichtung, (beim Gottesdienst) etwas auf dem Kopf zu haben, da er ja das Abbild und die Herrlichkeit Gottes verkörpert; die Frau ihrerseits repräsentiert die Herrlichkeit des Mannes. Und (schließlich) stammt ja der Mann nicht von der Frau ab, sondern die Frau vom Mann. Ferner wurde der Mann nicht wegen der Frau geschaffen, vielmehr die Frau um des Mannes willen. Aus diesem Grunde ist es notwendig, dass die Frau (ein Zeichen ihrer) Autorität auf dem Kopf trägt (als Beweis ihrer Stellung als Ehefrau), damit die Engel (wissen, mit wem sie es zu tun haben).« (Haller)

Ich bin mir bewusst, dass einige Lehrer durch diesen Text zu extremen Schlussfolgerungen gelangt sind und diese Verse benutzt haben, Frauen zu unterdrücken. Das ist keinesfalls mein Ziel. Ich möchte lediglich herausstellen, dass Paulus sagt, dass eine Frau, wenn sie betet oder prophetisch redet, ihr Haupt um der Engel willen bedeckt haben soll. Kopfbedeckung war ein kulturelles Zeichen der Ehre (des Ehestandes) in der historischen korinthischen Gemeinde und ohne Kopfbedeckung würde eine Frau, wenn sie prophetisch redet, mehr oder weniger ausdrücken, dass sie in ihrer eigenen Autorität (von sich aus, ohne Einwilligung ihres Ehemannes) dasteht (und handelt). Ihre Gebete und ihre Prophetien würden dann nicht als vom Herrn kommend anerkannt, weil die Engel nur von solchen beauftragt werden, die sich unter der Autorität befinden, die Gott angeordnet hat.

Das ist für uns ein Bild dafür, dass wir uns vergewissern sollen, dass wir denen unterstehen, die der Herr als Autorität über uns gesetzt hat, weil, wenn die Braut Christi unter Autorität steht, die Engel unsere Autorität anerkennen und die Worte unserer Gebete und Prophetien ausführen (vgl. Ps. 103,20). Wenn wir uns der Mission des Himmels unterordnen, beauftragen wir die Engel, das Wort des Herrn auszuführen.

Ziehen die Engel stets los und beantworten sie die Gebete und Prophetien von jedermann? Ich glaube nicht, dass sie dies tun, weil ich denke, dass sie nur Personen anerkennen, die einer apostolischen Mission unterstehen. Das ist bloß meine Theorie, aber ich glaube, dass bestimmte Leute manchmal die richtigen Gebete sprechen, wenn sie sich in Schwierigkeiten befinden, doch ihr Leben befindet sich nicht in Unterordnung und so ändert sich an ihrer Situation nichts. Sie möchten die Unterstützung des Himmels haben, aber sie wollen nicht dem König dienen. Damit meine ich nicht, dass sie in die Hölle kommen werden, doch haben sie die Autoritäten nicht anerkannt und sich ihnen nicht untergeordnet, die der Herr dazu beauftragt hat, geistliche Autorität in ihrem Leben auszuüben. So haben sie gemäß 1. Korinther 11 kein Symbol der Autorität auf ihrem Haupt und die Engel hören zwar ihre Gebete, aber sie sagen: »Noch immer nicht beauftragt!«

Der Herr erkennt Seine eigene Autorität an. Du kannst »Im Namen Jesu« sagen, bis du schwarz wirst, doch die Engel werden dich nicht anerkennen, solange du kein Symbol der Autorität auf deinem Kopf trägst. Sooft ein Missverhältnis besteht zwischen der Autorität, die du in einer bestimmten Situation auszuüben versuchst, und der Autorität, unter der du tatsächlich lebst, bleibt das Problem ungelöst. Offensichtlich ist dies eine allgemeine Aussage, und Gott kann tun, was immer Er tun will. Wir alle haben gesehen, wie Gott noch jede Regel gebrochen hat, die wir predigen. Doch hier haben wir ein Muster, das in der Bibel klar ist.

Gott hat eine Regierung bestimmt und beauftragt für Sein königliches Priestertum. Deren Zweck ist es, die Heiligen zuzurüsten für das Werk des Dienstes, sodass wir »zum Maß der vollen Größe des Christus gelangen« (Eph. 4,13). *Es ist für mich immer wieder erstaunlich, dass in dem Augenblick, in dem wir anfangen, unter die Vision der Leiter zu kommen, die Gott über uns eingesetzt hat, die Segnungen beginnen, die wir sonst auf keine andere Weise hätten erfahren können.* Weil mächtige Dinge geschehen, wenn wir unter einer Deckung beten und prophetisch reden, ist Gott besonders darauf bedacht, wem er welche Art von Autorität anvertraut. Er gibt Seine Autorität nicht einfach den begabtesten Leuten, sondern solchen, welche die Prüfungen bestanden haben, die ihnen zu dem Charakter verhalfen, um in geistlicher Autorität zu wandeln. Wir wollen nun ein paar biblische Leiter betrachten, deren persönliche Durchbrüche zu einem Segen für viele führten.

Josef

Bevor er in Apostelgeschichte 7 gesteinigt wurde, berichtet Stephanus seinen Anklägern gegenüber eine Kurzversion des Alten Testamentes. Er liefert eine Schlüsseleinsicht in Israels Geschichte.

»*Bis ein anderer König aufkam, der Josef nicht kannte. Dieser handelte arglistig gegen unser Geschlecht und zwang unsere Väter, ihre Kinder auszusetzen, damit sie nicht am Leben blieben.*« (Apg. 7,18-19)

Beachte, dass Stephanus nicht sagte, es habe sich ein König erhoben, der Gott nicht kannte und ihr Geschlecht umbrachte. Vielmehr sagte er: »Es kam ein anderer König auf, der *Josef* nicht kannte«. Damit wird zum Ausdruck gebracht, dass Josefs Leben irgendwie die Israeliten aus einem Leben des Todes und der Verzweiflung erlöste. Als Josef starb, ging für Israel die Deckung Josefs verloren, und das Volk Gottes wurde versklavt.

Josefs persönliche Siege wurden zu einer gemeinschaftlichen Deckung, aber es gibt keinen Sieg ohne Kampf. Kämpfe sind dazu da, uns aus den Gefängnissen dieses Lebens zu befreien und uns an den Platz unserer Bestimmung zu bringen. Zwischen dem Gefängnis und dem Palast entsteht immer ein Prozess, der diesen Kampf hervorbringt. Diesen Prozess bezeichnet man oft besser als Prüfung bzw. Bewährung. Die Prüfungen unseres Lebens sind dazu bestimmt, unseren Charakter zu entwickeln, sodass wir im Palast bleiben können.

Wir wollen in Josefs Leben einen genaueren Blick auf die Entwicklung hin zu seiner Berühmtheit werfen: Die erste Prüfung, der sich Josef gegenübersah, war die Verwerfung durch seine Brüder. Mit ungefähr siebzehn Jahren hatte er eine Reihe von prophetischen Träumen. Die Träume redeten davon, dass er in eine hervorragende Stellung gelangen würde, wobei er sah, wie seine Brüder und seine Eltern ihm dienten. Da machte er den Fehler, seine Bestimmung seinen Brüdern anzukündigen, und sie ärgerten sich über die Vorstellung, dass ihr mickriger, arroganter Bruder über sie herrschen sollte. Da sie bereits darüber verärgert waren, dass ihr Vater Josef bevorzugte, als wäre er der Erstgeborene, meinten sie eines Tages, sie könnten ihn nicht mehr länger ertragen und entwarfen einen Plan, ihn zu töten. Der Älteste, Ruben, überredete sie unter dem Eindruck, das könnte dann doch ein bisschen zu extrem sein, dazu, ihn stattdessen in einen Brunnen zu werfen. Zu diesem Zeitpunkt zog eine Karawane von Sklavenhändlern an ihnen vorbei und die Jungs änderten ihre Meinung und verkauften Josef aus Profitgier.

Nun, nach einer solchen Zurückweisung hätten viele von uns Jahre der Seelsorge vor sich. Doch auf Josef warteten noch mehr Schwierigkeiten. Seine sexuelle Reinheit und Integrität wurde auf die Probe gestellt. Josef befand sich in Ägypten, wo Potiphar, ein ägyptischer Offizier des Pharaos, ihn den Sklavenhändlern abkaufte. Gott war mit Josef und er erlangte eine Vorzugsstellung im Hause Potiphars, und schließlich stand er allem vor, was sein Boss besaß. Doch da versuchte Potiphars Frau, ihn dazu zu bringen, mit ihr zu schlafen. Tag für Tag weigerte er sich tapfer. Schließlich versuchte sie es mit Gewalt, doch er konnte entfliehen. Daraufhin belog sie ihre Wächter und beschuldigte Josef, sie sexuell bedrängt zu haben. Potiphar glaubte ihr und schickte Josef ins Gefängnis.

Fälschlicherweise angeklagt zu werden ist nie lustig, besonders, wenn man dafür ins Gefängnis geworfen wird. Die meisten von uns würden wohl sehr bitter werden. Doch Josef war auch im Gefängnis treu. Gott segnete ihn und der Oberste der Gefängniswächter übertrug ihm die Verantwortung für das ganze Gefängnis. Während sich die Zeit im Gefängnis hinzog, erhielt er die Gelegenheit, für zwei Diener des Pharao, die sich auch dort befanden, zwei Träume zu deuten. Seine Gabe, Träume deuten zu können, brachte ihm schließlich die Befreiung aus dem Gefängnis ein und er wurde zur Herrschaft an der Seite des Pharaos erhoben. Als Josef seinen Dienst als zweiter in der Befehlshierarchie antrat, befiel eine siebenjährige Hungersnot die ganze damals bekannte Welt. Durch mächtige prophetische Einblicke und göttliche Einsicht legte Josef Vorräte an für seine Nation, wobei noch so viel übrig blieb, dass sie an die anliegenden Nationen verkaufen konnten, die sich ebenfalls in der Krise befanden.

Beachte, dass Josef sich der Autorität des Pharaos unterordnete, obwohl der Pharao ein heidnischer Regent war. Gott konnte ihm die Position anvertrauen, von der er Jahre zuvor geträumt hatte, weil er durch seine Prüfungen gelernt hatte, sich unterzuordnen. Er hielt diese Haltung in seiner neuen Machtposition aufrecht. Unterordnung unter den Pharao bedeutete jedoch nicht, dass er seine Identität und seinen Glauben an Gott aufgab. Es waren exakt Gottes Pläne und Wege, die ihm die Weisheit verliehen, auf die sich der Pharao verließ. Römer 13,1 sagt: »Jede Seele ist verpflichtet, sich den ihr übergeordneten Inhabern von (staatlicher oder jeder möglichen Art von) Autorität unterzuordnen. (Ihr müsst nämlich wissen:) Es gibt keine Autorität, es sei denn, sie ist von Gott (delegiert bzw. verliehen worden). Allen, die Autorität ausüben, ist ihre Stellung (und die damit verbundene Durchsetzungsvollmacht) von Gott zugewiesen worden« (*Haller*). Weil Josef Gottes delegierte Autorität und Seine Art, ihn zu prüfen, anerkannte, qualifizierte er sich dazu, selbst in Autorität zu wandeln.

Josefs weitere Familie, die ihn tot glaubte, kam nach Ägypten, um Nahrung zu kaufen. Als seine Brüder feststellten, dass er noch am Leben war, bettelten sie um ihr Leben. Josef erklärte ihnen, dass das, was sie Böses beabsichtigt hätten, Gott zum Guten gewendet habe. Er vergab ihnen und lud sie ein, nach Ägypten zu kommen, um vor der Hungersnot sicher zu sein. Siebzig Mitglieder seiner Familie siedelte sich in Ägypten an, wobei der Pharao ihnen das beste Land anbot. Sie vermehrten und verbreiteten sich über die ganze Nation, wurden wohlhabend und blieben frei bis zum Tode Josefs.

Nachdem Josef gestorben war, trat ein neuer König die Macht an. Er wurde sehr eifersüchtig und fürchtete die Israeliten. Er versklavte sie und tötete Tausende von ihnen. Nun, wahrscheinlich war dies, hätte es nicht Josef gegeben, die Behandlung, die sie schon von Anfang an erfahren hätten. Sie waren Schafhirten und die Ägypter hassten Schafhirten, doch wegen Josefs Deckung wurden sie so behandelt, wie er es verdiente, behandelt zu werden. Die Israeliten führten ein Leben unglaublichen Segens während Josefs Herrschaft, nicht weil sie es verdienten, sondern weil Josef es verdiente!

Josef befand sich in einer mächtigen Position, als er das Schicksal seiner Familie in Ägypten bestimmte. Er hatte die Charaktertests durchlaufen und erlangte viele persönliche Siege: Er glaubte, dass Gott die Träume seines Lebens erfüllen würde, auch wenn die Umstände gegen ihn waren; er unterwarf sich der Autorität und war treu und vertraute Gott in allem; er hielt sich fern von sexueller Sünde und er war auch bereit, seinen Brüdern zu vergeben. Seine Erfolge erlaubten ihm, selbst zu einer gemeinschaftlichen Deckung zu werden und zu einem vertrauenswürdigen General im Königreich, um all diejenigen zu beschützen, die unter ihn gelangten (vgl. 1. Mose 37-48).

David

Derselbe Prozess lässt sich im Leben Davids in 1. Samuel, Kapitel 17, aufzeigen. David wurde von seinem Vater ausgesandt, um seinen Brüdern Verpflegung zu bringen, als sie gegen die Philister Krieg führten. Ein Riese der Philister namens Goliath stand auf dem Schlachtfeld und begann, die israelitische Armee zu verfluchen, zu verhöhnen und lächerlich zu machen. Schließlich kam Goliath an den Punkt, dass er sagte:

»*Bestimme einen Mann von euch, dass er zu mir herabkommt! Wenn er mit mir zu kämpfen vermag und mich erschlägt, dann wollen wir eure Knechte sein. Wenn ich ihn aber überwinde und ihn erschlage, dann sollt ihr unsere Knechte sein und uns dienen.*« (1. Sam. 17,9)

(Bitte beachte, dass Riesen in der Schrift oft ein Symbol für geistliche Fürstentümer sind. Goliaths Herausforderung ist ein gutes Beispiel dafür, wie geistliche Autorität funktioniert. Wird ein Fürstentum abgesetzt, dann wird alles, was unter seinem Einfluss stand, unter den Einfluss dessen kommen, was es ersetzt. Hier war es so, dass, wenn jemand den Philister tötete, alle Philister Israel dienen mussten, doch wenn jene Person den Kampf verloren hätte, wäre ganz Israel unter die Philister versklavt worden).

David war für diese Aufgabe wie geschaffen, denn wie Josef war er an einem verborgenen Ort treu gewesen. Er hatte einen bemerkenswerten Job geleistet, indem er am Rande der Wüste eine Schafherde hütete. Noch einmal: Das ist der Schlüssel, um geistliche Autorität zu gewinnen: Unterordnung bis zur Beförderung. Er hatte keine Ahnung, dass die Herausforderungen, denen er sich gegenübersah, als er seine Herde schützte, ihn für diesen Schicksalstag vorbereiten würden.

Bevor er jedoch Goliath besiegen konnte, musste er, wiederum wie Josef, den Spott seiner Brüder ertragen. *Diejenigen unter uns, welche die Leiterschaft anstreben, sollen sich merken, dass uns dasselbe bevorsteht, was Josef und David von ihren Brüdern erlitten.* Wie die Brüder von David und Josef leben Leute, die keine Vision haben, ihr Leben in der Knechtschaft ihrer eigenen Schwachheiten und Sünden. Sie verfolgen jeden, der eine Vision hat, der die Furcht besiegt hat oder der sein Leben lieber über der Sünde als unter ihr führt. *Diese Verfolgung findet statt, weil es leicht ist, sich in Ordnung zu fühlen, was ihre Knechtschaft betrifft, solange jedermann, den sie kennen, sich ebenfalls in Knechtschaft befindet – Elend liebt Geselligkeit. Wenn jemand jedoch anfängt, Sieg zu haben in denselben Umständen, in denen andere versagen, nimmt das ihnen ihre Ausreden weg und fordert sie auf, Rechenschaft abzugeben über die Ungereimtheiten in ihrem Charakter.*

Die Schrift sagt, dass David, bevor er den Riesen besiegte, »sein Gepäck beim Wächter zurückließ« (1. Sam. 17,22). Auch wenn das für ihn nicht unbedingt ein Charaktertest war, so glaube ich doch, dass es als ein bedeutsames Detail erwähnt wird, weil es ein Modell darstellt, wie wir unseren Herausforderungen begegnen sollen. David trat nicht in den Kampf ein, ohne dass er sich zuerst all dessen entledigte, was ihm hinderlich sein konnte. Genauso sollten auch wir uns nicht in eine Konfrontation mit dem Feind einlassen, ohne zuerst zuzulassen, dass Gott jede noch ungelöste Sünde oder Frage in unserem Herzen konfrontiert. Ich finde, dass die meisten wichtigen Dinge, die wir in unserem Leben tun, oft im privaten Bereich geschehen. *Hüte dich vor Leuten, die einen öffentlichen Sieg feiern, ohne zuerst im Privaten gesiegt zu haben.*

Schließlich brachte David Goliath mit einem Kieselstein zu Fall und tötete ihn mit dessen eigenem Schwert. Genau die Waffe, die dazu dienen sollte, David vernichtend zu schlagen, wurde zur ausgewählten Waffe in der Hand dieses großen Kämpfers.

Weil David den Vorkämpfer der Philister zur Strecke brachte, endete der Kampf. Davids persönlicher Sieg wurde zu einem gemeinschaftlichen Segen, der ganz Israel Frieden brachte.

Sich mit dem Unsichtbaren gut stellen

Einer der Grundsätze, den wir hier unbedingt verstehen müssen, ist der, dass physischer Gehorsam geistliche Befreiung bringt. Paulus sagte, das Natürliche komme zuerst, danach das Geistliche (1. Kor. 15,46). Wir haben das Leben von Personen untersucht, die ihren Charaktertest durchgestanden haben, indem sie den Prozess der Beförderung im natürlichen (sichtbaren) Bereich des Lebens vollendet haben, was dann dazu führte, dass sie Autorität im geistlichen (unsichtbaren) Bereich empfingen. Große Teile der Gemeinde anerkennen jedoch überhaupt kaum den unsichtbaren Bereich und sie erkennen noch viel weniger, welche Auswirkungen dies auf unser tägliches Leben hat. Das unsichtbare Königreich, das in uns und um uns herum liegt, ist mächtiger als die sichtbare Welt, die wir mit unseren natürlichen Augen wahrnehmen. *Entweder werden wir durch die unsichtbare Welt gesegnet oder verwirrt, je nachdem, wie wir zu ihr stehen.*

Ein großes Beispiel dafür, wie die unsichtbare Welt machtvoll den sichtbaren Bereich beeinflusst, ist das Leben von Mose und Josua, als Josua von Mose beauftragt wurde, seine Soldaten zu nehmen und ins Tal hinabzugehen, um gegen Amalek zu kämpfen. Mose stieg auf den Berg hinauf und hielt seine Hände ausgestreckt. Sooft Mose müde wurde und seine Arme sinken ließ, fing Josua an, zu verlieren. Wenn Mose seine Hände wieder erhob, gewann Josua. Es wurde ihnen klar, dass Josuas Sieg direkt davon abhing, dass Mose seine Hände ausgestreckt hielt; so stellten sie einen Führer auf jede Seite von Mose, die ihm halfen, indem sie seine Arme unterstützten. Josua gewann den Kampf und alles verlief gut für Israel an diesem Tag (vgl. 2. Mose 17,8-13).

Wenn wir nicht verstehen, wie wir in der unsichtbaren Welt Gunst erlangen können, dann stellen wir größere Armeen auf, entwickeln bessere Strategien und kaufen stärkere Waffen, und dennoch verlieren wir! *Niemals dämmert es uns, dass, wenn wir* unsere Führer unterstützen (ehren), wir auch teilhaben an ihren Siegen.

Gott erweckt Männer und Frauen wie Mose, David und Josef nicht zu ihrer eigenen Ehre, sondern zum Wohl Seines Volkes. Diejenigen, die sich als treu erwiesen haben, stattet er mit Autorität aus, um Sein Volk zu regieren. *Wenn das Volk Gottes in Unterordnung unter seine Führer gelangt, die ihre persönlichen Siege errungen haben, wird es zum Erben der Beute seiner Führer.* Durch Erbschaft empfängt es Segnungen, die es nicht selbst verdient hat. Weil heute viele im Leib Christi dies nicht erkennen, sind eine Reihe von Dingen geschehen.

Als erstes einmal gibt es so viele Menschen im Leib Christi, die sich Kämpfe ausgesucht haben, die bereits von jemand anderem gewonnen worden sind. Viele dieser Kämpfe führten zu unnötigen Wunden und in extremen Fällen sogar zum Tod. Das sind unnötige Opfer und Verluste des Krieges. Es liegt keine Ehre in Narben, die man sich in Kämpfen zugezogen hat, um Boden einzunehmen, den Gott bereits besetzt hält.

Das zweite Problem ist, dass viele Leute sich Führer nennen, die noch immer nicht ihren persönlichen Sieg errungen haben. Sie haben sich dazu verleiten lassen, zu glauben, sie seien eine Deckung für die Heiligen. *Die Wahrheit bei der ganzen Angelegenheit ist jedoch, dass diese Schlachten, die im persönlichen Leben der sogenannten »Hirten« verloren wurden, in dem Volk, das sie um sich versammelt haben, zu einer Knechtschaft führten. Wenn bestimmte Bereiche in ihrem Leben sich nicht in Unterordnung unter Gott befinden, unterstehen sie irgendetwas anderem, ob dies nun sie selbst sind oder irgendein Götze. Wenn Leute ihnen nachfolgen, enden sie damit, dass sie sich demselben Götzen unterwerfen.* So funktioniert geistliche Autorität. So viele Gläubige sind blind für dieses Prinzip, was, wie wir in Davids Geschichte gesehen haben, Goliath allerdings vollkommen versteht.

Paulus spricht hiervon, als er zu Timotheus sagte:

»Nun ist es aber (unbedingt) nötig, dass ein Gemeindevorsteher einen tadellosen (Ruf) hat. Er darf nicht (gleichzeitig) mehrere Frauen haben (und sollte) klaren Sinnes (bzw. sachlich) sein, ver-

ständig, (umgänglich und einfühlsam), anständig (und) gastfrei; (ferner sollte er) didaktische Fähigkeiten haben. (Du musst darauf achten, dass er) nicht alkoholabhängig ist, sonst wird er schnell zornig, fängt Streit an und schlägt um sich. Stattdessen sollte er freundlich sein, versöhnlich, großzügig (im Umgang mit Geld). Was sein eigenes Haus betrifft, (muss er ihm) gut vorstehen (und es in Ordnung halten, und) falls er Kinder hat, (müssen diese) sich (ihm) fügen, (und dies) mit allem Respekt, (der ihm als Hausvorsteher und Vater zusteht). Wenn einer es nämlich nicht einmal versteht, seinem eigenen Haus gut vorzustehen, wie wird (es dann erst herauskommen, wenn) er die Aufsicht über die Gemeinde führen (sollte)? (Es sollte auch) kein Neubekehrter sein, damit er nicht, vom Rauch (der Umstände und Auseinandersetzungen) geblendet, sich (etwas auf seine Stellung) einbildet und so unter das Urteil des Verleumders fällt.« (1. Tim. 3,2-6, Haller)

Natürlich bedeutet das nicht, dass ein Leiter nicht auch einen schlechten Tag haben kann. Aber es bedeutet, dass er keine Leitungsaufgabe haben kann, wenn er ein schlechtes Leben führt. Sünden des Lebensstils disqualifizieren Leute von Leitungsaufgaben solange, bis Buße getan wird, die im Glutofen des Ausharrens geprüft wurde. Ausharren ist die Fähigkeit, die Laufrichtung angesichts von Widerstand die ganze Zeit beizubehalten. Das Element der Zeit kann nicht ausgeklammert werden im Test der Buße eines Leiters. Nichts ersetzt einen schlechten Charakter, nicht einmal akademische Grade, geistliche Gaben oder Erfahrungen von Leuten, die wir kennen. Nichts kann die Knechtschaft der Sünde wettmachen. Siege der Vergangenheit können keine Sünden der Gegenwart außer Kraft setzen. Gefallene Leiter, die einen Lebensstil der Sünde pflegen, müssen unter eine echte Deckung kommen, während sie ihr Leben in Ordnung bringen. Diese Deckung bewirkt einen Treibhauseffekt, die den Leuten Gelegenheit verschafft, in einer sicheren Umgebung zurechtgebracht zu werden.

Einander decken

Das Letzte, das ich zum Thema der geistlichen Deckung erwähnen möchte, ist dies, dass Paulus uns oftmals in seinen Briefen ermahnt, uns einander unterzuordnen, wie wir uns Christus untergeordnet haben. Es besteht ein Element geistlicher Deckung, das bewahrt wird, wenn wir unseren Bund mit dem Leib Christi und miteinander als Brüder und Schwestern im Herrn ehren. Der Herr nennt uns Seinen Leib, weil jedes Glied vom anderen abhängt, und weil jede Entscheidung, die wir treffen, das Ganze beeinträchtigt. Wenn wir uns entschließen, den Leib Christi zu ehren und ihm zu dienen, bewahren wir die Verbindung, die uns Leben, Segen und Schutz gewährt.

Im 27. Kapitel der Apostelgeschichte ist Paulus gerade dabei, Schiffbruch zu erleiden. Obwohl Paulus bereits prophezeit hatte, dass niemand sein Leben verlieren, sondern nur das Schiff untergehen werde, entschlossen sich einige Matrosen, mit dem Rettungsboot zu entkommen. Als Paulus feststellte, dass einige Männer planten, zu entkommen, sagte er: »Wenn sie das Schiff verlassen, werden wir ALLE sterben!« (Apg. 27,31). *Wir müssen erkennen, dass wir als Gläubige Schicksalsgefährten sind. Einzeln genommen sind wir Glieder voneinander. Besonders Leiter müssen verstehen, dass ihre Handlungen und Einstellungen Auswirkungen haben, die um vieles vergrößert werden.* Die gute Nachricht lautet: Je mehr wir uns an Gottes Plan halten, desto mehr Autorität und Macht wird durch uns freigesetzt, um das Königreich Gottes zu errichten. Wenn wir, wie David und Josef, nach einem göttlichen Charakter streben und uns der Autorität unterwerfen, die Gott aufgerichtet hat, dann kann man uns auch königliche Autorität anvertrauen, welche die Engel beauftragen wird, die Hölle zurückzustoßen und den Himmel herunterzuholen!

Den Planeten bewahren

*»Es ist schwierig, den Menschen ‚den Himmel grundstückweise'
zuzuteilen, während man glaubt, ‚die Dinge würden in einem
Handkorb zur Hölle fahren'«.*
Jack Taylor

Die Untergangspropheten

Als ein königliches Priestertum und ein heiliges Volk ist es unser Vorrecht und unsere Verantwortung, für die Welt vor unserem König Fürbitte einzulegen. Man hat gesagt, der Herr tue nichts in den Angelegenheiten der Menschen, es sei denn, sie würden darum bitten. Das *Gebet ist der Katalysator für eine weltweite Transformation*. Es spornt die Engel an, hält die Finsternis zurück und setzt die Nationen frei, um in ihre Bestimmung zu kommen. Es ist dieser Schlüssel zur Erweckung, der die Brücke bildet zwischen dem, was sein sollte und dem, was wirklich sein wird. Dieses Buch ist dem Zweck der Erweckung gewidmet.

Der Teufel kennt die Macht des Gebets und kann uns nicht am Beten hindern. Aber er ist der Meister der Verführung. Er versucht, uns davon zu überzeugen, seine zerstörerischen Machenschaften seien »höhere Gewalt«, damit das Volk Gottes das Arsenal des Himmels gegen ihn nicht einsetzt! Leider ist Satan in letzter Zeit erfolgreicher gewesen im Verführen der Heiligen, als ihm dies jahrzehntelang gelungen ist. Einer der Wege, auf denen er sich heimlich in unsere Gesellschaft und auch in die Gemeinde hineingeschlichen hat, war der, dass irregeführte Leiter »den Zorn Gottes« gepredigt haben.

Im letzten Jahrzehnt scheinen die Gerichtspropheten aus dem Winterschlaf erwacht zu sein. Im Jahre 1997 verließen meine Eltern das San Francisco Bay Gebiet, um dem Zorn eines großen Erdbebens zu entkommen, von dem prophetisch angekündigt wurde, dass es ganz Südkalifornien treffen würde. Das Erdbeben würde Hollywood vernichten wegen ihrer Verschmutzung der Medien mit ihrer Unmoral und San Francisco wegen der homosexuellen Perversion. Das Wort sagte auch voraus, Kalifornien würde zum »Besitz der Meeresfront«.

Meine Eltern zogen um an den Tahoe-See in der Nähe von Nevada, in der Hoffnung, eine prophetische »Flugverbotszone« zu finden. Ungefähr zur selben Zeit, da sie sich eingerichtet hatten, fingen mehrere »Propheten« an, eine heraufkommende internationale Hungersnot vorauszusagen. Diese wurde rund um die Welt als das angeblich katastrophale Jahr-2000-Computerproblem bekannt. Dieses Computerproblem würde uns deswegen richten, weil wir unseren Intellekt zu unserem Gott gemacht hätten. Es war das perfekte »Gottes-Komplott«. Der ganze Plan war fast bis zuletzt verborgen geblieben wegen unseres törichten Vertrauens in die Großartigkeit des Menschen. Es schien, als habe der Herr jeden Computerfreak in der Welt geblendet, um ihn davon abzuhalten, rechtzeitig herauszufinden, dass wir alle verhungern würden, weil die Computer mit der Datums-Umstellung auf das Jahr 2000 nicht klarkämen. Was stand uns da bevor! Es würde Krawalle in den Straßen geben; die Leute würden der Versuchung nicht widerstehen können, ihre Nachbarn oder Kinder kannibalisch zu verzehren. Geschäfte und Regierungen würden als nächstes zerfallen. Einige sagten sogar voraus, das würde die »Mutter aller Kriege« auslösen. Die Leute strömten in Massen, um Stromgeneratoren und Flinten zu kaufen, um »im Namen des Herrn« ihre Nahrungsmittel zu verteidigen. Ich brauche nicht erwähnen, dass sich diese Vorbereitungen als völlig unnötig erwiesen und meine Eltern fahren noch heute stundenlang, um den Ozean zu erreichen, den sie früher von ihrem Garten aus bewundern konnten.

Der 11. September 2001 wird für immer als ein Monument des Mordens im Gedächtnis der Amerikaner eingebrannt bleiben. Amerika erwachte von den Schreien der Leute, viele von ihnen brannten lichterloh, als sie dem schwarzen Rauch einer von Menschen gemachten Hölle zu entkommen versuchten. Explosionen konnte man im Hintergrund hören, während Gebäude einstürzten und Tausende in Gräbern gefangen gesetzt wurden, die einst ansehnliche Gebäude gewesen waren. Weinen und Wehklagen wurde meilenweit gehört, als Leute ziellos durch die Straßen torkelten und nach ihren Lieben suchten. Viele sprangen aus diesem flammenden Inferno in den Tod. Tiefe Traurigkeit und Angst breitete sich über die ganze Erde aus, als die Nachricht sich verbreitete. Überall riefen Leute um Erbarmen für diejenigen, die zu den Vermissten zählten. Die Menschen klebten an ihren Fernsehschirmen, betend, hoffend und glaubend, dass sich aus diesem Schutt neues Leben erheben möge.

Obwohl die Gerichtspropheten dieses Desaster nicht voraussagten, tauchten »Erklärungen der Finsternis« auf aus dem, was eigentlich das »Haus der Hoffnung« hätte sein sollen. Sie kamen sogar, bevor wir uns selbst fragen konnten, warum ein solch hirnloser Terrorakt auf das Leben so vieler Unschuldiger ausgeübt werden konnte, die an diesem Tag starben. Viele der Propheten Gottes fingen an, Gerichtsworte über die Sünden der Nation zu verkünden. Ihre These lautete, Gott habe diese Tragödie bewirkt, weil Er die Sünde so hasse. Könnt ihr euch den Kummer vorstellen, der diejenigen befiel, die ihre Lieben verloren haben? Sie wurden mit einem zornigen Gott konfrontiert, der noch mehr Leute töten wollte. Genau wie Jesus gesagt hat: »In den letzten Tagen wird die Liebe von vielen erkalten« (Mt. 24,12).

Echte Gerechtigkeit ist Salz

Es stimmt, dass Unmoral, Götzendienst, Abtreibung und Mord einige der Krebsgeschwüre sind, gegen die eine Erweckung angehen muss. *Doch glaube ich, dass die schwerste Sünde in unserer Nation heute der Frosthauch eingefrorener Herzen ist, die sich in geistlichen Vätern befinden, die keine Liebe mehr zeigen. Diese irregeführten Gläubigen verbreiten Angst, zerstören Hoffnung und kastrieren den Glauben der Menschen.* Sie haben irgendwie die Gemeinschaft mit dem Tröster verloren, indem sie lieber das widersprüchliche und verwirrende »Evangelium schlechter Neuigkeiten« bejahen.

Jesus sagte uns: »Ihr seid das Salz der Erde. Wenn aber das Salz fade wird, womit soll es wieder salzig gemacht werden? Es taugt zu nichts mehr, als dass es hinausgeworfen und von den Leuten zertreten wird« (Mt. 5,13). In den Tagen Jesu hatte man noch keine Kühlschränke, in denen man die Nahrung aufbewahren konnte. Salz war das vorrangige Mittel, worin man sein Fleisch und Geflügel aufbewahrte. Durch diese Analogie lehrt uns der Herr, dass die Gemeinde in der Gesellschaft das Element ist, das die Kultur vor dem Zorn Gottes bewahrt und auch vor der Zerstörung durch böse Mächte. Ein gutes Beispiel dafür ist Josef, der, wie wir im letzten Kapitel gesehen haben, durch sein gerechtes Leben einen Segen für die ganze Gemeinschaft freisetzte. Seine Gegenwart in Ägypten veranlasste, dass sowohl die Israeliten als auch die Ägypter vor einer weltweiten Hungersnot bewahrt wurden.

Jesus sagte auch, wenn Salz fade würde, tauge es zu nichts mehr, als von den Menschen zertreten zu werden (d.h. als dass die Menschen darüber hinweggehen). Mit andern Worten: Die Menschen von heute kosten vom Salz, und wenn es nicht mehr salzig ist, wissen sie, dass es ihre Nahrung nicht mehr vor dem Zersetztwerden schützen kann. Es ist wichtig, sich daran zu erinnern, dass Jesus im Grunde nicht von der Bewahrung von Speise sprach, sondern damit den Leib Christi beschrieb. Was bedeutet es, fade und geschmacklos zu werden? Es bedeutet, dass wir damit aufgehört haben, die Welt zu bewahren. Wir sind fade geworden, wenn wir gegen das Volk prophezeien, das wir eigentlich bewahren sollten. Das wurde mir mitten im Sturm der Prophetien klar, die verheerende Ereignisse in Nordamerika voraussagten.

Ich fing an, den Herrn mit einem neuen Eifer für die Wahrheit zu suchen. Als ich am Fußboden lag und betete, begann der Heilige Geist zu mir zu sprechen.

Er sagte: »Ich nehme meine Hand nicht von den Städten wegen des Übermaßes an bösen Menschen, sondern nur dann, wenn es in ihnen an gerechten Menschen fehlt.«

Dann nahm er mich mit zu 1. Mose 18 und 19. Hier verhandelt Abraham mit Gott, damit Er Sodom rette, selbst wenn nur zehn gerechte Menschen darin wären.

Der Herr sagte zu mir: »Frage mich, woran ich sehen kann, ob es genügend gerechte Menschen in einer Stadt gibt, um sie zu retten.«

Ich fragte Ihn.

Er antwortete: »Ich prophezeie ein Wort des Gerichts. Dann warte ich, um zu schauen, wie viele aus meinem Volk sich erheben und um Erbarmen flehen werden. Auf diese Weise triumphiert die Barmherzigkeit über das Gericht« (Jak. 2,13).

Dann stellte mir Gott eine weitere Frage: »War Lots Frau gerecht oder böse?«

Obwohl ich schon jahrelang gepredigt habe, Lots Frau sei böse gewesen, weil sie auf die sündhafte Stadt zurückgeblickt habe, schien dies dennoch im Augenblick nicht die richtige Antwort zu sein.

Ich hörte mich antworten: »Ich weiß es nicht.«

Gott fuhr fort: »Wie war ihr Name?«

Ich antwortete: »Ich weiß es nicht.«

»Wie war der Name von Abrahams Frau?« fragte er weiter.

»Sara«, antwortete ich (dessen war ich mir sicher).

»Das ist richtig«, sagte Gott, »so hatte sie also eine eigene Identität, abgesehen von Abraham«. Nun ging mir ein Licht auf! Lots Frau wurde nicht namentlich genannt, weil ihre Identität mit Lots Gerechtigkeit verbunden war!

»Das ist richtig«, sagte der Herr und fuhr fort: »War Lot gerecht oder böse?«

»Gerecht«, erwiderte ich.

»In was verwandelte sie sich, als sie zurückblickte?«, fragte Jesus.

»In eine Salzsäule«, sagte ich.

»Was ist Salz?«, fragte Gott weiter.

»Ein Konservierungsmittel«, sagte ich.

»Ja! Sie lebte mit einem Mantel der Fürbitte. Sie wusste, dass sie diese Stadt bewahren würden.«

Schließlich verstand ich, dass die Tatsache, dass ihr Körper sich in eine Salzsäule verwandelte, ein prophetisches Sinnbild war für die Rolle, die sie in der Stadt gespielt hatten. Weil Lot und seine

Frau das »Salz« oder »Konservierungsmittel« Sodoms waren, stellten sie einen bewahrenden Einfluss für die Stadt dar. Darum erhielten sie eine Chance, dem Gericht zu entrinnen, als sich Gott schließlich entschloss, Feuer und Schwefel über sie zu bringen. Lots Frau traf einfach eine schlechte Entscheidung zu einem Zeitpunkt der Befreiung.

»Sie konnte einfach nicht loslassen, als Ich dies tat. Ihr eigener Dienst tötete sie«, erklärte Gott.

Dieser Punkt wird in Lukas 17 klar gemacht: »Wer an jenem Tag auf dem Dach ist und sein Gerät im Haus hat, der steige nicht hinab, um dasselbe zu holen; ebenso wer auf dem Feld ist, der kehre nicht wieder zurück. Gedenkt an Lots Frau! Wer seine Seele zu retten sucht, der wird sie verlieren, und wer sie verliert, der wird ihr zum Leben verhelfen« (Lk. 17,31-33).

Dann erinnerte mich der Herr an die Worte von Jeremia:

»Streift durch die Gassen Jerusalems und schaut doch nach und erkundigt euch und forscht nach auf ihren Plätzen, ob ihr einen Mann findet, ob einer da ist, der Recht übt und nach Wahrhaftigkeit strebt; so will ich ihr vergeben!« (Jer. 5,1)

Er rief mir auch die Worte an Hesekiel ins Gedächtnis: »Und ich suchte unter ihnen einen Mann, der die Mauer zumauern und vor mir in den Riss treten könnte für das Land, damit es nicht zugrunde gehe; aber ich fand keinen« (Hes. 22,30).

Es ist kein Zufall, dass viele von Gottes Propheten gleichzeitig Worte der Zerstörung sprechen, denn die größte Fürbitte-Bewegung in der Weltgeschichte erhebt sich und schreit um Erbarmen. Wir müssen daran denken, dass, obwohl Gott zuweilen Worte des Gerichts benutzte, um Seine Fürbitter zusammenzurufen, Sein Herz darauf aus ist, Barmherzigkeit zu erweisen. Gott hat kein Wohlgefallen am Tod des Bösen (vgl. Hes. 18,23). Wir sollten zu Gott rufen, dass Er unsere Städte heilt, bis die Engel uns aus ihnen herausholen, wie sie dies in den Tagen von Lot taten.

Ein Mangel an Glauben und verdrehte Grundwerte

Trotz der Tatsache, dass Gott gelegentlich Gerichtsworte verwendet, glaube ich dennoch nicht, dass die meisten der kürzlich geäußerten Gerichtsworte überhaupt eine Warnung von unserem Vater sind, sondern dass sie viel mehr die Frucht zweier Hauptprobleme in der Gemeinde sind. Zunächst besteht in vielen Christen ein unterschwelliger Mangel an Glauben, der sie davon zurückhält, zu glauben, dass Gott tatsächlich eine »fleckenlose Braut« haben werde, und zweitens haben viele Gläubige falsche Grundwerte, die ihre Weltsicht entstellen und ihren Dienst infizieren.

Grundwerte sind die Linsen, die über die Art entscheiden, wie wir das Leben betrachten. Sie sind die Interpreten der Ereignisse in unserer Welt. Wenn uns etwas zustößt oder um uns herum etwas passiert, bestimmen unsere Grundwerte darüber, was wir davon halten. Unsere Grundwerte entscheiden darüber, welche Ereignisse in unserem Leben wir Gott, dem Teufel oder einfach der Natur selbst zuordnen.

Ein großes Beispiel dafür, wie falsche Grundwerte unser Leben und unseren Dienst beeinflussen, kann man auf dem Gebiet der Fürbitte sehen. Viele Fürbitter sind außer Gefecht gesetzt worden, weil sie einer Lüge geglaubt und deshalb einen falschen Grundwert entwickelt haben, der sagt: »Unglück brütet Demut aus und Demut gebiert Buße, die ihrerseits Erweckung schürt«. Wenn wir die Welt durch diese Linse betrachten, hören wir auf, um Befreiung zu beten und bitten stattdessen um Ausharren. *Ich frage mich, wie oft wir zugelassen haben, dass der Teufel verheerenden Schaden in unserem Leben und im Leben derer um uns herum anrichten konnte, weil wir meinten, Gott wolle uns prüfen.*

Es ist wichtig zu verstehen, dass die meisten Erweckungen nicht mit einer Katastrophe begannen. Die Azusa-Street-Erweckung zum Beispiel begann mit Gebet. Auch die Jesus-People-Bewegung begann nicht mit einem Desaster und ebenso wenig die Erweckung in Wales. Letztere hatte nichts mit einer Tragödie zu tun. Die Toronto- und Brownsville-Erweckungen begannen ebenfalls nicht wegen eines Schicksalsschlages.

In der Tat erzeugte durch die ganze Bibel hindurch ein Desaster das genaue Gegenteil. Im Buch Numeri (4. Mose) bewirkte Gott, dass einige der Leiter Israels sich durch ein Erdbeben aufblähten. In Übereinstimmung mit seiner Art bat Mose in diesem Kapitel zweimal um Erbarmen für sein Volk. Die Bitterkeit der Israeliten, die überlebten, wurde jedoch mit jedem Desaster nur noch schlimmer. Sie beschuldigten Mose wegen des Verlustes ihrer Familienmitglieder und sie taten alles andere als Buße (vgl. 4. Mose 16,23-41). Im Buch der Offenbarung finden wir dasselbe Prinzip. Plagen wurden über die Leute ausgeschüttet, doch sie taten nicht Buße, sondern »lästerten den Gott des Himmels« (vgl. Offb. 16,10-11).

Wir alle sind schon Menschen begegnet, die ein Kind oder einen lieben Menschen vorzeitig verloren haben. Viele von ihnen gehen wegen ihres Verlusts mit Bitterkeit gegen Gott durchs Leben. Andere stellen die Realität eines liebenden Gottes in Frage, wenn sie um sich blicken und sehen, wie Leute verhungern. Obwohl Gott oft eine schlechte Situation zum Guten wenden kann und dies auch tut, gilt noch immer: »Die Güte Gottes leitet zur Buße!« (Röm. 2,4). Es ist der Teufel, der töten, stehlen und zerstören will. Er ist ein Meister darin, die Schriften zu verdrehen, sodass wir zulassen, dass er hereinkommen und seine verschlagenen Pläne ausführen kann. Denkt daran, es ist derselbe Kerl, der die Bibel zu dem Versuch benutzte, Jesus dazu zu bringen, Selbstmord zu begehen:

»Darauf nimmt ihn der Teufel mit sich in die heilige Stadt und stellt ihn auf die Zinne des Tempels und spricht zu ihm: Wenn du Gottes Sohn bist, so stürze dich hinab; denn es steht geschrieben: ›Er wird seinen Engeln deinetwegen Befehl geben, und sie werden dich auf den Händen tragen, damit du deinen Fuß nicht etwa an einen Stein stößt.‹« (Mt. 4,6)

Christus repräsentieren

Wir, die Gemeinde, sind nicht nur ein Konservierungsmittel (Salz), sondern wir sind auch Licht. Im Evangelium des Matthäus sagte Jesus: »Ihr seid das Licht der Welt. Eine Stadt, die auf einem Berge ist, kann nicht verborgen bleiben« (Mt. 5,14). Was bedeutet es, Licht zu sein, und was erleuchten wir? *Wir werfen Licht auf die Natur Gottes, wie Er denkt und wie Er in die Angelegenheiten der Menschen eingreift. Wir sind die Offenbarung (das Licht) des Vaters und Sein Liebesbrief an die Welt.* Wir repräsentieren Christus gegenüber den Verlorenen. Die Welt blickt auf uns, um die

Weltereignisse durch die Augen Gottes sehen zu können. Wenn wir unseren himmlischen Vater falsch darstellen, gewinnt die Welt eine verzerrte Vorstellung von Gott.

Jakobus und Johannes sind ein gutes Beispiel dafür, wie viele Gott falsch darstellen. Sie wollten Feuer vom Himmel herabrufen, um eine Stadt zu verzehren, doch Jesus sagte zu ihnen: »Wisst ihr nicht, welches Geistes Kinder ihr seid?« (Lk. 9,55). Es ist für mich von Interesse, dass es derselbe Johannes war, der an die »Geliebten« schrieb und uns ermahnte: »Geliebte, glaubt nicht jedem Geist, sondern prüft die Geister, ob sie aus Gott sind! Denn es sind viele falsche Propheten in die Welt ausgegangen« (1. Joh. 4,1). Ich stelle mir vor, dass Johannes die Offenbarung empfing, dass selbst Jesu eigene Apostel von der Hölle beeinflusst werden können, durch seine eigene Erfahrung, als er dem falschen Geist Gehör schenkte.

Beachte, wie seine eigene Ermahnung im selben Kapitel weitergeht: »Geliebte, lasst uns einander lieben … Furcht ist nicht in der Liebe, sondern die vollkommene Liebe treibt die Furcht aus, denn die Furcht hat mit Strafe zu tun; wer sich fürchtet, ist nicht vollkommen geworden in der Liebe« (1. Joh. 4,7.18). Diese Verse wurden im Kontext des Prüfens der Geister geschrieben. Mit andern Worten, wir prüfen die Geister, indem wir sie im Licht der Tugenden der Liebe untersuchen. Wenn wir diese Tugenden lesen, die im Brief an die Korinther dargelegt werden (1. Kor. 13), und wenn wir verstehen, dass Furcht in der Liebe nichts zu suchen hat, dann fragen wir uns unwillkürlich, welcher Geist zu diesen Gerichtsprophetien ermutigt. Die größte Tragödie liegt darin, dass die Offenbarung, die die Welt von diesen Stimmen empfängt, sie veranlasst zu glauben, der Vater sei ein zorniger Gott, der nur eine Gelegenheit sucht, die Menschen zu strafen.

Jesus sagte: »Wenn das Licht, das in euch ist, Finsternis ist, wie groß ist dann die Finsternis!« (Mt. 6,23). *Wenn wir das Licht der Welt sind und gegen das Volk reden und prophezeien, das bereits in der Finsternis verloren ist, wie groß ist dann erst die Finsternis!* Genauso: Wenn wir Gott als jemanden darstellen, der Amerika zerstören will, weil in diesem Land 40 Millionen Säuglinge abgetrieben wurden, zementieren wir das Problem fest, das wir eigentlich zu lösen versuchen. Die Menschen töten ihre Babys, weil sie die Liebe des Vaters nicht kennen oder verstehen. Macht es denn Sinn, den Leuten zu sagen, Gott sei so zornig, weil wir unsere Kleinkinder töten, dass Er uns alle töten werde? Ist unser Vater so eindimensional in Seinem Wesen, dass Er nur eine Reaktion kennt auf alles, was der Mensch falsch macht?

Die Art, wie viele Gläubige Gott vor der Welt darstellen, erinnert mich mehr an meinen bösen Stiefvater als an meinen himmlischen Vater. Kannst du dir vorstellen, welch negativen Eindruck es auf deine Tochter machen würde, wenn sie zu dir käme und dir sagte, sie hätte eine Abtreibung gehabt, und du als Reaktion darauf ausflippst und versuchen würdest, sie zu töten? Wenn du so aus Zorn reagierst, dann muss ich dir sagen, dass dein Mangel an Liebe einen großen Teil ihrer Entscheidung ausmachte, eine Abtreibung vornehmen zu lassen.

Wenn wir der Welt etwas über den Gott mitteilen wollen, dem sie noch begegnen muss, ist es entscheidend, dass wir Licht, Leben und Liebe kommunizieren. Die Liebe straft nicht und verbreitet auch keine Angst. Unser Abba-Vater ist bekümmert über die Sünden der Welt, doch jedes Mal, wenn wir die herzlosen Taten der Zerstörung ansehen müssen, die das Herz Gottes tief verletzen, müssen wir an die Tiefen des Verlangens Gottes denken, den Menschen Seine Liebe mitzuteilen. Die Natur der Liebe verlangt es, dass wir fähig sind, uns frei zu entscheiden. Würde Gott unsere Entscheidungsmöglichkeit wegnehmen, dann könnten sich die Leute nur noch so verhalten, wie Gott sie programmiert hätte. Die Kriege würden aufhören, der Hunger würde ein Ende nehmen und Armut wäre lediglich noch eine alte Erinnerung an längst vergangene Jahre. Aber zusammen mit ihrem Verschwinden wäre auch der verzweifelte Schrei des menschlichen Herzens, das mit Leidenschaft für eine liebende Beziehung zum wunderbarsten Wesen im ganzen Universum schlägt, verschwunden.

Tag für Tag blickt ein liebender Schöpfer auf einen zerbrochenen Planeten herab und sehnt sich nach dem Tag, da der Gegenstand Seiner Zuneigung Hand in Hand mit Ihm zu unbeschreiblicher

Schönheit in den Hallen der Ewigkeit wandeln wird. In der Zwischenzeit geht die Zerstörung weiter, nicht weil Gott über den Menschen zornig ist, sondern weil die Menschen sich entscheiden zu töten, zu stehlen und zu zerstören. Das ist nämlich die Frucht jener, die den falschen Liebhaber (Satan) gewählt haben.

Inmitten all dieser Finsternis ist eine unglaubliche Hoffnung am Wachsen. Am Tag, nachdem die Zwillingstürme des World Trade Centers zerstört wurden, hatte ich eine Vision. In dieser Vision sah ich, was wir alle Hunderte von Malen gesehen haben – die Feuertürme, die wie Sandburgen zu Boden stürzten. Doch diesmal, in der Vision, war etwas anders. Da war eine laute Stimme, die hinter den Türmen rief: »*Das Blut der Märtyrer; das Blut der Märtyrer!*« Was in der Vision als nächstes geschah, war erstaunlich. Es begannen sich über die ganze Erde hinweg Risse zu bilden, fast so, als wären es Auswirkungen von Explosionen. Wasser begann auf der ganzen Erde zu fließen. Dann fing eine andere Stimme an zu rufen: »*Die Brunnen der Tiefe sind geöffnet; die Brunnen der Tiefe sind geöffnet!*«

Ich fragte Gott: »Was bedeutet das?«

Er sagte: »Die Erkenntnis von der Herrlichkeit des Herrn wird die Erde bedecken, so wie die Wasser das Meer bedecken!«

Jesus sagte: »Wahrlich, wahrlich, ich sage euch: Wenn das Weizenkorn nicht in die Erde fällt und stirbt, bleibt es allein; doch wenn es stirbt, bringt es viel Frucht!« (Joh. 12,24). Ich glaube, dass Gott, weil Er ein Gott der Erlösung ist, sicherstellt, dass die Konsequenz der Christen, die um ihres Glaubens willen getötet wurden, in einer Masse von geistlichen Bekehrungen bestehen wird. Obwohl Gott den 11. September nicht als Gericht über Nordamerika veranlasste, ist Er dennoch imstande, diese schrecklichen Umstände zu benutzen, um Seine Absichten herbeizuführen.

Paulus sagte: »Wo aber die Sünde ein Übermaß erreicht hat, da hat die Gnade ein alles überschreitendes Übermaß erreicht« (Röm. 5,20, *Haller*). Wenn das Maß der Sünde direkt proportional die Tiefen der Gnade bestimmt, dann muss unser Land sich auf eine unglaubliche Bewegung Gottes gefasst machen.

Inzwischen umschleicht ein hässlicher Feind ein verwundetes und verzweifeltes Volk. Er versucht, uns mit Furcht zu lähmen und uns mit seinen arroganten Prahlereien zerstörerischer Vorhersagen zu demoralisieren. Dennoch, die Zukunft gehört denen, die beten. Das Gebet ist die Brücke zwischen dem, was sein sollte, und dem was sein wird. Das eifrige Gebet eines gerechten Volkes wird letztlich über das Schicksal unserer Kinder entscheiden. Es liegt darum in unserer Verantwortung, denen, die noch geboren werden sollen, eine Welt zu hinterlassen, die als ihr Erbe voller Erweckung ist. In der Waage der Ewigkeit zu hängen ist der höchste Gipfel der Schöpfung – indem die Königreiche dieser Welt zum Königreich unseres Gottes werden.

Prinz oder Bettler-Test

Name: _____

Datum: _____

Wir sind Söhne und Töchter Gottes; deshalb sind wir in Seinem Königreich keine »Bettler«, sondern »Prinzen« und »Prinzessinnen«. Dieser Test soll dir dabei helfen, in den königlichen Eigenschaften zu wachsen, die in diesem Buch definiert und entfaltet wurden.

Wenn du dir die Fragen durchliest, wird dir die Realität deiner wahren Identität klarer werden und du wirst anfangen, die Art und Weise, wie du handelst, sowie den Grund, weshalb du gewisse Lügen über dich glaubst, zu hinterfragen. Dieser Test dient dazu, dir aufzuzeigen, in welchen Lebensbereichen du noch Hilfe gebrauchen könntest. Es geht nicht darum zu erkennen, was du tust, sondern wie du dich selbst wahrnimmst. Durch diese Offenbarungserkenntnis wird es dir leichter fallen, eine Reise zu beginnen, um deinen Verstand zu erneuern und deine »Bettlermentalität« abzulegen.

Damit dieser Test für dich hilfreich sein kann, musst du bei der Beantwortung der Fragen so ehrlich sein wie nur möglich. Beantworte die Fragen so, dass diese widerspiegeln, wer du bist und wie du *meistens* drauf bist – nicht, wie du dich an deinen schlechtesten oder besten Tagen fühlst.

Teil 1

- Punkteschlüssel -

0 = Nie   1 = Selten   2 = Manchmal   3 = Oft   4 = Sehr oft   5 = Immer

___ 1. Ich neige zu einem sarkastischen Humor, der Menschen verletzt.

___ 2. Ich kaufe gerne Waren im Angebot oder verbilligt, z. B. im Schlussverkauf.

___ 3. Ich kämpfe mit Gefühlen, dass ich nicht genüge.

___ 4. Insgeheim sehe ich Menschen um mich herum als Konkurrenten.

___ 5. Ich schaue oft in den Spiegel.

___ 6. Ich vergleiche mich mit anderen.

___ 7. Ich möchte, dass der Benachteiligte gewinnt.

___ 8. Ich glaube, dass Gott auf Seiten des Benachteiligten steht.

___ 9. In der Umgebung von reichen und/oder erfolgreichen Menschen fühle ich mich unwohl.

___ 10. Ich neige dazu, mich von Menschen abzugrenzen, die erfolgreich zu sein scheinen oder Macht über mich haben.

___ 11. Ich erzähle anderen von bedeutenden Menschen, mit denen ich befreundet bin oder von wichtigen Projekten, an denen ich mitgearbeitet habe oder in denen ich involviert bin.

___ 12. Ich arbeite zu viel und fühle mich down, wenn ich nichts erreiche.

___ 13. Ich bin ein Teil von verschiedenen Kommitees und biete mich an für alles, was mich bestätigen könnte, ohne auf meine eigene Begabung zu achten.

___ 14. Ich muss unbedingt eine Freundschaft haben zu der wichtigsten Person in der Organisation, in der ich tätig bin.

___ 15. Ich mag es nicht, mir Ziele zu setzen, denn wenn ich sie nicht erreiche, habe ich das Gefühl, versagt zu haben.

___ 16. Ich wiederhole mich, dramatisiere, überbetone, übertreibe und/oder lüge in einem Gespräch, um mein Argument deutlich zu machen.

___ Zwischenergebnis

___ 17. Ich gehe eine ungesunde Bindung ein zu jedem, der mir Aufmerksamkeit entgegenbringt oder sich für mich interessiert.

___ 18. Ich mache gern Geschenke, aber es ist mir fast peinlich, Geschenke von anderen anzunehmen.

___ 19. Ich verbringe viel Zeit damit, dass ich mich frage, was Leute wohl über mich denken.

___ 20. Ich ändere leicht meine Meinung, um anderen zu gefallen.

___ 21. Ich neige meistens dazu, die entgegengesetzte Meinung zu einem Leiter zu vertreten. Wenn dieser »schwarz« sagt, fühle ich mich fast dazu gezwungen, »weiß« zu sagen.

___ 22. Die Freunde, mit denen ich mich am wohlsten fühle, sind in der Regel gebrochene Leute.

___ 23. Wenn ich ein Team zusammenstelle, das mit mir arbeiten soll, dann wähle ich Leute aus, die ich für schwächer halte, als ich selbst es bin.

___ 24. Mit Menschen, die eine andere Meinung haben als ich, bin ich nicht gern zusammen. Solche neige ich in der Regel abzulehnen.

___ 25. Ich teile nicht einfach meine Meinung mit; ich fühle mich dazu getrieben, mit anderen zu argumentieren und sie zu manipulieren, dass sie mir zustimmen.

___ 26. Wenn Leute mit mir nicht einer Meinung sind, nehme ich das persönlich und denke gewöhnlich, dass sie mich abgelehnt haben.

___ 27. Um glücklich zu sein, muss ich die wichtigste Person im Raum sein und/oder die Kontrolle haben.

___ 28. Leute sagen, dass ich immer Recht haben muss.

___ 29. Ich kämpfe mit Ängsten, besonders mit der Angst, abgelehnt zu werden und zu versagen.

___ 30. Ich mache mir viele Sorgen, besonders um die Zukunft.

___ 31. Es kommt mir vor, als ob etwas schief gehen wird.

___ 32. Ich kämpfe damit, Menschen, die mir Unrecht getan haben, zu vergeben.

___ 33. Ich bin schnell verletzt bzw. beleidigt.

____ **Zwischenergebnis**

___ 34. Es kommt mir so vor, dass die Fehler und schlimmen Erlebnisse in meinem Leben nicht meine Schuld waren.

___ 35. Direkt unter der Oberfläche meiner Haut empfinde ich Zorn und/oder Wut.

___ 36. Es kommt mir so vor, als ob Menschen mich antreiben, wann immer ich rede und/oder mich selbst erkläre.

___ 37. Die meiste Zeit in meinem Leben habe ich mich missverstanden gefühlt.

___ 38. Verdrossene und unzufriedene Menschen neigen dazu, mir ihre Probleme zu erzählen.

___ 39. Mein Geschlechtstrieb und/oder meine Essgewohnheiten scheinen unkontrolliert zu sein.

___ 40. Ich schlafe mehr als normal und fühle mich immer noch oft müde.

_____ Zwischenergebnis

Anleitung zur Bewertung:

Addiere bitte die Punkte von jedem Zwischenergebnis. Schreibe die Gesamtpunktzahl nun auf und fahre mit der Beantwortung der folgenden Fragen fort:

_____ Gesamtpunktzahl für Teil 1

Teil 2

___ 1. Ich genieße es, mich in Menschen zu investieren und zu erleben, wie sie über mich hinauswachsen.

___ 2. Ich lasse anderen in Gesprächen die Aufmerksamkeit. Wenn z.B. jemand sagt: »Ich bin so beschäftigt gewesen«, dann antworte ich: »Was hast du denn gemacht?« anstatt zu erwidern: »Und ich war erst beschäftigt …«

___ 3. Ich schätze es, freie Denker und kreative Menschen um mich zu haben.

___ 4. Ich schätze es, Probleme gemeinsam mit Menschen zu lösen, aber nicht für sie.

___ 5. Ich schätze es, eine Umgebung zu schaffen, wo Leute lernen können, für sich selbst zu denken.

___ 6. Ich liebe mich selbst und fühle, dass sich Gott an mir freut.

___ 7. Ich fühle mich in der Umgebung von fast jedem Menschen wohl.

___ 8. Ich neige dazu, wichtige und erfolgreiche Menschen anzuziehen.

___ 9. Ich kann in schönen Restaurants Essen gehen, mich an schönen Orten aufhalten und schöne Dinge besitzen, ohne mich schuldig zu fühlen.

___ 10. Ich tue Dinge nicht wegen des Image', sondern weil ich diese Dinge persönlich schätze.

___ 11. Ich genieße es mehr, Menschen zu bevollmächtigen, als über Menschen Macht zu haben.

___ 12. Ich liebe die Verschiedenartigkeit in den Menschen, zu denen ich eine Beziehung habe.

___ 13. Ich neige dazu, mir Menschen ins Team zu holen, die andere Sichtweisen und andere Meinungen als ich habe.

___ 14. Ich freue mich schnell über die Siege und Erfolge anderer Leute.

___ 15. Ich mache Menschen Geschenke, nicht, weil sie etwas bräuchten, sondern, um die zu ehren, denen es gebührt.

___ 16. Ich werde durch die Vision, die ich für mein Leben habe, motiviert.

___ 17. Ich lasse mich nicht leicht verletzen oder beleidigen.

____ **Zwischenergebnis**

___ 18. Ich träume davon, auf die Welt einen dramatischen Einfluss zu haben.

___ 19. Ich gehe davon aus, dass Menschen mich mögen.

___ 20. Ich bin der erste, der auf Menschen zugeht und erwarte nicht, dass andere zuerst auf mich zukommen.

___ 21. Eines der wichtigsten Ziele meines Lebens ist es, anderen dabei zu helfen, ihre Träume zu entdecken und zu verwirklichen.

___ 22. Ich bin ein Selbststarter.

___ 23. Ich hole aus Leuten das Beste heraus.

___ 24. Ich denke darüber nach, wie man Dinge (noch) besser machen kann.

___ 25. Ich bin ein guter Zuhörer. Wenn Menschen mir etwas sagen, dann schaue ich ihnen in die Augen.

___ 26. Oft überkommt mich einfach Freude und ich ertappe mich dabei, wie ich ohne einen ersichtlichen Grund lächle.

___ 27. Menschen neigen dazu, mir zu folgen, egal, was ich tue.

___ 28. Ich schätze es, schöne Dinge von Menschen zu bekommen.

___ 29. Menschen hören auf, in schlechter Sprache zu reden, sich zu beklagen, und/oder sie »reißen sich am Riemen«, wenn ich in ihrer Nähe bin, selbst dann, wenn ich das von ihnen nicht verlangt habe.

___ 30. Ich verwende viel Zeit, über die guten Dinge, die geschehen sind, nachzudenken und darüber dankbar zu sein.

___ 31. Ich tue mich nicht schwer damit, Menschen zu lieben und bin von meiner Natur aus geduldig mit ihnen.

___ 32. Es kommt mir so vor, dass ich meine natürlichen Leidenschaften wie Essen, Schlafen und Sex im Griff habe.

___ 33. Ich genieße es, mich zu entspannen und es fällt mir meistens leicht, zu rasten.

___ 34. Ich nehme es während des Tages wahr, wie der Heilige Geist und Jesus mit mir sprechen.

___ 35. Ich setze Ziele für die Lebensbereiche, für die ich verantwortlich bin.

___ 36. Ich habe eine gute Vorstellung davon, was meine Stärken und/oder Begabungen sind, aber ebenso davon, was meine Schwächen sind.

___ **Zwischenergebnis**

___ 37. Wenn ich versage, übernehme ich dafür die Verantwortung, ohne anderen die Schuld zu geben.

___ 38. Ich liebe es zu leben und freue mich auf die Zukunft.

___ 39. Ich mag es, Risiken einzugehen und neue Erfahrungen zu machen.

___ 40. Ich gebe mein Äußerstes, um mich den Nöten der Armen auszusetzen und denen zu dienen, die im Herzen zerbrochen sind. Ich empfinde Mitgefühl für Menschen, denen es nicht so gut geht wie mir.

_____ Zwischenergebnis

Anleitung zur Bewertung:

Addiere bitte nun die Punkte von jedem Zwischenergebnis in Teil 2. Schreibe die Gesamtpunktzahl nun auf:

_____ **Gesamtpunktzahl für Teil 2**

Ziehe nun die Gesamtpunktzahl von Teil 1 von der Gesamtpunktzahl von Teil 2 ab. Dies ergibt dein Endergebnis (das auch im Minusbereich liegen könnte):

Gesamtpunktzahl von Teil 2 _____

minus   Gesamtpunktzahl von Teil 1 _____

Endergebnis: _____

Schau dir das folgende Diagramm an und markiere darauf den Punkt, der deinem Endergebnis entspricht, mit einem X. Diese Zahl ist ein Hinweis auf die königlichen Eigenschaften, die du *im Moment* aufweist. Mach denselben Test noch einmal in einigen Monaten, um den Fortschritt zu beobachten, den du machst, während du dich in deine königliche Identität hineinentwickelst.

Quelle: John Maxwell: *Developing the Leader Within You*. Nashville 1993, S. 63.

Wie kann man dieses Leben beginnen?

Einige neue Freunde, die dieses Buch lesen, haben vielleicht überhaupt keine Idee, wie sie ein Leben mit Jesus beginnen können. Ich möchte mir nun noch einen Moment Zeit nehmen, um dir zu erklären, wie du beginnen kannst.

Die Bibel macht deutlich, dass alle von uns einen Retter brauchen, jemanden, der für unsere Sünden bezahlt, sodass wir kein Leben der Gebundenheit und Pein leben müssen. Jesus starb am Kreuz für uns und an unserer Stelle. Er nahm die Strafe auf sich für alles, was wir jemals verkehrt gemacht haben und verkehrt machen werden. Doch Jesus möchte mehr tun, als uns nur zu vergeben; Er möchte uns ein brandneues Leben im Königreich Gottes schenken – und das sogar hier und jetzt. Er möchte uns auch gerne in den Himmel nehmen, wenn wir von diesem Leben ins nächste hinübertreten.

Als ob das nicht schon genug wäre, gibt es sogar noch mehr! Er hat versprochen, dass, wenn wir Ihn bitten, in unser Herz zu kommen, wir »wiedergeboren« und eine neue Schöpfung werden. Er schenkt uns ein neues Leben mit einem neuen Herzen und ermöglicht es uns, einen erneuerten Verstand zu bekommen. Von diesen Verheißungen hast du in diesem Buch gelesen.

Was musst du tun, um dieses erstaunliche Leben mit Gott zu beginnen? Das ist eine gute Frage. Du musst einfach bereit sein, die Führungsrolle deines Lebens Jesus zu geben und es ernst meinen, Ihm nachzufolgen. Du musst anerkennen, dass du gesündigt hast und dass du Seine Hilfe brauchst, damit dein Leben anders werden kann. Du musst Ihn bitten, dir zu vergeben und du selbst musst jedem vergeben, der dich verletzt hat.

Wenn du bereit bist, das zu tun, um Jesus zu folgen, dann bete bitte laut dieses Gebet:

»*Jesus, ich glaube, dass Du der Sohn des lebendigen Gottes bist und dass Du für meine Sünden am Kreuz gestorben und zu meiner Richtigstellung nach drei Tagen von den Toten auferstanden bist. Jesus, ich habe in meinem Leben viel verkehrt gemacht und bitte*

Dich, mir zu vergeben. Es tut mir leid, dass ich mein Leben selbst bestimmt habe, ohne Dich in meinem Herzen. Von jetzt an will ich Dir nachfolgen und bitte Dich, die gesamte Führung meines Lebens zu übernehmen. Ich bin bereit, mein altes Leben aufzugeben und Dein Leben zu ergreifen, Deinen Lebensstil und Dein Verlangen. Ich vergebe nun jedem, der mir Unrecht oder weh getan hat und sinne nicht mehr auf Rache, Vergeltung oder Groll. Ich bitte Dich, dass Du Deinen Heiligen Geist in mein Leben sendest und mich mit Deiner Liebe und Kraft taufst. Amen.«

Finde eine gute Gemeinde, in der du wachsen kannst und in der die in diesem Buch erklärten Wahrheiten gelehrt werden (das sind im deutschsprachigen Europa z.B. Gemeinden, die von der Lehre von Watchman Nee, E. W. Kenyon, Kenneth Hagin, Andrew Wommack geprägt sind und alle Gemeinden, in denen das Wort gerade geschnitten wird und der Geist so wirken kann wie Er will. Anm. d. Übers.). Besuche die dortigen Versammlungen, sooft es dir möglich ist. Halte auch nach jemandem Ausschau, der eine Reife in Christus hat und der dir ein Mentor sein kann – manchmal ist das auch auf ganz natürliche Weise in Hausgruppen möglich. Versuche, täglich deine Bibel zu lesen (beginne am besten mit dem Johannesevangelium) und bitte den Heiligen Geist, dich zu lehren, während du liest. Nimm dir jeden Tag Zeit, zu beten, mit Gott zu sprechen und Jesus zu dir reden zu lassen, während du dich auf Ihn ausrichtest. Last but not least: Teile deinen Glauben und dein Leben mit anderen.

Möge der König der Herrlichkeit dich im Palast deiner Träume treffen, wenn du nun dein neues Leben im Königreich Gottes beginnst!

In Seiner Liebe,
Kris Vallotton

Bethel Church, 33 College View Drive, Redding, CA 96003, U.S.A.
www.kvministries.com · www. ibethel.org

Bill Johnson
Träume mit Gott
Gestalte deine Welt durch Gottes kreativen Fluss in dir
200 Seiten – Paperback – Best.-Nr. 147497

In Ihrer Buchhandlung oder unter www.fontis-shop.de